Dunkle Liebe eines wilden Geschlechts

Hilde Schmölzer

Dunkle Liebe eines wilden Geschlechts

Georg und Margarethe Trakl

francke
VERLAG

Dieses Buch wurde gefördert von der Magistratsabteilung 7 der Stadt Wien.

Die Abbildungen stammen aus dem Brenner-Archiv, Innsbruck, und der Trakl-Gedenkstätte, Salzburg. Autorin und Verlag bedanken sich für die Abdruckgenehmigungen.

Bibliografische Information der Deutschen Nationalbibliothek
Die Deutsche Nationalbibliothek verzeichnet diese Publikation in der Deutschen Nationalbibliografie; detaillierte bibliografische Daten sind im Internet über http://dnb.dnb.de abrufbar.

© 2013 · Narr Francke Attempto Verlag GmbH + Co. KG
Dischingerweg 5 · D-72070 Tübingen

Gedruckt auf säurefreiem und alterungsbeständigem Werkdruckpapier.

Internet: http://www.francke.de
E-Mail: info@francke.de

Satz: typoscript GmbH, Walddorfhäslach
Einbandgestaltung: Peter Lohse, Büttelbronn
Printed in the EU

ISBN 978-3-7720-8489-8

Inhalt

I. KINDHEIT

Es war eine Liebe, wie sie der Mythos beschreibt, eine Geschwisterliebe bis hinein in den Tod, eine Liebe der Auserwählten, der Vollkommenen, gleichzeitig aber auch der Verdammten, Verfluchten, die sich außerhalb der gesellschaftlichen Ordnung, außerhalb der Gesetze befinden. Göttliche Geschwister haben sich im antiken Mythos gepaart, im Mittelalter hingegen wurde die inzestuöse Geschwisterbeziehung zu einem Werk des Teufels, in der Aufklärung begann sie bereits mit den Naturgesetzen gerechtfertigt zu werden, um in der Romantik bis zum Beginn des Zweiten Weltkriegs erneut die reine hohe Liebe zu verkörpern.

Georg Trakl hat diesen Mythos nicht nur dichterisch gestaltet, er und Margarethe haben ihn auch gelebt. Aber ihre Sehnsucht nach dem androgynen „einen Geschlecht" verlor sich in Schuld und Scham und endete in einem frühen Tod.

Der Geschwistermythos mit seinem Ursprung in Schöpfungsmythen und Religionen hat die Literaten schon immer fasziniert. Er fand an der Wende vom 19. zum 20. Jahrhundert zu einer neuen Blüte. Robert Musil hat ihn in seinem „Der Mann ohne Eigenschaften" thematisiert, Franz Thiess in „Die Verdammten", Jean Cocteau in „Les enfants terribles" und Thomas Mann in „Wälsungenblut". Immer ist es die Sehnsucht nach dem Ebenbild, dem/der DoppelgängerIn, einem Wesen, „das uns völlig gleichen, aber doch ein anderes als wir sein soll".[1] Zugleich jedoch ist Geschwisterinzest ein schuldbeladenes Vergehen, ein Verrat an der Gesellschaft und damit nur mit dem Tod zu sühnen.

Aber der androgyne Impuls der Romantik, der eine Überschreitung der Geschlechtergrenzen, eine psychische Ganzheit und harmonische Verschmelzung jener als „männlich" und „weiblich" definierten Eigenschaften anstrebte, blieb in einer männerzentrierten Kultur patriarchal geprägt. Die Polarisierung der Geschlechter, durch die „weiblich" mit Gefühl, Leidenschaft und Schwäche, „männlich" jedoch mit Vernunft, schöpferischer Kreativität und Stärke assoziiert wird, bestimmte letztlich auch die Vorstellung von Androgynie.

Um zum ersehnten Androgyn zu werden, in dem die Geschlechterdifferenz und Geschlechtlichkeit aufgehoben ist, muss in Georg Trakls Dichtung die Schwester ein Abbild des Bruders werden, sein zweites Ich, das er sich einverleibt, auslöscht, tötet.

Die Anrufung der Schwester, ihre Verherrlichung einerseits und Dämonisierung andererseits ist ein Grundthema in Trakls Dichtung. Sie erscheint darin an die sechzigmal, immer in anderer Gestalt, aber stets als Konstruktion des eigenen Selbst. Damit verschwindet sie nicht nur als Sexualwesen, sondern auch in ihrer Andersartigkeit. *„Lass namenlos dich sein in mir"* (HKA I, S. 225). Trakl macht die Schwester zur *„Jünglingin"*, *„Fremdlingin"*, *„Mönchin"*, und schafft damit ein androgynes Wesen, *„e i n Geschlecht"*.

Aber so wie Narziss sich in unbefriedigter Liebe zu seinem Spiegelbild im Teich verzehrt, findet auch Trakl im Spiegelbild seiner Schwester keine Erlösung:

> *„Aus blauem Spiegel trat die schmale Gestalt der Schwester und er stürzte wie tot ins Dunkel"* (HKA, I. S. 147)

Tatsächlich ist die Schwester in Trakls Lyrik nicht nur Objekt, in dem er sich narzisstisch spiegeln, in dem er jene Züge idealisieren kann, die seinem Ideal entsprechen, es geht ihm auch um eine gewaltsame Unterwerfung, die allmächtige Kontrolle, wie das etwa besonders deutlich im Drama „Blaubart" zum Ausdruck kommt.

Die geopferte, unterworfene Schwester erlangt Unsterblichkeit in Georg Trakls Lyrik als Ebenbild des Dichters, als Doppelgängerin. Als reale Person ist sie weitgehend ausgelöscht, verschwunden, nicht einmal ihr Grab ist bekannt.

Die Geschwisterliebe zwischen Georg und Margarethe Trakl hat mit ihrem Geheimnis, ihrem Gesagten und Ungesagten zahlreiche AutorInnen, WissenschaftlerInnen und FilmemacherInnen beschäftigt. Es wurden Romane geschrieben, Filme gedreht, wissenschaftliche Abhandlungen verfasst. Es wurde gerätselt, vermutet, analysiert, festgestellt und verworfen. Aber die Frage, mit der sich sämtliche BiographInnen abmühten und abmühen, nämlich, ob ein Geschwisterinzest in der Realität stattgefunden hat, oder lediglich in der dichterischen Phantasie Georg Trakls, wird wohl niemals beantwortet werden. Denn die Briefe zwischen Georg und Margarethe wurden vernichtet, die Mitglieder der Familie Trakl schwiegen, die Spuren ihres Lebens, in mühsamer Kleinarbeit erforscht, führen in's Ungewisse.

Aber warum wurde vernichtet, warum wurde verschwiegen, was war so ungeheuerlich, dass es dieser angesehenen, ehrbaren Salzburger Familie verbot, Licht in ein geheimnisvolles Dunkel zu bringen, einen Schleier zu lüften, der Forschung einen guten Dienst zu erweisen? War es die Angst, ein Tabu zu brechen, das Gesicht zu verlieren, das Andenken lieber Toter zu schänden, den Ruf eines Dichters zu schmälern, vielleicht sogar die Angst vor Strafverfolgung? Oder sollte ungerechtfertigten Vermutungen, die durch Georgs Gedichte genährt, aber nie bewiesen wurden, der Boden entzogen werden?

Wie dem auch sei – es ist dieses Schweigen, das die Phantasie beflügelt, das zu immer neuen Theorien anregt, das ein leidenschaftliches Liebespaar konstruiert oder eine keusche Geschwisterbeziehung. Wobei eines allerdings sicher ist: Es war eine schicksalhafte Beziehung, die beide aneinander gekettet hat, von der sie sich nicht befreien konnten oder wollten, und die für beide tödlich endete.

Kindheit im „Schaffnerhaus"

Georg und Margarethe wuchsen inmitten einer siebenköpfigen Kinderschar in Salzburg auf. Aber die Eltern waren keine gebürtigen Salzburger, sie waren Zugereiste, und sie hatten bereits eine wechselvolle, von Konflikten und Brüchen durchzogene Geschichte.

Die erste Frau des in Ödenburg geborenen, aber nach Wiener Neustadt gezogenen Tobias Trakl, dessen Vorfahren Donauschwaben aus der Ulmer Gegend waren, starb mit 29 Jahren am Kindbettfieber bei der Geburt eines zweiten, wahrscheinlich tot geborenen Kindes. Der jetzt 33 Jahre alte Kaufmann Tobias Trakl war also nach kurzer Ehe Witwer mit einem zweijährigen Sohn. In die fünfzehn Jahre jüngere Maria Halik verliebte er sich pikanterweise während ihrer Eheschließung mit einem aus Mähren zugewanderten Müller namens Maximilian Schallner, bei der er als Trauzeuge bestellt war. Das war im Jahr 1875, und bereits drei Jahre später kam ihr Sohn Gustav zur Welt. Tobias bekannte sich zu diesem als Vater und heiratete Maria nach ihrer Scheidung am 22. August 1878.

Berücksichtigt man die damaligen gesetzlichen und gesellschaftlichen Verhältnisse, muss die Situation vor allem für Maria äußerst schwierig gewesen sein. Zum einen, weil die Wiederverheiratung einer geschiedenen Frau aufgrund der damaligen Gesetzgebung im österreichischen Teil der Donaumonarchie unmöglich war, zum anderen, weil sich Tobias zum protestantischen, Maria aber zum katholischen Glauben bekannte. Das Paar musste zur Verehelichung in das ungarische Ödenburg (Sopron) fahren, wo durch eine bereits eingeführte Zivilehe liberalere Bestimmungen herrschten. Dass Maria außerdem zum Protestantismus übergetreten ist, wie etwa ihr Sohn Friedrich meinte, ist nicht ganz sicher, denn ihre Tochter Maria Geipel behauptete das Gegenteil.[2] In ihrem Herzen ist sie wohl römisch-katholisch geblieben, sie wurde auch nach katholischem Ritus begraben. Immerhin war der Katholizismus die herrschende Religion, lediglich zwei Prozent der Bevölkerung bekannten sich zum Protestantismus. Dass dieses erste Kind Gustav nach knapp eineinhalb Jahren starb, muss den Eltern wie eine Strafe für die Schuld einer außerehelichen Beziehung erschienen sein, dieser „Fehltritt" wurde auch als Familiengeheimnis gehütet, und es ist nicht gesichert, ob die nachfolgenden Kinder überhaupt davon wussten. In jedem Fall wird Maria ihrem Mann ein Leben lang Dankbarkeit geschuldet haben, dass er sie geheiratet und dieses Kind als seines anerkannt hat. Denn eine Ehebrecherin mit einem außerehelichen Kind war gesellschaftlich geächtet, für sie gab es keine Zukunft. Dadurch haben sich aber wohl auch gewisse Zwänge ergeben, sie musste sich künftig fügen, ein Ausbrechen aus unerwünschten Situationen kam nicht in Frage.

Unmittelbar nach dem Tod des Kindes zog die Familie nach Salzburg, die Stadt war als wichtiger Umschlagplatz für das kärntnerische und steirische Eisen nach Deutschland für den Eisenhändler Tobias Trakl aus wirtschaftlichen Gründen attraktiv.

Georg und Margarethe wurden beide im so genannten „Schaffnerhaus" am Waagplatz geboren, in dem sich heute die Georg Trakl Forschungs- und Gedenkstätte befindet. Die geräumige Wohnung im ersten Stock bietet einen wunderbaren Blick auf den Kapuzinerberg und die nahe Salzach. Der etwas düstere Hof mit schönen Arkaden, der einst einen Ziehbrunnen besaß, wurde von dem Besitzer, der eine „Handelsfaktorei" betrieb, als Wirtschaftshof genutzt.

Gleich fällt einem ein Gedicht von Georg Trakl ein, in dem er eine noch vielfach bäuerliche Lebensweise und nicht immer hygienische Zustände beschreibt:

Im Hof scheint weiß der herbstliche Mond
Vom Dachrand fallen phantastische Schatten.
Ein Schweigen in leeren Fenstern wohnt;
Da tauchen leise herauf die Ratten

Und huschen pfeifend hier und dort
Und ein gräulicher Dunsthauch wittert
Ihnen nach aus dem Abort,
Den geisterhaft der Mondschein durchzittert

Und sie keifen vor Gier wie toll
Und erfüllen Haus und Scheunen,
Die von Korn und Früchten voll.
Eisige Winde im Dunkel greinen.

(HKA I, S. 52)

Die Familie lebte in gutbürgerlichen, wohlhabenden Verhältnissen.

Vater Tobias Trakl, damals bereits erfolgreicher Geschäftsmann, war Teilhaber der renommierten Eisenhandlung Steiner in der nahe gelegenen Judengasse. Als Georg sechs und Margarethe zwei Jahre alt waren, erwarb er jenes gegenüberliegende große Haus, in dem sich heute das Café Demel (zuvor Glockenspiel) befindet, und machte im Erdgeschoß eine Eisenhandlung auf. Den gesamten ersten Stock mit seinen mehr als 10 Zimmern bewohnte hingegen die Familie, die sich damit einen für damalige Verhältnisse beinahe luxuriösen Lebensstil leistete. „Es ging uns gut! Wir hatten eine große Wohnung und lebten in jener behaglichen und selbstverständlichen Aisance, die sich heute niemand mehr vorstellen kann", meinte in den frühen fünfziger Jahren des 20. Jahrhunderts der jüngere Bruder Georgs, der damals 62-jährige Friedrich Trakl, genannt Fritz, Major a. D. der Kaiserschützen der k. u. k. Armee, in einem Interview.[3]

Das Unglück der Mutter wurde zum Unglück der Kinder

Damit wird allerdings nur die äußere Fassade beschrieben, denn die Ehe seiner Eltern verlief keinesfalls harmonisch. Es ist ein offenes Geheimnis, dass Maria Trakl keine glückliche Frau gewesen ist. Sensibel und künstlerisch interessiert passte sie nicht in das vorgegebene Bild einer Hausfrau und Mutter. Schon bald nach der Übersiedlung des Paares nach Salzburg fühlte sie sich von den rasch aufeinander folgenden, insgesamt sieben Geburten, den damit im Zusammenhang stehenden ständigen Schwangerschaften, der großen Familie und einem umfangreichen Haushalt überfordert. Zwar gab es Personal, wie damals in bürgerlichen Familien üblich, aber der organisatorische Aufwand war trotzdem beträchtlich. Es mussten noch viele Lebensmittel selbst zubereitet

werden, das Heizen der Öfen war eine umständliche Angelegenheit, auch gab
es noch keinen Strom. Aber ein Ausbrechen war nicht möglich. Die Ehefrau
war finanziell – und in diesem Fall wohl auch moralisch – abhängig, der Mann
hatte als Haupt der Familie die allgemeine Verfügungsgewalt, die Gattin
musste ihm „in der Haushaltung und Erwerbung nach Kräften beistehen und,
soweit es die häusliche Ordnung erfordert, die von ihm getroffenen Maßregeln
sowohl selbst befolgen als befolgen zu machen" (§ 92, ABGB 1812) Dem
Ehemann oblag die Verwaltung ihres Vermögens, die Ehefrau war nicht
testierfähig, durfte kein Gewerbe selbständig betreiben und benötigte einen
männlichen Mitvormund für ihre Kinder. (Tatsächlich durfte nach Tobias'
Tod im Jahr 1910 die Vormundschaft über Margarethe nicht die Mutter
alleine übernehmen, sondern es musste der ältere Halbbruder Wilhelm
beigezogen werden.)

Alternativen zur Ehe waren für eine bürgerliche Frau generell nicht
vorgesehen, das Bildungsangebot war bescheiden, die Möglichkeiten einer
Berufsausübung gering (lediglich Lehrerin und Gouvernante erschienen als
einigermaßen standesgemäß). Wir wissen nicht, welche Art der Selbstfindung,
Selbstverwirklichung eine Frau wie Maria Trakl heute gewählt hätte. Das
Korsett, in das sie damals eingespannt wurde, war aber für sie auf jeden Fall zu
eng.

Das Unglück der Mutter wurde zum Unglück der Kinder. Als kühl und
reserviert beschreibt sie Sohn Friedrich: „Sie sorgte wohl für uns, aber es fehlte
die Wärme"[4]. Tobias hatte offenbar kein Verständnis für seine der Kunst und
dem Schönen gegenüber aufgeschlossene Frau. „Sie fühlte sich unverstanden,
von ihrem Mann, ihren Kindern, von der ganzen Welt". In ihrem Unglück und
ihrer Einsamkeit zog sie sich in die innere Emigration zurück, in ihre vier
Wände, zu ihrer Antiquitätensammlung, bei der sie oft tagelang verblieb. Sie
hatte sich ein umfangreiches Inventar schöner, alter Möbel, Stoffe, Gläser
zugelegt, restaurierte teilweise auch selbst. „Ganz glücklich war sie nur, wenn
sie allein mit ihren Sammlungen blieb" berichtet Fritz Trakl.[5] Sie war depressiv
und sie nahm Drogen.

Wie sehr Georg unter der Kälte seiner Mutter gelitten hat, wissen wir aus
seinen Gedichten. Immer wieder ist vom *„versteinerten Antlitz der Mutter"*,
vom *„weißen Antlitz der Mutter"* die Rede, der *„unter leidenden Händen das Brot
zu Stein ward"*. Er geht an der *„frierenden Hand der Mutter"* (HKA I, S. 88), der
in *„dunklen Zimmern das Antlitz versteinert"* und: *„Wenn er in seinem kühlen
Bette lag, überkamen ihn unsägliche Tränen. Aber es war niemand, der die Hand
auf seine Stirn gelegt hätte … Niemand liebte ihn. Sein Haupt verbrannte Lüge*

und Unzucht in dämmernden Zimmern. Das blaue Rauschen eines Frauenge-
wandes ließ ihn zur Säule erstarren und in der Tür stand die nächtige Gestalt
seiner Mutter. Zu seinen Häupten erhob sich der Schatten des Bösen." (HKA I,
S. 147 f).

Für die Erziehung der Kinder zuständig waren meist französische Gou-
vernanten. Am längsten in der Familie Trakl war die Elsässerin Marie Boring,
nämlich ab 1890 (mit nur einer kurzen Unterbrechung) vierzehn Jahre lang.
Zu dieser Zeit waren die Kinder – mit Ausnahme von Georg – allerdings
bereits dem Kleinkindalter entwachsen. Gustav Mathias, (geb. 1880) war
10 Jahre alt, Maria Margarethe (geb. 1882) acht Jahre, Hermine Aurelia,
genannt Minna (geb. 1884) sechs Jahre, und Georg (geb. Februar 1887) drei
Jahre alt. Geboren wurden während ihrer Anwesenheit lediglich Friedrich
(1890) und Margarethe Jeanne, genannt Grete oder Gretl (August 1891), die
als einziges der Kinder von der Mutter gestillt wurde.

Eine wichtige Aufgabe von Frau Boring, an der die Kinder sehr hingen,
bestand im Französisch-Unterricht, damals allgemeine Bildungssprache im
gehobenen Bürgertum. Die Kinder haben teilweise auch französisch mit-
einander gesprochen, und wahrscheinlich hat Marie Boring damit Georgs
Interesse für französische Dichtung geweckt. Ebenso werden die Trakl-Kinder
von ihrer streng katholischen Religiosität beeinflusst worden sein, während für
sie selbst die Tatsache, in einem protestantischen Haushalt zu leben, sicherlich
zu Problemen führte.

Mutter Maria Trakl, die sehr musikalisch war, aber selbst kein Instrument
spielte, legte auch großen Wert auf die Musikerziehung ihrer Kinder, die alle –
mit Ausnahme von Tobias Sohn aus erster Ehe, Wilhelm – das Klavierspiel
lernten. Georg spielte recht gut, liebte vor allem die russische Musik. Die
Begabteste in dieser Hinsicht aber war zweifellos Margarethe. Sie soll bereits
mit sechs Jahren mit dem Klavierunterricht begonnen, und mit neun Jahren
Sonatinen von Clementi und Beethoven gespielt haben. Unterrichtet wurden
die Trakl-Kinder von Brunetti Pisano, der nicht nur Klavierlehrer, sondern
auch Komponist mit etwas exzentrischem Äußeren und gesellschaftlichen
Allüren gewesen ist. Auch für Abonnements sorgte die Mutter, die Kinder
besuchten regelmäßig Theateraufführungen und Konzerte.

1896 pachtete Tobias Trakl einen schönen Garten mit altem Baumbestand
und einem so genannten „Salettl", einem Gartenhäuschen, das bis heute
erhalten geblieben ist. Er befand sich nur wenige hundert Meter entfernt
zwischen Pfeifergasse und alter Stadtmauer und bot ideale Spielmöglichkeiten
für die Kinder. Nach drei Jahren hat Tobias den Garten dann gekauft, aber

bereits 1906, als die Kinder weitgehend erwachsen waren und auch die Geschäfte schlechter gingen, musste er wieder verkauft werden. Dieser Garten taucht zusammen mit der Schwester und allgemeinen Kindheitserinnerungen immer wieder in Georg Trakls Gedichten auf.

„*Im Garten spricht die Schwester freundlich mit Gespenstern*" heißt es in dem Gedicht „Winkel am Wald" (HKA I, S. 38). In einem weiteren Gedicht mit dem Titel „In der Heimat" „*... girrt ... Der Föhn im braunen Gärtchen; ... Der Schwester Schlaf ist schwer. Der Nachtwind wühlt/In ihrem Haar, das mondner Glanz umspült ...*" (HKA I, S. 60) Vermutlich vom September 1913 stammt die erste Fassung des Gedichts „Schwesters Garten":

> *Es wird schon kühl, es wird schon spat,*
> *Es ist schon Herbst geworden*
> *In Schwesters Garten, still und stad;*
> *Ihr Schritt ist weiß geworden.*
> *Ein Amselruf verirrt und spat,*
> *Es ist schon Herbst geworden*
> *In Schwesters Garten still und stadt;*
> *Ein Engel ist geworden.*
> (HKA I, S. 317)

Tobias Trakl galt als kaisertreu: „Im Hause herrschten die schwarz-gelben Farben".[6] Politisch tendierte er in die gemäßigte deutsch-nationale Richtung, gelesen hat er wahrscheinlich das liberale, antiklerikale, aber auch deutsch-nationale „Salzburger Volksblatt". Der Katholizismus prägte nicht nur das Salzburger Stadtbild, sondern die gesamte Gesellschaft. Und er prägte – trotz protestantischem Glaubensbekenntnis – Georg Trakls Gedichte mit sugges-tiven Bildern einer barocken Stadt, Bischofssitz seit Jahrhunderten, Priestern, Nonnen und Motiven aus der Bibel.

Der Haushalt der Trakls wurde patriarchal, aber, wie Otto Basil meint, „ohne sonderliche Reibungen geführt".[7] Er negiert damit das Unglück der Mutter, das sich im Verborgenen abspielte, aber trotzdem das Familienklima prägte. Derartige Frauenschicksale wurden nicht hinterfragt, sie schienen ebenso gottgewollt wie die ununterbrochenen Schwangerschaften und Gebur-ten.

Wir können annehmen, dass die vier Jahre jüngere Schwester Margarethe, von gleicher Sensibilität und musikalisch hoch begabt, ähnlich unter der mütterlichen Kälte litt wie Georg. Dabei glichen sowohl Georg als auch Margarethe eher ihrer kunstsinnigen Mutter als dem nüchternen Geschäftsmann Tobias. Beide waren ebenfalls schwierig, depressiv, anfällig für Drogen, Außenseiter in ihrer Familie, von der sie sich unverstanden fühlen mussten. „Sie steckten viel zusammen", so Fritz Trakl.[8] In sämtlichen Biographien wird ihre große Ähnlichkeit betont, die auf Kinderbildern zwar erkennbar ist, sich aber im späteren Alter verliert. Ähnlich aber waren sie sich sicher nicht nur in ihren künstlerischen Ambitionen, sondern auch in ihrer psychotischen Persönlichkeitsstruktur, was ein gegenseitiges Verständnis, ein aufeinander Angewiesensein verstärkt haben wird.

Natürlich war Georg (in der Familie auch Schorsch genannt) Margarethes Vorbild, der große Bruder, der nicht nur um einiges älter war, sondern auch als Sohn der Familie in jeder Hinsicht privilegiert gewesen ist. Durch ein besseres Bildungsangebot, durch wesentlich mehr Freiheiten und Möglichkeiten wird er von der kleinen Schwester bewundert worden sein. „Sie las alle seine Bücher".[9] Gebildetere Brüder sind in dieser Zeit häufig Vorbild für wissbegierige Schwestern gewesen, denen eine Bildung vorenthalten blieb. Rosa Mayreder etwa berichtet von dem Glück, zusammen mit ihrem Bruder Latein und Griechisch lernen zu dürfen, Karoline Herschel war die wissenschaftliche Assistentin ihres Bruders, des berühmten Astronomen Wilhelm Herschel, und auch die sozialdemokratische Frauenrechtlerin Adelheid Popp wurde durch ihre Brüder in die Politik eingeführt.

Aber Georg in seinem Ausgeliefertsein und seiner Sehnsucht nach symbiotischer Nähe, die er mit seiner Mutter nicht finden konnte, hat die jüngere Schwester nicht nur in seinen Gedichten vollständig vereinnahmt, sondern dies auch in der Realität versucht. Er war eifersüchtig, litt, wenn sie sich seinem Besitzanspruch entzog, für andere Männer interessierte. „Die Eifersucht Trakls entspringt seinem Bestreben, der Schwester ihre Selbständigkeit zu nehmen, sie zu entmachten und zu unterwerfen."[10] Außerdem hat er sie zum Alkohol- und Drogenkonsum verführt, möglicherweise hat er sie auch vergewaltigt.

„Sie war ein vergnügtes junges Mädchen, bis sie später ganz unter seinen Einfluss geriet". So Bruder Fritz.[11] Aber natürlich war dieser Einfluss für Margarethe auch faszinierend, er erweiterte ihren Horizont, führte sie in Welten, die ihr sonst verschlossen geblieben wären. Andererseits aber gibt es deutliche Hinweise, dass sie versucht hat, sich aus den erdrückenden Umarmungen Georgs zu befreien. So etwa wird ihr eine Affäre mit Georgs engem Freund Erhard Buschbeck nachgesagt. (Tatsächlich hat Georg auch zu genau diesem Zeitpunkt seine Beziehung zu Buschbeck beendet.) Außerdem hat sie ihr Musikstudium in Wien, wohin sie zusammen mit Georg gezogen war, (er studierte Pharmazie an der Universität) bereits nach einem halben Jahr

abgebrochen, um dieses in Berlin fortzusetzen, wo sie schließlich auch
geheiratet hat. Trotzdem ist sie nie von ihrem Bruder losgekommen, genauso
wenig wie er von ihr.

Georg hat während seines gesamten Lebens an schweren Schuldgefühlen
gelitten. So wie bei allem, was Georg Trakl betrifft, wurde an diesen
Schuldgefühlen viel herumgerätselt, interpretiert, analysiert. Sie seien, so
heißt es, nicht ausschließlich auf die „verbotene Liebe" zu seiner Schwester
zurückzuführen, sondern sie stünden auch im Zusammenhang „mit seiner
Unfähigkeit zur Liebe, mit seinem ‚Verbrechertum' und seinen Regungen des
Hasses"[12], deren Ursprünge Gunther Kleefeld, gestützt auf Freud, in den
„gestörten Interaktionsformen der Mutter-Kind-Dyade" sieht.[13] Georg wird
als Triebmensch geschildert, heimgesucht von grausamen Sexualphantasien,
von sadistischen Bestrafungswünschen.

Die Mutter gilt in sämtlichen Trakl-Biographien als Verursacherin der
schweren psychischen Störungen des Dichters, sie ist der Sündenbock der
Familie, auf sie wird abgeladen, meist unreflektiert und ohne ihre eigene
Sozialisation zu berücksichtigen. (Eine der wenigen Ausnahmen bildet Kleefeld, der zumindest versucht, ihr Verhalten aus einem patriarchalen, die
Möglichkeiten von Frauen extrem einschränkenden Umfeld zu erklären.) Der
Vater hingegen sei ein gutmütiger Familienvater gewesen, „in seinem Antlitz
soll etwas Friedsames, Gütiges und Mönchisches gewesen sein", meint etwa
Erwin Marholdt in seiner Trakl-Studie, und auch Wolfgang Schneditz möchte
in einem Altersbild Züge eines „chinesischen Weisen" entdecken.[14] Differen-
ziertere Auslegungen fallen in die jüngere Zeit, etwa, dass sich Tobias wenig um
die Erziehung seiner Kinder gekümmert hat, auch, dass er weder seinen Sohn
Georg in seinen dichterischen, noch Tochter Grete in ihren musikalischen
Ambitionen verstand. Nicht nur von einem Mutter- sondern auch von einem
„Vaterhass" spricht Gunther Kleefeld, und dass sich Georg in späteren Jahren
mehrmals an ältere Männer in einem „Hörigkeitsverhältnis" angeschlossen
habe,[15] wird als Kompensation für das Fehlen eines verständnisvollen Vaters
angeführt. In Trakls Gedichten wird der Vater zum furcht einflößenden Greis
abgewertet: *„Am Abend ward zum Greis der Vater"* (HKA I, S. 147) und *„die
harte Stimme des Vaters ... beschwor das Grauen"* (HKA I, S. 149). Aber auch das
durchwegs höhere Alter der Ehemänner der Töchter, die damit möglicherweise
einen Vaterersatz suchten (Mizzis Ehemann war 16 Jahre älter, Minna hat
einen sechs Jahre älteren Mann geheiratet, und der Altersunterschied zwischen
Grete und ihrem Mann betrug gar 35 Jahre), könnte hier eine Ursache haben;

„... *die Schwestern flohen in dunkle Gärten zu knöchernen Greisen*" (HKA I, S. 149) dichtet Georg.

Über seine Kindheit und sein späteres Leben wissen wir ziemlich viel. Am 3. Februar 1887 geboren, sei er „ein Kind wie wir anderen auch" gewesen,[16] fröhlich, von eiserner körperlicher Gesundheit, wild und ausgelassen, vornehmlich gegenüber den zwei älteren Schwestern. Zwar sei er als „Dickerling" häufig gehänselt worden, trotzdem jedoch habe er als guter Turner und Schwimmer gegolten.[17]

Nicht ganz in dieses, von Bruder Fritz und auch Schwester Maria Geipel überlieferte Bild einer problemlosen Kindheit wollen etwas sonderbare Verhaltensweisen passen. Wie etwa jener Vorfall als er, gerade einmal fünf Jahre alt, geistesabwesend in einen Teich gegangen sein soll, aus dem er nur noch mit Mühe gerettet werden konnte. Georg selbst sprach von einem frühen Suizidversuch, aus psychologischer Sicht jedoch wird eine „psychotische Situation" vermutet.[18] Auch dass er sich – nach eigenen Angaben – als Kind vor rasende Pferde geworfen hatte, um sie zum Stehen zu bringen, passt in dieses Bild. Ähnliches soll er bei einer Eisenbahn versucht haben.[19] Rückschlüsse lassen auch weitere Angaben Georgs zu, wie etwa jene, dass man ihn noch mit zwei Jahren für blöd gehalten, und dass er bis zu seinem 20. Lebensjahr von der Außenwelt nichts als Wasser bemerkt habe.[20] Wasser hat Trakl immer magisch angezogen, was von der Psychologie häufig als Sehnsucht nach einer Verschmelzung mit der archaischen Urmutter gedeutet wird.

Es handelt sich hier wohl um Verhaltensauffälligkeiten, die von der Familie verschwiegen wurden, um das Andenken des großen Dichters nicht zu trüben.

Sie passen allerdings nahtlos in Georgs spätere Persönlichkeitsstruktur, die zweifellos psychotisch gewesen ist, und von manchen Autoren, wie etwa dem Psychiater Theodor Spoerri auch als „schizophren" bezeichnet wird.[21] Er war misstrauisch, aggressiv, von einer extremen Empfindlichkeit und Verletzbarkeit, gleichzeitig aber auch voller Gefühlskälte und Rücksichtslosigkeit anderen gegenüber, er sehnte sich nach Liebe und stieß Freunde von sich, und er schrieb Gedichte von dunkler, wilder Schönheit und suggestiver Farbigkeit, die zu dem Eindrucksvollsten und Bewegendsten gehören, das die Dichtung im deutschsprachigen Raum zu bieten hat.

Sein kurzes, wechselvolles Leben mit seinen Brüchen, seiner Schwermut, seiner Drogensucht, seinen Alkoholproblemen und schließlich seiner Ausweglosigkeit wurde von verehrenden Freunden in akribischer Kleinarbeit rekonstruiert, seine Korrespondenz gesammelt, sein Andenken gewahrt.

Georgs „schlechte Copie"

Aber wer war Margarethe? Wer war diese Frau, diese Schwester-Geliebte, die Pianistin werden wollte – für eine Komponistin, zu der sie ihr Klavierlehrer August Brunetti angeregt haben soll, fehlte damals die gesellschaftliche Akzeptanz. Wer war die einzige Frau, die Georg Trakl etwas bedeutet hat, die er in seinen Visionen immer wieder anruft, beschwört, zu seinem eigenen Abbild macht, in einer unlebbaren, folgenschweren Liebe, die im Tod endete?

Von ihr wissen wir sehr wenig, ihr Leben erscheint bruchstückhaft, gefiltert durch die Gedichte Georgs, verzerrt durch das Urteil von ZeitgenossInnen, ihre Spuren verwischt, ihr Andenken verweht. Ihr gescheitertes Leben, ihre Alkohol- und Drogensucht erscheint wie ein Makel, ein dunkler Fleck auf dem Bild des verehrten Dichters, und während seine diesbezüglichen Exzesse mit seinem Genie gerechtfertigt werden, ist sie als Süchtige ein Beispiel für „haltlose", gefallene und suspekte Weiblichkeit, verachtet und unentschuldbar. Und es deutet alles darauf hin, dass man versuchte, sich dieses Störfaktors möglichst rasch zu entledigen, durch Verschweigen, durch teils misogyne, teils verfälschende Interpretationen.

Sie wird als eigenwillig, leidenschaftlich und heftig geschildert, als die „Machtvollere, Männlichere, vielleicht sogar Genialere von Beiden",[22] zu der Georg in „einem geistigen, gewiss aber auch sexuellen Hörigkeitsverhältnis"[23] gestanden habe. Vital, sinnlich und hemmungslos sei sie gewesen, gleichzeitig jedoch wird der „problematisch Verlorenen" ein gewisser „viriler Zug" bescheinigt.[24] Sie ist aber auch eine „völlig Unschöpferische"[25], Georgs Abbild, „nur ganz ins haltlos Weibliche verschoben".[26] Außerdem wirke sie „in der unmädchenhaften Sicherheit ihrer Haltung aggressiv".[27] Darüber hinaus wird sie als „Zerrbild Georgs" beschrieben, eine „Haltlose, Getriebene, Demidämonische, Halbgeniale und in sexueller Beziehung wahrscheinlich Aktivere",[28] Georgs „schlechte Copie",[29] oder aber auch seine Kehrseite, da ihr seine Selbstbeherrschung völlig abgehe, wodurch sie in ihrer Haltlosigkeit geradezu „abstoßend" wirke.[30] Und Trakls enger Freund Ludwig Ficker erinnert sich an sie lediglich als „Abglanz" und „Schatten" von Georg Trakls Wesen.[31]

Hier sind sämtliche Klischees zusammengefasst, Männerphantasien, aus dieser Zeit geboren, durch diese Zeit genährt, die Frau als femme fragile und femme fatale, des Kreativen nicht fähig, daher lediglich „Kopie", Muse vielleicht, abgewertet und gleichzeitig Angst erzeugend, letztendlich aber ein dem Genie zugeordneter „Schatten".

Aber wer war Margarethe wirklich?

Es ist eine schwierige Spurensuche aus den wenigen erhaltenen Briefen, aus dem, was wir über ihr Leben wissen, einer Persönlichkeit nachzuspüren, die keine Persönlichkeit haben durfte, die als Kopie, Abbild gesehen wurde, die sich vielleicht sogar in manchen Augenblicken selbst so gesehen hat.

Bei einer Betrachtung der Lebenswege der Geschwister drängt sich ein Vergleich auf, den Virginia Woolf in ihrem berühmten Essay „Ein eigenes Zimmer" angestellt hat: Was wäre geschehen, wenn Shakespeare eine ähnlich begabte Schwester gehabt hätte? Und sie kommt zu dem Schluss, dass diese fiktive Schwester infolge unüberwindbarer gesellschaftlicher und familiärer Hindernisse, gepresst in das Korsett traditioneller Weiblichkeit, nicht die geringste Chance gehabt hätte, ihr Genie zu verwirklichen. Stattdessen wäre ihr, schließlich schwanger von einem Schauspieldirektor, nur der Weg in den Freitod geblieben. Natürlich unterscheiden sich die Verhältnisse an der Wende vom 16. zum 17. von jenen um die Wende vom 19. zum 20. Jahrhundert. Trotzdem aber können Parallelen gezogen, bei einem Vergleich der geschlechtsspezifischen Lebenssituationen grundsätzliche Ähnlichkeiten festgestellt werden.

Schulzeit

Georgs Bildungsweg war jener eines Sohnes aus gut bürgerlicher Familie und damit vorgegeben. Er besuchte ab Herbst 1892 die fünfjährige Übungsschule der k. k. Lehrerbildungsanstalt im Studiengebäude am Universitätsplatz in Salzburg, eine katholisch geführte Privatschule mit Öffentlichkeitsrecht für Kinder des gehobenen Mittelstandes. Die Schule befand sich in unmittelbarer Nähe des elterlichen Hauses, über Residenzplatz und alten Markt in fünf Minuten zu erreichen. Er war ein guter Schüler, für das Schuljahr 1894/95 gab es hauptsächlich die Noten 1 und 2, eine 3 nur in wenigen Ausnahmen, und im letzten Volksschulzeugnis vom Juli 1897 sind ausnahmslos die Noten 1 und 2 vermerkt. Religionsunterricht erhielt er zweimal wöchentlich in der protestantischen Schule am Salzachkai bei Pfarrer Aumüller, „einem wunderbar gütigen Menschen", dem Georg nach Erinnerung des ebenfalls protestantischen Erhard Buschbeck, „sehr anhänglich war".[32]

Dem Übertritt in das ausschließlich für Knaben zugängliche k. k. Staatsgymnasium im Herbst 1897 stand also nichts im Wege. Es war ebenfalls eine Eliteschule des gehobenen Bürgertums aus Stadt und Land Salzburg, die teilweise auch von Schülern aus anderen Kronländern der Monarchie besucht wurde. Der Abschluss berechtigte zum Studium an der Universität, aber auch zur Absolvierung des prestigeträchtigen Einjährig-Freiwilligen-Jahres der k. u. k. Armee, für den normalerweise ein dreijähriger Militärdienst vorgeschrieben war.

Margarethe Jeanne, am 8. August 1891 als jüngstes Kind der Familie Trakl geboren, und damit knapp viereinhalb Jahre jünger als Georg, trat zugleich mit Georgs Wechsel ans Gymnasium in die fünfjährige Mädchenvolksschule in der Griesgasse ein, an die sich eine dreijährige Bürgerschule anschloss. Es war dies eine der wenigen öffentlichen Volks- und Bürgerschulen für Mädchen in Salzburg, – in einer 1908 veröffentlichten Statistik des Kronlandes Salzburg finden sich nur zwei öffentliche Bürgerschulen für 14.920 schulpflichtige Mädchen.[33] Dieser Mangel an öffentlichen Mädchenschulen in Salzburg wurde häufig beklagt, lag doch beinahe die gesamte schulische Mädchenerziehung fest in katholischen Händen, womit eine einheitliche Ausrichtung auf die Vermittlung eines christlichen Lebenswandels sowie eine Betonung weiblicher Bescheidenheit und Aufopferung gegeben war. Besonders des Mädchenschulwesens angenommen haben sich bereits im 17. Jahrhundert die Ursulinen, im 19. Jahrhundert engagierten sich dann auch die Benediktinen sowie die Vöcklabrucker Schulschwestern, und im ländlichen Raum die Barmherzigen Schwestern, die Halleiner Schulschwestern und die Augustiner Chorfrauen.

Die an die Volksschule sich anschließende Bürgerschule war der übliche Bildungsweg für ein Mädchen aus dem gehobenen Bürgertum, der Besuch eines Gymnasiums war damals noch nicht möglich, und Lyzeen – eine Vorstufe für die Gymnasien – erst im Entstehen. Die Bürgerschule sollte einen mittleren Bildungsweg darstellen, wobei Mädchen vor allem auf ihre zukünftige Rolle als Hausfrau und Mutter vorzubereiten waren, weshalb auch Haushaltskunde und Handarbeiten zu wichtigen Pflichtfächern zählten. Sie berechtigte nicht zu dem Besuch einer Universität, der Frauen auch nicht gestattet war. Eine Weiterbildung war lediglich in einer Lehrerbildungsanstalt möglich (weshalb die ersten emanzipierten Frauen fast durchwegs Lehrerinnen waren), es konnten aber auch Fortbildungskurse besucht werden.

Margarethes Schulweg war ein wenig länger als jener Georgs, sie musste am Rathaus vorbei bis zum Salzachufer, alles in allem vielleicht zehn Minuten zu Fuß. Auch Grete war eine gute Schülerin, die Zeugnisse berichten ebenso fast ausschließlich von der Note 1 und 2, nur in Handarbeiten hatte sie in der dritten und vierten Klasse eine 3, was auf eine geringe Begeisterung für weibliche Tätigkeiten schließen lässt. Doch wurde gerade auf dieses Fach besonderer Wert gelegt.

Auffälligkeiten sind von Gretes Kindheit keine überliefert, abgesehen von ihrem großen Talent im Klavierspiel, in dem sie bald ihre sämtlichen Geschwister überflügelte.

II. JUGEND

Ein Bruch im Leben der Geschwister bahnte sich um die Jahrhundertwende an, als Georg in die Pubertät kam und Grete in der Volksschule die vierte Klasse beendet hatte. Wir wissen nicht genau, was sich damals abgespielt hat, aber es müssen dramatische Ereignisse gewesen sein.

Die „seelische Ausrichtung" Georgs soll sich damals „ruckartig und gründlich" verändert haben, wie sein Schulfreund Bruckbauer meinte. Er sei „mürrisch, zänkisch, selbstbewusst und lebensüberdrüssig" erschienen,[1] und habe nicht nur zu trinken, sondern auch zu rauchen begonnen.

Auch die Leistungen Georgs nahmen bereits in der Unterstufe des Gymnasiums ab. Schon im ersten Jahr gab es in dem Fach Latein ein „genügend", in der dritten Klasse hatte er in Griechisch eine 4, und im folgenden Schuljahr ein „ungenügend" in Latein und Mathematik und ein „ganz ungenügend" in Griechisch, so dass er diese Klasse wiederholen musste.

„Sitzenbleiben" war damals ein schwerer Makel und muss das Selbstbewusstsein des Vierzehnjährigen nachhaltig beschädigt haben. Wird er schon zuvor als ein eher verschlossener Knabe geschildert, der einem traditionellen, neue geistige Strömungen wenig berücksichtigenden Lehrstoff nur geringes Interesse abgewinnen konnte und die rigiden autoritären Erziehungsmaßnahmen abgelehnt hat, so verstärkte sich jetzt eine gleichgültige, vielfach zynische Haltung dem gesamten Schulbereich gegenüber. Obwohl er von Schulkameraden als intelligenter und belesener als seine Mitschüler geschildert wird, kam er über eine 4 in Latein, Griechisch und Mathematik nicht hinaus. Auch der Fleiß wurde in der sechsten Klasse als „hinreichend", in der siebten hingegen gerade als „befriedigend" bezeichnet. Dafür interessierte sich Georg für Nietzsche, Rimbaud und Baudelaire, und begann neben Alkohol und Nikotin auch mit Drogen Bekanntschaft zu machen.

Sexualangst und Sexualverdrängung

Mit Grete allerdings passierte um diese Zeit Sonderbares: Sie wurde trotz guter Leistungen als Zehnjährige im Herbst 1901 nach der vierten Klasse vorzeitig aus der Schule genommen und nach St. Pölten zu den Englischen Fräulein geschickt, wo sie die vierte Klasse wiederholte, dann in die fünfte Klasse und schließlich in die erste Klasse Bürgerschule aufstieg.

Dieser Tatbestand, der in der Trakl-Rezeption bislang nicht oder nur oberflächlich thematisiert wird (so heißt es durchgehend, Grete habe als Elfjährige, und dann nur zwei Jahre, das Internat in St. Pölten besucht), gibt den Spekulationen, ob ein realer Geschwisterinzest stattgefunden hat oder nicht, neue Nahrung. Denn damit tut sich die Frage auf: Warum wird ein zehnjähriges Kind nach der vierten Klasse aus einer fünfjährigen Volksschule mit anschließender Bürgerschule genommen, um in St. Pölten diese vierte Klasse zu wiederholen mit einem weiteren Bildungsweg, den es in Salzburg ebenso hätte gehen können? Warum wird es abgeschoben, wird das Wiederholen einer Klasse, werden nicht unbeträchtliche Kosten in Kauf genommen (die Geschäfte des Tobias Trakl gingen bereits damals nicht mehr so gut), wird also ganz offensichtlich eine schlechtere Situation für das Kind und für die Familie gewählt?

Eine plausible Erklärung wäre: Es muss in dieser Familie ein Ereignis eingetreten sein, das die Entfernung Gretes nötig erscheinen ließ. Zwar haben auch die älteren Schwestern Maria und Hermine (Minna) Internate besucht, im Schuljahr 1897/98 das Institut Petér in Neuveville nahe Neuchâtel in der französischen Schweiz, und anschließend ein weiteres Jahr ein Internat in Hannover. Aber sie waren immerhin bereits dreizehn, bzw. vierzehneinhalb Jahre alt. Ein zehnjähriges Kind so früh in ein Internat zu schicken war unüblich, wie auch die Archivarin von den Englischen Fräulein in einem Gespräch bestätigte. Dementsprechend gering war die Zahl von Schülerinnen in der vierten, von Grete bei den Englischen Fräulein besuchten Volksschulklasse, nämlich elf zu Beginn des Schuljahrs, ab Februar des folgenden Jahres neun, und zum Schulschluss nur noch sieben Kinder.[2]

Hat Georg Trakl in dieser Zeit seine jüngere Schwester vergewaltigt oder dies zumindest versucht? Darauf würde eine Stelle in seinem vermutlich im Jänner 1914 entstandenen Prosagedicht „Traum und Umnachtung" hinweisen, das eine tatsächliche oder versuchte Vergewaltigung andeutet.

„Hass verbrannte sein Herz, Wollust, da er im grünenden Sommergarten dem
schweigenden Kind Gewalt tat, in dem strahlenden sein umnachtetes Antlitz
erkannte ... Süße Martern verzehrten sein Fleisch ... Also fand er im Dornenbusch
die weiße Gestalt des Kindes, blutend nach dem Mantel seines Bräutigams. Er aber
stand vergraben in sein stählernes Haar stumm und leidend vor ihr ...
(HKA I, S. 148 f)

Wohl sind Trakls Gedichte und Prosa nicht als autobiographische Erleb-
nisberichte zu verstehen, die sich real so wie in der Poesie beschrieben ereignet
haben. Trotzdem können sie in gewisser Weise autobiographisch gelesen
werden, weil sie Wünsche, Phantasien und auch Handlungen thematisieren.
In der Trakl-Rezeption wird allerdings der Wahrheitsgehalt gerade dieser Stelle
vielfach bezweifelt oder in den Interpretationen überhaupt ausgespart. Ein
Bruder, der seine kleine Schwester tatsächlich oder in der Phantasie vergewaltigt, passt nicht zu dem Bild eines großen Dichters. Theodor Spoerri
nimmt als einer der Wenigen darauf Bezug, wenn er einen Gewaltakt Georgs
gegenüber der Schwester bereits in seiner Pubertät vermutet, wobei allerdings
von einer richtigen Vergewaltigung nicht gesprochen werden könne, „da eine
versteckte Aufforderung durch die Schwester spürbar ist".[3] Das Klischee von
der Frau als Verführerin wird hier einem Kind übergestülpt.

Eine gewaltsame sexuelle Annäherung Georgs an seine Schwester ist jedoch
nicht nur aufgrund dieser und anderer Texte wahrscheinlich, sondern auch
aufgrund seiner in dieser Zeit äußerst labilen, pubertären Persönlichkeitsstruktur.

Wie sehr er mit seiner Sexualität zu kämpfen hatte, wie sehr er von ihr gequält
wurde, sie als Schuld erfuhr und sie trotzdem als überwältigend erlebte,
darüber geben seine frühen Gedichte und Dramenfragmente ebenso Auskunft
wie sein Lebensstil. So hat er bereits als Jugendlicher häufig Bordelle besucht,
wobei er sich vor allem zu einer älteren Prostituierten hingezogen gefühlt
haben soll, die allerdings lediglich die Aufgabe hatte, seinen stundenlangen
Monologen zu lauschen. Trotzdem scheinen seine Besuche nicht rein plato-
nisch gewesen zu sein; Spoerri berichtet im Zusammenhang damit von einer
„Szene, die in ihrer Abwegigkeit für Trakl charakteristisch und psychiatrisch
aufschlussreich ist", die er aber aus Rücksicht auf noch lebende Angehörige
nicht näher schildern wolle, und auch, dass Trakl, von einem Freund wegen der
Gefahr von Geschlechtskrankheiten zur Vorsicht gemahnt, mit einem „dämo-

nisch-überlegenen Lächeln" erklärt habe, dass er sich gegen jede Ansteckung gefeit fühle.[4]

Die Dirne, die Prostituierte hat ihn früh fasziniert, womit er sich zum provokanten Bohémien stilisiert, der gegen eine verlogene bürgerliche Scheinmoral protestiert: die verachtete Hure wird zur geschätzten, rehabilitierten Frau, die geachtete Ehefrau hingegen zur Hure. Er befand sich mit diesen Ansichten in Gesellschaft vieler Literaten und Intellektueller der Jahrhundertwende. Auch Karl Kraus hat die Prostituierte als „befreite" Frau gefeiert, ebenso hat sie Otto Weininger wegen ihrer „Ehrlichkeit" höher geschätzt als die Mutter. Für Trakl war die Dirne aber auch ein Symbol für die „Erniedrigten und Beleidigten", denen seine Sympathie galt. So etwa wird berichtet, dass er einmal, während er in der Fastnachtszeit im Café Tomaselli Faschingskrapfen aß, plötzlich aufstand, um auch den Huren in der Judengasse das Gebäck zu bringen.[5] Er hat später dieses Thema ebenfalls literarisch gestaltet. Wie etwa in dem 1913 entstandenen Gedicht „Sonja", das sich auf Dostojewskis Roman „Schuld und Sühne" bezieht. Darin wird das Mädchen Sonja zur Dirne, um ihre Familie vor dem Hungertod zu bewahren. Auch das Gedicht „Afra" widmet sich einer Prostituierten, die der Legende nach in spätrömischer Zeit als Bordellbesitzerin in Augsburg lebte, von einem Bischof zum Christentum bekehrt und schließlich als Märtyrerin verbrannt wurde. Ebenso wird in dem dramatischen Dialog „Maria Magdalena", bereits 1906 im Salzburger Volksblatt gedruckt, die Dirne Magdalena zur asketischen Dienerin Christi und damit „erlöst". Die Heilige und die Hure – das ist ein unerschöpfliches Thema einer patriarchalen Kultur, eines Dualismus, der immer über die Frau ausgetragen wurde und wird, und schließlich zu den absurden Konstruktionen eines Otto Weininger führte. Aufschlussreich in diesem Zusammenhang ist auch eines der ersten erhaltenen Gedichte Georg Trakls mit dem Titel: „Der Heilige".

Wenn in der Hölle selbstgeschaffner Leiden
Grausam-unzüchtige Bilder ihn bedrängen
– Kein Herz ward je von lasser Geilheit so
Berückt wie seins, und so von Gott gequält
Kein Herz – hebt er die abgezehrten Hände
Die unerlösten, betend auf zum Himmel.
Doch formt nur qualvoll-ungestillte Lust
Sein brünstig-fieberndes Gebet, des Glut
Hinströmt durch mystische Unendlichkeiten.
Und nicht so trunken tönt das Evoe

Des Dionys, als wenn in tödlicher,
Wutgeifernder Ekstase Erfüllung sich
Erzwingt sein Qualschrei: Exaudi me, o Maria!
(HKA I, S. 254)

Ein weiteres frühes Gedicht mit dem Titel „Sabbath" vermittelt ähnlich schwülstige Sexualphantasien:

Ein Hauch von fiebernd giftigen Gewächsen
Macht träumen mich in mondnen Dämmerungen,
Und leise fühl' ich mich umrankt, umschlungen,
Und seh' gleich einem Sabbath toller Hexen

Blutfarbne Blüten in der Spiegel Hellen
Aus meinem Herzen keltern Flammenbrünste,
Und ihre Lippen kundig aller Künste
An meiner trunknen Kehle wütend schwellen ...

Und eine schlingt – o rasende Mänade –
Mein Fleisch, ermattet von den schwülen Dünsten,
Und schmerzverzückt von fürchterlichen Brünsten.
(HKA S. 222)

Diese Gedichte, meist als erste, unreife Versuche eines pubertären Jünglings abgetan, sind vor allem aus psychologischer Sicht interessant, denn sie werfen ein grelles Schlaglicht auf seine psychische Verfassung, in der Religiosität, Erotik und Aggressivität zu einem Amalgam zusammenfinden, das in seiner geballten Wucht verstörend wirkt. (In dem späteren Blaubart-Drama erhält dieses Zusammenspiel eine zusätzliche sadistische Komponente.) Dass Georg versucht hat, seine qualvollen Phantasien durch einen sexuell motivierten Gewaltakt gegenüber seiner Schwester abzureagieren, ist gut vorstellbar.

Verantwortlich dafür ist nicht nur eine missglückte Mutter-Kind-Dyade, sondern auch ein allgemeines Klima der Sexualfeindlichkeit, das in der kleinbürgerlichen, provinziellen Enge Salzburgs mit einem hohen kirchlichen Einfluss wahrscheinlich besonders ausgeprägt gewesen ist. Eine Scheinmoral mit versteckten Liebschaften und verschwiegenen Affären, in der Bürgerssöhne nicht nur gezwungen waren, sondern sogar dazu angehalten wurden, sich ihre ersten sexuellen Erfahrungen in Bordellen zu suchen. Eine Gesellschaft, die ein Phänomen wie einen Otto Weininger hervorbringen konnte, dessen Sexualfeindlichkeit sich mit Frauen- und Judenhass paart, und von dem Georg Trakl – von einem Antisemitismus abgesehen – wesentlich beeinflusst war. Dass Sexualität schmutzig und sündhaft ist, lehrt die Kirche seit über tausend Jahren, und ebenso, dass die Frau als Ursache und Trägerin dieser Sünde permanent bestraft werden muss. Georg Trakls Gedichte, stark von religiösen Inhalten beeinflusst, spiegeln diese sich daraus ergebenden Konflikte sehr deutlich, er leidet darunter, sucht einen Ausweg im Androgyn, in *einem* Geschlecht, in dem die Geschlechterdifferenz aufgehoben wird.

Unter diesem Aspekt ist die Hurenverherrlichung vieler Künstler und Literaten auch als aufklärerisches Gedankengut zu verstehen, das Frauen eine freiere Sexualität zubilligen wollte ohne sie deswegen zu verachten. Wir können davon ausgehen, dass auch Margarethe davon beeinflusst war. In einem Brief vom 28. 8. 1938 schreibt Buschbeck an Karl Röck, einen gemeinsamen Freund Georgs und Margarethes, dass die „Schwester Grete … in erotischen Dingen" von großer „Offenheit" gewesen sei.[6] Es war wohl diese Einstellung, die ihr von den Zeitgenossen und auch der Nachwelt den Ruf einer hemmungslosen, sich über Tabus hinwegsetzenden Verführerin eingebracht hat, zu der Georg in einem Hörigkeitsverhältnis gestanden sei.

Realer oder phantasierter Inzest?

Der Experten-Streit, ob nun ein realer Inzest stattgefunden hat oder nicht, zieht sich seit Georg Trakls Tod über die Jahrzehnte. Während sich Zeitgenoss-Innen in eher versteckten Hinweisen ergehen, im Grunde aber jede Vorstellung einer „Bindung fleischlicher Art"[7] zwischen Georg und Margarethe als schmutzige Phantasie zurückgewiesen wurde, schien die Annahme eines Geschwisterinzests seit Theodor Spoerri, der sich auf eine – aus Rücksicht auf damals noch lebende Familienmitglieder – ungenannte, aber seines Erachtens zuverlässige Quelle stützt,[8] unbestritten (siehe u. a. Basil, Sauermann, Zwerschina, Kleefeld, Schünemann). Erst in jüngster Zeit tauchen neuerlich Zweifel auf. Hans Weichselbaum etwa steht der Annahme eines realen Inzests ablehnend gegenüber und spricht von einer „ins Kunstwerk transformierten Obsession, die sich aus familiärer Situation, Lebensmodell und literarischen Vorbildern gespeist hat".[9] Ähnlich argumentieren weitere Autoren in dem von Weichselbaum 2005 herausgegebenen Band über „Androgynie und Inzest in der Literatur um 1900" wie Alfred Doppler, Walther Methlagl und Adrien Fink.

Und wie steht es um die – spärlichen – biographischen Fakten? Den wichtigsten Hinweis auf eine reale sexuelle Beziehung liefert Ludwig Ficker

in einem Brief an Werner Meyknecht aus dem Jahr 1934, in dem er ein
Geständnis Margarethe Trakls beschreibt: „… Die tragische Beziehung Trakls
zu seiner Schwester – die Selbstvernichtung gleichsam im eigenen Blut – ist aus
seinen Dichtungen herauszulesen … Sie ist für das Bild des Menschen bei
Trakl wichtig, für das Inferno, durch das er gegangen ist, um seine Erlösungs-
hoffnung, die ganze Passion, durch die er gegangen ist, zu verstehen. Das
Seherische … kommt bei Trakl aus diesem Fegefeuer, diesem brennenden
Dornbusch seines Wahrnehmungsvermögens im Bewusstsein seiner Schuld,
begangen am Ebenbild seiner Verzweiflung in Fleisch und Blut. Darüber war
Trakl persönlich die Verstummtheit selbst, doch hat sich mir seine Schwester,
die nach seinem Tod nur mehr ein Schatten seiner und ihrer selbst war, in
einem verzweifelten Selbstverwerfungsbedürfnis – sie hat ja dann später Hand
an sich gelegt – einmal anvertraut."[10] Als Gegenbeweis gilt eine Aussage von
Trakls Freund Erhard Buschbeck vom Jahr 1938, in der er eine Inzest-
vermutung kategorisch ablehnt: „Zwischen Trakl und seiner Schwester Grete
hat es niemals so etwas wie eine Blutschuld gegeben … es war bei ihm wie bei
ihr eine geistige Leidenschaft zur Schuld, nie eine andere…"[11]

Wie können diese unterschiedlichen Aussagen interpretiert werden?
Buschbeck war ein enger Freund sowohl Georgs als auch Gretes, seine Aussage
hat Gewicht. Zweifel können trotzdem geäußert werden, denn zum einen
muss auch er nicht vollständig informiert gewesen sein, das Schweigen der
Geschwister – wie Ficker andeutet – ist verständlich, hätte ein derartiges
Bekenntnis doch die angesehene Trakl-Familie nicht nur in Misskredit
gebracht. Inzest war damals auch eine strafbare Handlung, „Blutschande"
wurde im österreichischen Strafgesetz mit Kerker von 6 Monaten bis zu einem
Jahr bedroht, weil sie, wie es in der Begründung heißt, die Nachkommenschaft
durch „Inzucht" gefährde und die Reinheit des Familienlebens zerstöre (nach
Unzuchtparagraph § 129 des Strafgesetzes von 1852). Ebenso musste in der
Zeit des Nationalsozialismus, als dieser Brief geschrieben wurde, mit einer
verschärften Strafverfolgung gerechnet werden, vor der Buschbeck die Familie
Trakl sicherlich schützen wollte.

Insgesamt betrachtet wiegt das Bekenntnis einer betroffenen Person stärker
als eines aus zweiter Hand, wobei sich Einwände, die in Grete eine unglaub-
würdige Person sehen, deren Aussage in Zweifel gezogen werden könne, in das
allgemeine Bild von der – ganz im Weiningerschen Sinn – haltlosen,
lügenhaften und das Andenken des Bruders beleidigenden Schwester fügt,
wie es nach Georg Trakls Tod vor allem im „Brenner Kreis" propagiert wurde.[12]

Dass Margarethe von Else Lasker-Schüler Lügenhaftigkeit bescheinigt wird besagt nicht allzu viel angesichts der Tatsache, dass es die exzentrische Lasker-Schüler, die zu lyrischen Übersteigerungen und traumhaften Phantasien neigte, mit der Wahrheit auch nicht so genau genommen hat. So etwa schrieb sie Trakl nach ihrer Begegnung in Berlin im Frühjahr 1914, sie hätte ebenfalls dem Alkohol zugesprochen, allerdings „so viele Eide" geschworen, es zu lassen, „Aber wenn Sie weiter trinken, brech ich die Eide und trinke wieder" (Brief, wahrscheinlich Sommer 1914, HKA II, S. 775), obwohl sie nach Aussage ihrer Biographin Kerstin Decker „über Wasserkakao noch nie in nennenswerter Weise hinausgekommen ist."[13] Dass sich Grete in dieser heiklen Angelegenheit an die Wahrheit hielt, ist auch deswegen anzunehmen, weil es eher unwahrscheinlich ist dass sich Menschen in einer Situation, in denen eine hohe Schamgrenze zu überwinden ist (die damals noch wesentlich schwieriger zu überschreiten war als heute) selbst belasten.

Trotzdem bleibt die Ungewissheit bestehen – und sie wird wohl nie geklärt werden. Weshalb es auch weiter die verschiedensten Vermutungen, Theorien, Auslegungen geben wird.

Dass eine Zehnjährige aus der Familie, der Schule, dem vertrauten Umfeld genommen wird, weist allerdings auch ohne besonderen Anlass auf eine geringe Sensibilität der Familie Trakl hinsichtlich der Bedürfnisse ihres Kindes hin. Noch unverständlicher jedoch erscheint dieser Entschluss, wenn er die Folge eines gewaltsamen Übergriffes des Bruders wäre. Aber der Berufsweg eines Sohnes war in jedem Fall wichtiger als jener der Tochter, die ja lediglich für eine anzustrebende Heirat vorzubereiten war. (Kam es nicht dazu, blieb dem bürgerlichen Mädchen nur das Gnadenbrot in ihrer Herkunftsfamilie, so wie Gretes älterer Schwester Maria, die nach kurzer, gescheiterter Ehe in ihr Elternhaus zurückkehrte.) Also musste die kleine Schwester von der Familie entfernt werden und nicht der vier Jahre ältere Bruder, der eine Trennung sicherlich besser verkraftet hätte.

Zur Sittsamkeit erzogen

Die „Englischen Fräulein", von der Engländerin Maria Ward 1609 als „Institutum Beatae Maria Virginis" gegründet, und ein Jahrhundert später in Deutschland ansässig, war eine seit 1895 als „Höhere Töchterschule" geführte katholische Privatschule. Sie wurde von Töchtern des gehobenen Bürgertums, teilweise auch des niederen Adels besucht (so befand sich etwa zur selben Zeit wie

Grete auch Paula von Preradović an der Schule, jedoch nicht in derselben Klasse), stand allerdings qualitativ weit unter dem Niveau der Gymnasien. Auch hier wurden die Mädchen vor allem auf ihre zukünftige Rolle als Gattin und Mutter vorbereitet, es wurde ein Grundwissen in Geschichte, Naturgeschichte und Geographie geboten, dazu kamen natürlich Handarbeiten, Gesang, Zeichnen und Klavier, außerdem Französisch und in der Bürgerschule Grundbegriffe im Englischen. Warum Grete hier die vierte Klasse wiederholte, wissen wir nicht, möglicherweise waren die Unterrichtsfächer anders strukturiert, auch kam Französisch (in dem sie allerdings bereits von ihrer Gouvernante unterrichtet worden war) als Fremdsprache dazu. So wie bei Georg nahmen auch bei Margarethe jetzt die Leistungen ab, die Noten „sehr gut" und „gut" in der vierten, wiederholten Klasse wurden bereits in der fünften Klasse und mehr noch in der ersten Klasse Bürgerschule teilweise von der Note 3 abgelöst. Eine 4 hat es allerdings nicht gegeben. Die durchgehende 1 in „Sittliches Betragen" unterscheidet sich vom „befriedigend" Georgs in der sechsten und siebenten Klasse Gymnasium und ist ein Hinweis darauf, dass Margarethe in ihrem Verhalten in keiner Weise den allgemeinen Sittenkodex verletzte, und der war ziemlich rigide. Sie entspricht damit kaum dem Bild jener aggressiven, heftigen, dämonischen Weiblichkeit, wie es von der Nachwelt überliefert wird.

Die Statuten dieses katholischen Mädchenpensionats geben einen aufschlussreichen Einblick in die damaligen Erziehungsmethoden für so genannte „höhere Töchter". Die Mädchen wurden in ein Korsett von Verhaltensregeln und Zwängen gesteckt, die zum Ziel hatten, sie zu gehorsamen Ehefrauen und selbstlosen Müttern zu formen, denen eigenständiges Denken und eigenwillige Kreativität ausgetrieben werden sollte.

Der Tagesplan war genau eingeteilt: Um sechs Uhr morgens aufstehen, nach dem Frühstück um halb acht Uhr Messe, von acht Uhr bis zwölf Uhr Unterricht, anschließend Mittagessen, Freizeit bis 14 Uhr, nach einem Spaziergang von 14 bis 16 Uhr neuerlich Unterricht, dann entweder Musikunterricht oder Studium bis 19 Uhr, Abendessen und frühe Bettruhe, wobei „schwätzen oder gar lärmen in den Schlafsälen des Morgens und Abends nicht gestattet" war. Das Verhalten der Zöglinge nach der Bettruhe verdiente besondere Aufmerksamkeit – meist musste eine Schwester in einem Bett hinter einem Vorhang die Sittlichkeit überwachen, – weshalb auch vorsorglich „übermäßige Zärtlichkeit und allzu große Vertraulichkeit wie küssen" generell untersagt war.

Die Mädchen wurden in ihrem gesamten Verhalten streng reglementiert und kontrolliert. So etwa durften sie während des Unterrichts „nicht den

Rücken krümmen noch die Füße kreuzen, viel weniger die Ellbogen auf den Tisch oder die Bank stützen. Auch beim Schreiben muss der Körper so viel als möglich gerade bleiben. Die Türen sollen nie zugeschlagen werden ...". Der Spaziergang hatte nicht nur auf der Straße, sondern auch im Garten „paarweise und in der Stille" zu geschehen, Blumenpflücken war verboten. „Lautes Lachen aus vollem Halse" galt als „unschicklich ... und wird nie geduldet, am allerwenigstens auf der Gasse". Auch durften die Zöglinge „abgesehen von außergewöhnlichen Fällen" weder während der Schulstunden „und schon gar nicht vor dem Schulgebet" auf die Toilette gehen.

Lediglich an jedem zweiten Sonntag waren nachmittags von 17 bis 18 Uhr Besuche „ihrer **Eltern** oder deren Stelle vertretenden **älteren Verwandten**" gestattet. Die männliche Jugend war von diesen Besuchen ausgeschlossen. Weihnachtsferien waren vom 23. Dezember bis zum 2. Jänner, außerdem war den Mädchen am Ostermontag und am Pfingstmontag in Begleitung der Eltern „oder einer, von den Eltern oder dem Vormund **ausdrücklich** dazu bevollmächtigten älteren **weiblichen** Person" das Verlassen des Institutes gestattet (im Original fett gedruckt). Die Briefe, die alle vierzehn Tage an die Eltern oder Vormünder geschrieben werden durften (Briefe an Geschwister oder sonstige Verwandte waren nur ausnahmsweise erlaubt), wurden ebenso zensuriert wie die empfangenen Briefe.

Obwohl Grete als Protestantin den katholischen Religionsunterricht nicht besuchte, galt eine Erziehung zu weiblicher Sittsam-, Gehorsam- und Bedürfnislosigkeit natürlich auch für sie. In den Statuten werden neben einer „echt religiösen Grundhaltung" vor allem die „Tugenden, die ein weibliches Wesen insbesondere schmücken" sollen, hervorgehoben, die Verpflichtung zu „Reinlichkeit, Nettigkeit und Ordnung", außerdem sollten sich die Zöglinge „immer befleißen, mit der einem Mädchen unerlässlichen ... Wohlanständigkeit aufzutreten, nicht zu laut aufzuschreien oder durch lärmende Weise die anderen zu stören".[14] Beim Turnunterricht, der um die Jahrhundertwende auch für Mädchen allmählich obligat wurde, spielten Bedenken wegen einer Gefährdung der allgemeinen Sittlichkeit durch bestimmte Bewegungsabläufe ebenso eine Rolle wie die Befürchtung, der weibliche Körper würde durch sportliche Tätigkeit seine „Zartheit und Schönheit" verlieren. So etwa durften Mädchen beim Turnen keine Schlag- oder Stoßbewegungen machen, den Rumpf „nur bis zum spitzen Winkel" beugen, auch „Umschwünge an Reck oder Barren" waren als „unweiblich" gestrichen.[15] Natürlich musste vorerst in Röcken oder Rockhosen geturnt werden, ein Turntrikot setzte sich erst in der zweiten Dekade des 20. Jahrhunderts durch.

Streng autoritäres Verhalten regelte auch den Schulalltag: Lehrerinnen
erwarteten von den Mädchen „kindliche Ehrerbietigkeit", sie durften „niemals
widersprechen. Selbst in dem Falle, dass sie sich beeinträchtigt glauben, haben
sie um der allgemeinen Ordnung willen den augenblicklichen Gehorsam zu
leisten, dürfen jedoch später der Ober-Präfektin gegenüber ihre Beschwerde
vorbringen".

Es war auch untersagt, die überwiegend dunkel gehaltene Institutsuniform
(dunkelgrauer, langer Rock, schwarze Schürze mit Oberteil, eine hoch-
geschlossene Bluse, Stiefeletten) durch „Putzsachen" oder „Schmuckgegen-
stände" im modischen Sinn zu verändern, und auch für die Briefe durfte „kein
elegantes Modepapier", sondern lediglich Institutspapier verwendet werden.[16]

Wir stellen uns ein kleines Mädchen vor, das nicht lachen, nicht widersprechen, sich nicht ausgelassen bewegen durfte, das in geordneten Reihen mit
weiteren Internatszöglingen im Klostergarten seine Runden drehte, als
oberstes Gebot Gehorsam und Sittsamkeit zu beachten hatte, und wir fragen
uns, wie ein künstlerisch ungewöhnlich begabtes und sensibles Kind auf eine
derart restriktive Erziehung reagiert hat. Wie es mit einer Zukunftsperspektive,
die auf Ehe und Mutterschaft ausgerichtet war, zurechtgekommen ist. Die
Antwort muss, wie so oft in der Geschichte der Frauen, im Dunkeln bleiben,
denn im Unterschied zu ihrem Bruder Georg hat uns Grete in dieser Zeit keine
Hinweise, keine Briefe, keine Selbstzeugnisse hinterlassen.

Immerhin jedoch ist sie auch in St. Pölten durch ihr Klavierspiel aufgefallen. Erhaltene Programme belegen, dass sie an verschiedenen religiösen
Festen, „Namensfesten" der Ober-Präfektin oder Schulschlussfeiern Ouver-
türen und Etüden gespielt oder Frauenchöre am Klavier begleitet hat.[17]

Im Schuljahr 1903/04, also dem letzten Jahr Margarethes bei den Eng-
lischen Fräulein, hat auch ihre ältere Schwester Hermine (Minna) dort einen
Fortbildungskurs besucht. Neben Religion, französischer und englischer
Sprache, Geographie, Kunstgeschichte, Literatur, Musikunterricht und Kunst-
zeichnen wird vor allem der „gründlichsten und streng methodischen Unter-
weisung in allen weiblichen Handarbeiten sowohl im Weissnähen und
Ausbessern der Wäsche, als auch in Herstellung eleganter Modearbeiten in
Weiß- und Buntstickerei; ferner Schnittzeichnen, Zerschneiden und Anfer-
tigen von Wäsche und Kleidern" die größte Beachtung geschenkt.

Die Kosten für diesen Internatsaufenthalt waren nicht unerheblich. Sie
betrugen für Margarethe im Semester 1901/02, also während des ersten Jahres
ihres Aufenthaltes, samt Nebenkosten wie Bücher, Klavierunterricht, „Höhere

Gesangsausbildung" und ähnliches 522 Kronen (umgerechnet etwa 2.000 bis 2.500,– Euro). Das war viel Geld, das damals nur wohlhabende Bürger- und Adelsfamilien aufbringen konnte.

Die Gründe, warum sie nach der ersten Klasse Bürgerschule das Internat der Englischen Fräulein in St. Pölten verließ und anschließend die Bürgerschule im katholischen Erziehungsheim Notre Dame de Sion in der Wiener Burggasse besuchte, wie Otto Basil berichtet,[18] kennen wir nicht. (Auch diese Schule wurde als fünfklassige Volksschule und dreiklassige Bürgerschule geführt.) Ein freierer Lebensstil hat sie dort sicherlich nicht erwartet. Zwar wurden sämtliche Unterlagen bei einem Bombenangriff im Zweiten Weltkrieg vernichtet, wir sind daher auch nicht über Gretes schulische Leistungen informiert, aber die zum Zeitpunkt des Interviews 98 Jahre alte Sr. Maria Pia Muthsam, die in den dreißiger Jahren des vergangenen Jahrhunderts dort unterrichtet hat, berichtet von auch damals noch üblichen Verhaltensregeln, die vielleicht sogar strenger waren als jene bei den Englischen Fräulein. Der Tagesablauf gestaltete sich folgendermaßen: Um sechs Uhr dreißig aufstehen, dann eine halbe Stunde lernen, anschließend Messe und Frühstück, alles unter völliger Schweigepflicht. Unterricht von acht bis 13 Uhr, Mittagessen, dann Pause, bei schönem Wetter im Garten. Von 15 bis 17 Uhr Aufgaben erledigen, um 18 Uhr Abendessen, schließlich Abendgebet und um 20 Uhr Bettruhe. Auch hier war ab diesem Zeitpunkt das Plaudern untersagt. Die Korrespondenz wurde ebenfalls zensuriert, und zwar sowohl jene der Kinder als auch jene der Eltern. Als besonders auffallend nannte die 98-jährige ein so genanntes „Punktesystem". Danach musste jedes Kind allmorgendlich über sein Verhalten am vergangenen Tag Auskunft geben, was zu einer Verteilung von Gut- und Schlechtpunkten führte. Je nach Punktezahl erhielt es dann eine Schleife, die zu tragen war, wobei eine breite Schleife gutes Betragen, eine schmale hingegen schlechtes Betragen signalisierte. Eine öffentliche Vorführung, die peinigend und demütigend war.[19]

Bohémien und Bürgerschreck

Während sich die Schwester also in Sittsamkeit und christlicher Demut zu üben hatte, gefiel sich der Bruder in bohémienartigen Allüren. Er begann bereits in der Oberstufe zu schreiben, wobei sich diese ersten Gedichte wahrscheinlich durch einen ähnlichen, schwülstigen, von Sexualangst und

grausamen Phantasien geprägten Stil ausgezeichnet haben wie jene bereits
zitierten vom Ende seiner Schulzeit. Weil ihn im Deutschunterricht die
Klassiker langweilten, las er neben Nietzsche, Baudelaire und Rimbaud auch
Tolstoi und Dostojewski, und er liebte die Dramen von Ibsen, Björnson und
Strindberg. Es war die Literatur der Décadence, die ihn vor allem angezogen
hat, die Literatur des Verfalls und der Todessehnsucht. Wobei er wohl
Baudelaire gefolgt ist, der den Décadence-Begriff ins Positive gewendet
hat, als Kampfbegriff der Avantgarde. Auch die Skepsis gegenüber etablierten
Religionen wie sie für die Décadence charakteristisch ist, deren äußere Formen
und Rituale aber trotzdem als Quelle ästhetischen Reizes geschätzt wurden, ist
in Trakls späterem, reifen Werk zu finden.

Auf langen, oft bis in die Nacht hinein reichenden Spaziergängen diskutierte er mit den Gymnasialkollegen Erhard Buschbeck, Karl Minnich, Karl
von Kalmár, Franz Schwab und Anton Moritz über Literatur und Philosophie.
In den Erinnerungen einiger ehemaliger Mitschüler war er „anders als wir …
sein Blick war nachdenklich und grüblerisch, manchmal auch forschend oder
verloren.“ Niemand hätte ihn je ernst gesehen „immer lag ein stiller, obstinater
Spott in seinen Mienen“. Aber er sei auch „viel vifer gewesen als wir alle und
uns weit voraus“.[20] Andere hingegen haben ihn gehänselt, nicht ernst
genommen:

„Ujegerl, was habe man damals den Schorschl geuzt, manchmal sei's ja
schon ein bissl arg gewesen, vor allem wie man ihn mit seinen Gedichterln
aufgezogen habe, mit seinen Wasserleichen und seinen spaßigen Vögeln, da sei
er ja manchmal am Tisch aufgesprungen und hab nicht reden können, nur mit
den Fäusten schwenken, und dann sei er auch hinausgerannt, daß man gedacht
habe, er tue sich etwas an, doch er sei halt dermaßen spinnert gewesen, der
Trakl Schorschl, daß man ihn einfach hab hochnehmen müssen und dabei ein
Kerl wie ein Bär, und ein kreuzguter Mensch …“[21] Das berichtet der
Schriftsteller Franz Fühmann aus Erzählungen seines Vaters, der mit Trakl
befreundet war.

Auch Georg litt unter dem autoritären Führungsstil an seiner Schule, der
für geringste Vergehen mehrstündige Karzerstrafen vorsah, an dem Unver-
ständnis vieler Lehrer und einem konventionellen Lehrstoff, der seinen
Interessen nicht entsprach. Doch hatte er die Möglichkeit, sich außerhalb
der Schule entsprechende Betätigungsfelder zu suchen.

Er galt als Sonderling, kultivierte in sich den Bürgerschreck, der seine
Verachtung der bürgerlichen doppelten Moral durch den Besuch von Bordellen dokumentierte. Auch in seinem Äußeren stilisierte er sich zum „poète

maudit". Es gibt einige Abbildungen aus dieser Zeit, die ihn mit pomadisiertem Haar, langen Koteletten, modischen Anzügen und nachlässig gebundener Krawatte zeigen. Schließlich trat er einer Gruppe junger Literaten bei, die in Anlehnung an die 1897 gegründete Literatur- und Kunstgesellschaft „Pan" 1904 den Literaturzirkel „Apollo", später „Minerva" gegründet hatten. Von den Salzburgern „Das spinnerte Kretzl" genannt, erregte diese Dichterrunde einiges Aufsehen.

Alle seine Freunde berichten von Georgs unausgeglichenem Temperament schon in diesen jungen Jahren, von ausufernder Lebensfreude, die abrupt in tiefe Niedergeschlagenheit kippen konnte, von einer Verherrlichung des Lebens und ständigen Selbstmorddrohungen. Einmal meinte ein Freund, als er wieder einmal eine Selbstmordabsicht geäußert hatte: „Aber ich bitt' dich, nicht wenn ich dabei bin".[22] Georg soll tief getroffen reagiert haben.

Er begann bereits mit fünfzehn Jahren seine Zigaretten mit Opiumlösung zu bestreichen. Wahrscheinlich hat ihn ein etwa gleichaltriger Apothekersohn mit Rauschmitteln versorgt. Er muss früh süchtig geworden sein, ein gewisses Suchtverhalten ist bereits als Kind feststellbar, Bruckbauer berichtet, er habe Georg nie anders als irgendeine Süßigkeit schleckend angetroffen.[23] Schon in der ersten Klasse der Oberstufe trug er oft eine Chloroformflasche mit sich und in einem Brief, der vermutlich im Sommer 1905, also seinem letzten Jahr am Gymnasium geschrieben wurde, spricht er von einer „verzweifelten Stimmung", in der er „leider wieder zum Chloroform" seine „Zuflucht genommen" habe. „Die Wirkung war furchtbar. Seit acht Tagen leide ich daran – meine Nerven sind zum Zerreißen ..." (HKA I, S. 469) In der Folge konsumierte Trakl neben Chloroform auch Morphium, Opium und Kokain. Mehrmals wurde er von Freunden auf dem Kapuzinerberg in schwerer Betäubung aufgefunden, und seine Schwester Maria Geipel berichtet noch sechzig Jahre später von dem Entsetzen, das die gesamte Familie ergriff, als sie ihn zu Hause berauscht auf einem Kanapee vorfanden.[24]

Seine Verzweiflung, von der in dem erwähnten Brief die Rede ist, lässt sich wohl aus seinen schlechten Schulnoten erklären. Ein „Nicht genügend" in Latein, Mathematik und Griechisch machten eine neuerliche Wiederholung der siebten Klasse nötig. Aber Georg zog es vor, lieber die Schule zu verlassen und meldete sich im September 1905 vom Gymnasium ab.

Die einzige Möglichkeit, nach nur sechs Gymnasialjahren einen akademischen Beruf zu erlernen bestand in einer Apothekerlaufbahn. Dazu war jedoch ein dreijähriges Praktikum in einer Apotheke notwendig. Georg begann also im September 1905 eine Art Lehre in der Apotheke „Zum weißen Engel" in der Linzergasse. Der Besitzer, Magister Carl Hinterhuber, gehörte mehreren deutschnationalen Vereinen an, war eine bedeutende Figur in der Burschenschaftsszene und Alkoholiker. Von seinem Praktikanten scheint er nicht viel gehalten zu haben, er hat ihn einen „Traumulus" genannt. Georg versah dort seinen Dienst von halb acht Uhr Morgens bis sieben Uhr Abends in einem dunklen Gewölbe, allerdings dürften die an ihn gestellten Anforderungen nicht besonders hoch gewesen sein,[25] weshalb ihm genug Zeit zum Dichten und zum Denken blieb. Auch gab ihm dieser Beruf die Möglichkeit, problemlos an die verschiedensten Drogen heranzukommen, die er eifrig nutzte.

In seiner freien Zeit unternahm er Wanderungen in die Umgebung der Stadt, nach Anif hinaus, nach Maria Plain, aber auch auf den Kapuzinerberg und Mönchsberg, den Petersberg, in die Vorstadt Mülln. Später sind diese Landschaften in seine Gedichten eingegangen.

> „*Erinnerung: Möven, gleitend über den dunklen Himmel*
> *Männlicher Schwermut.*
> *Stille wohnst du im Schatten der herbstlichen Esche,*
> *Versunken in des Hügels gerechtes Maß;*
>
> *Immer gehst du den grünen Fluß hinab*
> *wenn es Abend geworden*
> *Tönende Liebe; friedlich begegnet das dunkle Wild . . ."*
>
> (HKA I, S. 114)

So heißt es in dem Ende 1913 entstandenen Gedicht „Anif". Manchmal verbrachte er auch eine Nacht im Park des Schlosses Hellbrunn, dabei dürfte er zu dem Gedicht „Die drei Teiche in Hellbrunn" angeregt worden sein, das 1909 im „Salzburger Volksblatt" gedruckt wurde:

> „*. . . Die Wasser schimmern grünlichblau*
> *Und ruhig atmen die Zypressen*
> *Und ihre Schwermut unermessen*
> *Fließt über in das Abendblau.*
> *Tritonen tauchen aus der Flut,*
> *Verfall durchrieselt das Gemäuer*
> *Der Mond hüllt sich in grüne Schleier*
> *Und wandelt langsam auf der Flut."*
>
> (HKA I, S. 178)

Erste Veröffentlichungen

Während seines Praktikums trat er auch zum ersten Mal an die Öffentlichkeit. Bereits ein halbes Jahr nach seinem Austritt aus der Schule wurde am Stadttheater ein Einakter des damals 19-jährigen aufgeführt. Es trägt den Titel „Totentag", wurde vom „Salzburger Volksblatt" im Hinblick auf das jugendliche Alter des Autors recht gut, von der „Salzburger Zeitung" immerhin wohlwollend besprochen, von der katholischen „Salzburger Chronik" allerdings regelrecht zerrissen. Nach dem völligen Misserfolg eines weiteren Stückes „Fata Morgana", das im September 1906 uraufgeführt wurde, hat Georg beide Manuskripte vernichtet. Wir kennen den Inhalt aber aus den Rezensionen, wobei vor allem der „Totentag" interessant erscheint, weil er autobiographische Hintergründe vermuten lässt: Ein blinder Knabe namens Peter liebt Grete, die der Kritiker der „Salzburger Chronik" bemerkenswerterweise als „Peters Schwester" bezeichnet, obwohl ein derartiges Verwandtschaftsverhältnis weder aus dem Personenverzeichnis des Programms hervorgeht, noch die anderen Zeitungen darüber berichten. Offenbar war die enge Geschwisterbeziehung von Georg und Margarethe in gewissen Kreisen bekannt, vor allem seinen Freunden gegenüber soll sich Georg damals hymnisch über seine Schwester geäußert haben, sie sei „das schönste Mädchen, die größte Künstlerin, das seltenste Weib".[26] Die lebenslustige Grete in dem Stück betrügt den blinden Peter, der trotzdem „Hellseher" ist, und „alles weiß, was die Schwester tut",[27] mit dem Studenten Fritz. Peter richtet daher die Waffe gegen sie, erschießt sie allerdings nicht, sondern wird stattdessen wahnsinnig und begeht Selbstmord. In diesem Einakter finden sich bereits viele der Themen, die Trakl in Zukunft beschäftigen: Askese und Sinnlichkeit, Wahnsinn und Selbstmord, vor allem aber der Wunsch nach Verschmelzung mit der Schwester und die daraus resultierende Eifersucht. Kleefeld sieht in den hellseherischen Gaben Peters den ausgedrückten Wunsch, „die allmächtige Kontrolle des Objekts" zu übernehmen, „die sadistische Unterwerfung" der Schwester.[28] Die von der Mutter nicht erfüllten, symbiotischen Bedürfnisse Georgs, so Kleefeld, sollen von der Schwester befriedigt werden.[29]

Ebenfalls 1906 erscheint der erste literarische Text Georgs im „Salzburger Volksblatt" unter dem Titel „Traumland. Eine Episode", außerdem der Prosatext „Barrabas. Eine Phantasie" und der bereits erwähnte dramatische Dialog „Maria Magdalena". Ende des Jahres 1906 folgt die Veröffentlichung der Prosa „Verlassenheit", ein lyrisches Stimmungsbild in der „Salzburger Zeitung", dazu kamen einige journalistische Arbeiten, mit denen Georg an die Öffentlichkeit trat. Man begann langsam Notiz von ihm zu nehmen, ob im positiven oder negativen Sinn.

Er hatte das in vieler Hinsicht einflussreichen Freunden zu verdanken, deren Interesse er erregte und die sich seiner annahmen. Wichtig war in seinen frühen Jahren der tuberkulosekranke oberösterreichische Dramatiker Gustav Streicher, durch Volksstücke wie „Am Nikolotage" oder „Stephan Fadinger" bekannt. Er hat sich vor allem für die Aufnahme von „Totentag" und „Fata Morgana" am Salzburger Stadttheater eingesetzt, beide Stücke wurden von prominenten Schauspielern gespielt. Streicher hatte in Salzburg keinen sehr guten Ruf, es wurde ihm ein lockerer Lebenswandel vorgeworfen, aber gerade diese etwas anrüchige Aura mag Georg angezogen haben. Nach dem Misserfolg Trakls als Dramatiker zog sich Streicher allerdings zurück, zwar scheinen sich beide später in Wien noch etliche Male getroffen zu haben, ein enger Kontakt ist in dieser Zeit jedoch nicht bezeugt. Auch Erhard Buschbeck, der nach dem Tod Trakls den Gedichtband „Aus goldenem Kelch" (1939) herausgegeben hat, warb unermüdlich für den Freund bei Zeitungen und Verlagen. Ebenso haben sich in Wien Persönlichkeiten wie Karl Kraus und Adolf Loos für ihn eingesetzt. Die engsten Freunde und Förderer aber fand er wahrscheinlich in Innsbruck wo er auch die kreativste Zeit seines Lebens verbrachte.

Im Wartestand

Die musikalisch hochbegabte Margarethe Trakl verfügte nicht über ein ähnliches Netz an wohlwollenden Förderern. Ihrer Begabung wurde nicht nur weniger Beachtung geschenkt, sie war bei einer Frau in gewisser Weise auch fehl am Platz, da eher hinderlich für ihre eigentliche Bestimmung als Hausfrau und Mutter. Auch dürfen wir einen gewissen Neid ihrer Schwestern annehmen, denen mangels entsprechender Begabung eine Perspektive als Künstlerin verschlossen blieb.

Im Unterschied zu ihrem Bruder Georg sind wir über Grete Trakls Zeit ihrer Pubertät, ihres Erwachsenwerdens noch weniger informiert als über ihre Kindheit. Nach den erhaltenen Schulzeugnissen zu schließen, dürfte es keine Verhaltensauffälligkeiten gegeben haben. Auch Fotos besitzen wir aus dieser Zeit keine, wir wissen also nicht, wie sie ausgesehen und wie sie sich gekleidet hat.

Nach Beendigung der Bürgerschule in Notre Dame de Sion wird die jetzt etwa fünfzehnjährige Grete in Salzburg einige Änderungen vorgefunden haben:

Georg praktizierte in einer Apotheke, Gustl, der Kaufmann werden wollte, arbeitete in Wien, Fritz wurde im väterlichen Geschäft eingelernt (später ergriff er die Militärlaufbahn), Wilhelm, genannt Willi, war in Amerika und ihre ältere Schwester Maria, genannt Mizzi, war nach kurzer, gescheiterter Ehe in die elterliche Familie zurückgekehrt. Sie hatte im Jänner 1903 in Graz einen Herrn Geipel, ebenfalls Protestant und Besitzer einer Tuchfabrik geheiratet, ihn allerdings bereits nach wenigen Monaten verlassen, weil er angeblich perverse sexuelle Wünsche geäußert habe, die sie nicht erfüllen wollte. Auch über dieses Drama wurde von der gesamten Familie tiefes Schweigen gebreitet, Näheres wurde nie bekannt. Sexualität war tabu. Eine geachtete bürgerliche Frau hatte keine Sexualität zu haben, dementsprechend wurden junge Mädchen auch nicht aufgeklärt, und wenn ihre romantischen Träume von der „reinen" Liebe dann mit der nüchternen Realität einer Hochzeitsnacht konfrontiert wurden, kam es häufig zu einem Schock. Die Frühfeministin Rosa Mayreder berichtet von ihren Problemen mit der eigenen Sexualität, die sie im Sinne gängiger Anschauungen als schmutzig, sündhaft und verwerflich empfand, von „sexuellen Anfechtungen, die ich als schmachvolle Befleckung meiner Person betrachtete".[30] Körperfeindliche Erziehung fand vor allem in den Mädchenpensionaten statt, die langen Röcke durften keinen Zentimeter Knöchel zeigen, und um ihren Körper nicht nur vor der Welt, sondern auch vor sich selbst zu verhüllen, mussten sogar kleine Mädchen bis in die zwanziger Jahre des 20. Jahrhunderts mit Hemden in die Badewanne steigen. Auch die „Badekleider" der Jahrhundertwende wirken wie ein komplettes, aufwendiges Kostüm: Wadenlange Hosen, darunter ein Oberteil, das aus Rock und durchgeknöpftem Miederleibchen bestand und mit kurzen oder manchmal sogar ellbogenlangen Ärmeln und rockartigen Schößchen lediglich einen kleinen Ausschnitt am Hals gestatteten.

Die Vorstellung von Margarethe Trakl als einer verführerischen Hexe, wie sie durch die gesamte Trakl-Biographie geistert,[31] erscheint vor diesem Hintergrund als etwas absurd.

Mizzi, die sich nicht scheiden ließ und auch nicht mehr geheiratet hat, musste auf jeden Fall von ihren Eltern und nach deren Tod von ihrem älteren Bruder Gustav versorgt werden. Auch der jüngeren, unverheirateten Schwester von Mutter Maria Trakl, Agnes, blühte ein ähnliches Schicksal. Sie wurde

zusammen mit der gemeinsamen alten Mutter bereits 1898 von der Trakl-
Familie aufgenommen, wo die alte Frau 1909 starb, während Agnes in späteren
Jahren den Haushalt ihrer jüngeren, verheirateten Schwester Minna führte.

Die Verbesserung dieser ungesicherten, abhängigen und demütigenden
Situation unverheirateter Bürgerstöchter war der aufkommenden bürgerlichen Frauenbewegung ein besonderes Anliegen. Aber ihre Forderung
nach einer größeren Auswahl an Frauenberufen für bürgerliche Mädchen
wurde erst nach dem Ersten Weltkrieg in vielen und mühsamen Etappen
erfüllt.

Zuvor hatte ein Mädchen aus dem Bürgertum nach der obligaten Höheren
Töchterschule auf den Ehemann zu warten und zu hoffen, dass sich dieser
einstellt. Ein Los, das auch für Margarethe vorgesehen war. Aber diese hatte
andere Pläne. Sie wollte ihre Begabung nicht dilettierend im Familienkreis
verkümmern lassen – Klavier spielende Frauen waren geschätzt, solange ein
derartiges Talent der Hausmusik vorbehalten blieb – sie wollte daraus einen
Beruf machen, Konzertpianistin werden.

Das war kühn.

Vorläufig allerdings musste sie sich mit den Möglichkeiten, die sich in ihrer
Familie boten, bescheiden. Sie war zu jung, um schon jetzt ihren Wunsch,
nämlich die Musikakademie in Wien zu besuchen, verwirklichen zu können.
Ein Mädchen in diesem Alter konnte nicht allein in eine Großstadt entlassen
werden, also musste sie warten, bis ihr älterer Bruder Georg nach seiner Praxis
in der Salzburger Apotheke ein Pharmazie-Studium in Wien antrat, damit sie
sich ihm anschließen, und unter seinem brüderlichen Schutz auch ihr Studium
beginnen konnte.

Zumindest war das so vorgesehen.

Wie hat sie diese Wartezeit überbrückt? Handarbeiten scheinen sie wenig
interessiert zu haben, ähnliches dürfen wir von einer Mithilfe im Haushalt
annehmen. Wahrscheinlich hat sie viel gelesen, Literatur, die ihr von Georg
empfohlen wurde, also vor allem die Franzosen Rimbaud, Verlaine, Baudelaire
und die Russen Tolstoi, Dostojewski, Gorki. War eine derartige Auswahl
bereits für einen Jungen ungewöhnlich – auch am Gymnasium war die
Moderne verpönt, auf dem Lehrplan standen die alten Klassiker, ebenso viel
deutsche Mythologie – so erst recht für ein Mädchen, das ganz besonders vor
einer sittenverderbenden, unanständigen Lektüre bewahrt werden musste.
Auch bei den Englischen Fräulein dominierten in dem Fach „Deutsche
Unterrichtssprache" Goethe, Schiller, Hebbel und Uhland, auch Halm
und Stifter schienen geeignet. Es ist also anzunehmen, dass sie viele Bücher

heimlich gelesen hat, selbst wenn ihre Eltern anscheinend keine allzu große Kontrolle ausgeübt haben. Sicherlich hat sie weiter Klavierstunden bei ihrem Lehrer August Brunetti Pisano genommen, einer schillernde Figur in der Salzburger Künstlerszene. Er war von Brotberuf Lehrer in den Fächern Turnen, Zeichnen, Deutsch und Geographie, im eigentlichen aber Komponist, hatte vier Opern, an die 200 Lieder und mehrere Symphonien geschrieben, fühlte sich jedoch zeitlebens unverstanden und ist 1943 verbittert gestorben. Aufgefallen ist er auch durch etliche kuriose Erfindungen wie einen „Linienapparat" für Notenzeilen und einen „Lippenschützer" für Biertrinker. Ungemein geltungssüchtig kleidete er sich exzentrisch mit Samtrock und auffallendem Stehkragen, die schneeweißen Haare trug er wild und ungekämmt. Er galt als glühender Anhänger des Deutsch-Nationalismus, berücksichtigte aber als Vertreter der Reformpädagogik Heinrich Pestalozzis nicht nur individuelle Begabungen, sondern auch soziale und materielle Defizite seiner Schüler, womit er sicherlich seiner Zeit voraus war. Margarethe wird seine unkonventionelle, lockere Art des Klavierunterrichts geschätzt haben, und vielleicht liegt hier eine der Ursachen, warum sie später an der Wiener Musikakademie mit den starren, durchorganisierten Unterrichtsmethoden gescheitert ist. Dass Brunetti sie zum Komponieren angeregt haben soll, zeigt, wie sehr er von ihrem Talent überzeugt war.

In einem von Georgs Gedichten entsteht sanft und verklärt das Bild der Klavier spielenden Schwester:

> *„Im Nebenzimmer spielt die Schwester eine Sonate von Schubert.*
> *Sehr leise sinkt ihr Lächeln in den verfallenen Brunnen,*
> *Der bläulich in der Dämmerung rauscht. O, wie alt ist unser Geschlecht.*
> *... Auf der Kommode duften Äpfel. Großmutter zündet goldene Kerzen an..."*
> (HKA I, S. 81)

Auch Minna, die zweitälteste Trakl-Tochter lebte im Ehe-Wartestand, allerdings hatte sich 1907 für die jetzt 23-jährige bereits ein ernst zu nehmender Verehrer eingestellt: der sechs Jahre ältere Erich von Rautenberg, Assistent der k. k. Staatsbahnen. Die Verlobung fand im selben Jahr zu Weihnachten statt und der Hochzeitstermin wurde auf Anfang 1909 festgelegt. Genug Zeit also, um sich mit der Aussteuer zu beschäftigen, auf die großer Wert gelegt wurde und in die jedes Bürgermädchen viel Zeit investierte. Hatte doch die Braut die in ihrer Mitgift enthaltene Bett- und Tischwäsche mit Stickereien, Zierleisten und Monogrammen zu versehen, wie ja auch die Stick-, Strick- und Näharbeiten einer Familienmutter beträchtlich waren.

Das gesellschaftliche, politische und kulturelle Umfeld, in dem sich eine junge, ambitionierte und Orientierung suchende Frau zurechtfinden, ein Weltbild schaffen musste war in dem provinziellen Salzburg wesentlich traditioneller ausgerichtet als etwa in der fortschrittlicheren Hauptstadt Wien. Dort hatte die Frauenbewegung mit sehr konkreten Forderungen trotz teilweise heftiger Widerstände bereits zu einem gewissen Umdenken und auch einigen Erfolgen geführt. In der Bischofsstadt Salzburg hingegen wurde versucht, die viel zitierte „Frauenfrage" vor allem im christlichen Geist zu lösen. Es dominierten nach wie vor Wohltätigkeits- und Fürsorgevereine, die das Konzept der „Pflege, Weiterbildung und vollendeten Wirklichkeit der physischen und geistigen Mütterlichkeit"[32] in die Frauenbewegung einbringen wollten. Der „Katholische Frauenbund" war die Dachorganisation zahlreicher katholischer Frauenvereine, in denen sich bürgerliche Frauen ehrenamtlich um die Armen, Kranken und bedürftigen Kinder kümmerten, und besonders in Kriegszeiten Anerkennung und Zuspruch fanden. Selbstlose Hilfe war gefragt, Kritik hingegen wenig willkommen. Die Forderung nach einer besseren Bildung und politischen Rechten für Frauen war im katholischen Salzburg kein wirkliches Thema. Verbot doch das Vereinsgesetz, das erst 1918 aufgehoben wurde, Frauen zusammen mit Minderjährigen und Ausländern die Mitgliedschaft in politischen Vereinen. Trotzdem hatte sich der bereits 1866 gegründete „Wiener Frauenerwerbsverein" bemüht, durch die Gründung von Handels-schulen und die Errichtung von Nähstuben Erwerbsmöglichkeiten für Mädchen eines „neuen Mittelstandes" zu schaffen. In Salzburg hingegen ging „der Blick der Vereinsdamen" des über vierzig Jahre später, nämlich 1909 gegründeten Salzburger Frauenerwerbsvereins „über Kochtopf und Nähkorb nicht hinaus – statt einer höheren Mädchenschule oder Kursen für Berufs-ausbildung in verschiedenen Sparten war ihr Ziel die Errichtung einer Koch-und Haushaltungsschule".[33] Auch die höhere Mädchenbildung hinkte der Entwicklung in anderen Städten der Monarchie hinterher. Während vielfach bereits mittlere Mädchenschulen bestanden, die sich ab 1900 gemäß dem Lyzealstatut organisierten, begann in Salzburg erst 1904 das erste Mädchen-lyzeum mit insgesamt 42 Schülerinnen, (der Besuch des sechsjährigen Lyzeums berechtigte nicht zum Studium an der Universität) und erst 1910 kam es zur Gründung des ersten und bis zum Ende des Ersten Weltkriegs einzigen Mädchengymnasiums durch die Ursulinen. (In Wien gab es eine erste „Gymnasialschule für Mädchen" bereits 1892.)

In diesem Umfeld muss eine Persönlichkeit wie die radikale Frauenrecht-lerin Irma von Troll-Borostyani mit ihren kurz geschnittenen Haaren, der

Männerkleidung, ihren antiklerikalen Ansichten und feministischen Streit-
schriften eine skandalöse und exotische Erscheinung gewesen sein. Sie war
Mitglied der 1896/97 von Brunetti zusammen mit dem oberösterreichischen
Lehrer und Bühnenautor Josef Hafner gegründeten Literatur- und Kunstgesellschaft „Pan", einem Zusammenschluss junger, progressiver Künstler, der
später auch Georg Trakl beigetreten ist. Dass sie sich dabei in Gesellschaft
überzeugter Antifeministen befand wie etwa einem Karl Hauer, der zwar
Beiträge für „Die Fackel" von Karl Kraus schrieb, das „Weib" jedoch lediglich
als „Material männlicher Schöpfungslust, als lebendiges Kunstwerk, oder als
wirksamstes Tonikum, als Multiplikator männlicher Energie" gelten ließ,[34]
wird sie als gegeben hingenommen haben, gehörten derartige Ansichten doch
zum allgemeinen Bildungsgut. Weil sich kein Salzburger Verlag fand, der ihre
Schriften druckte, veröffentlichte sie in ausländischen Verlagen, aber auch in
den Zeitschriften der Wiener Frauenbewegung „Dokumente der Frauen" und
„Neues Frauenleben".

Ob diese erste Vorkämpferin für die Frauenbewegung in der Habsburg-
Monarchie mit ihrem radikal aufklärerischem Programm und ihrem, wie die
Kulturphilosophin Harriet Anderson meint, „rationalistischen, kulturellen
und visionären Feminismus" für die in gut bürgerlichen Verhältnissen lebende
und religiös erzogene Margarethe Trakl ein Vorbild sein konnte, darf bezweifelt
werden. Wahrscheinlich wird Bruder Georg für das künstlerisch interessierte
Mädchen das Tor zu jener anderen, interessanteren und aufregenderen Welt
geöffnet haben, zu der sie als Frau nur schwer Zugang hatte. Gleichzeitig aber
führte dieser Bruder sie auch ins Verderben.

„Meinem geliebten kleinen Dämon"

Wieder ist es aus heutiger Sicht schwer verständlich, warum die Familie Trakl
im Herbst 1908 die knapp 17-jährige Grete zusammen mit ihrem vier Jahre
älteren Bruder nach Wien ziehen ließ. Denn selbst wenn zuvor kein
Geschwisterinzest stattgefunden hat, war auf jeden Fall Georgs Drogensucht
bekannt, weiters der große Einfluss, den er auf die jüngere Schwester ausübte
und damit die Gefahr, dass er sie in diese Sucht hineinziehen würde. Auch
wird, davon ganz abgesehen, der Lebensstil Georgs, seine Eskapaden, sein
bohémienhaftes Verhalten der gutbürgerlichen Trakl-Familie nicht gefallen
haben. Einmal soll ihm Vater Tobias sogar das Haus verboten haben.[35] Dieser
Bruder kann also nicht besonders vertrauenswürdig erschienen sein, den

Schutz eines so jungen Mädchens in einer großen und fremden Stadt zu gewährleisten. Wahrscheinlich jedoch war es Grete selbst, die auf ihrem Wunsch, in Wien die Musikakademie zu besuchten, bestand. Denn wie hartnäckig das junge Mädchen sein konnte, bewies es einige Jahre später, als es gegen den Willen der Familie ihre Heirat mit Arthur Langen durchsetzte.

Vor dem Umzug nach Wien hatte Georg allerdings noch für den Abschluss seiner Praktikantenzeit die Tirocinalprüfung abzulegen, eine Art Vorexamen, die er vor einer Kommission im Februar 1908 „mit Erfolg" bestand. Im April musste er dann zur Musterung, worauf ihm die Begünstigung zum einjährigen Militärdienst bestätigt wurde, was insofern wichtig war, als der Offiziersrang für die männlichen Mitglieder der Trakl-Familie so etwas wie ein Statussymbol darstellte. Der Halbbruder Wilhelm ebenso wie Gustav waren beim Militär gewesen, und Fritz hat überhaupt die militärische Laufbahn eingeschlagen.

Veröffentlicht wurde von Georg in den Jahren 1907/08 wenig, der Misserfolg am Theater hatte ihm wohl den Mut genommen. Es erschienen lediglich einige Rezensionen in Zeitungen und als erstes Gedicht „Das Morgenlied" im „Salzburger Volksblatt".

Im Sommer 1908 war Georg dann als einziger von den Söhnen zusammen mit Grete, Minna und Mizzi zu Hause in Salzburg. Fritz reiste, wahrscheinlich angeregt durch Wilhelm, Ende Juli nach New York und Gustav und Wilhelm waren beruflich abwesend. Aus dieser Zeit stammt auch die berühmte Widmung Georgs in einem Exemplar der „Madame Bovary" von Gustav Flaubert, das er Grete schenkte. Sie lautet: „Meinem geliebten kleinen Dämon, der entstiegen ist dem süßesten und tiefsten Märchen aus 1001 Nacht. In memoriam! Georg. Salzburg Sommer d. J. 1908" (HKA I, S. 466). Nachdem fast alle Briefe zwischen Georg und Grete vernichtet wurden, gehört diese Widmung zu den spärlichen Hinweisen auf eine innige Geschwisterbeziehung.

Die doppelte Bedeutung der Schwester als angstbesetzter Dämon und reiner Engel kommt immer wieder in Trakls Gedichten zum Ausdruck. Auch in dem Prosagedicht „Traum und Umnachtung" wird sie zum *flammenden Dämon*, der ihm im *„härenem Mantel"* erschien (HKA I, S. 149).

Ebenso spricht das vermutlich 1909 entstandene Gedicht „Ballade" von einem Dämon im Zusammenhang mit einem inzestuösen Vergehen und damit der Schwester:

„Es blühte kein Stern in jener Nacht
Und niemand war, der für uns bat.
Ein Dämon nur hat im Dunkel gelacht.
Seid alle verflucht! Da ward die Tat."
(HKA I, S. 231)

Aber nicht nur seine Schwester wird ihm zum Dämon, er selbst fühlt sich zeitlebens von Dämonen gejagt. In einem Brief Anfang Oktober 1908 an seine Schwester Minna, also kurz nachdem er nach Wien gezogen war, meint er: „Ich habe die fürchterlichsten Möglichkeiten in mir gefühlt, gerochen, getastet und im Blut die Dämonen heulen hören..." (5. 10. 1908, HKA I, S. 231)

Und auch in seinen Gedichten werden Dämonen häufig zu Schicksalsgefährten, wie etwa in „Gesang zur Nacht", entstanden um 1908:

„... Es hat mein Dämon einst gelacht,
Da war ich ein Licht in schimmernden Gärten,
Und hatte Spiel und Tanz zu Gefährten
Und der Liebe Wein, der trunken macht.

Es hat mein Dämon einst geweint.
Da war ich ein Licht in schmerzlichen Gärten
Und hatte die Demut zum Gefährten,
Deren Glanz der Armut Haus bescheint.

Doch nun mein Dämon nicht weint noch lacht,
Bin ich ein Schatten verlorener Gärten
Und habe zum todesdunklen Gefährten
Das Schweigen der leeren Mitternacht..."
(HKA I, S. 226)

Mit dem „süßesten und tiefsten Märchen aus 1001 Nacht" hingegen ist wahrscheinlich „Die Geschichte des ersten Bettlers" gemeint, von der Scheherezad in der 11. und 12. Nacht erzählt. Es geht dabei um einen tödlich verlaufenden Geschwisterinzest, die Liebenden werden in einem Grabgewölbe verbrannt, und von ihrem Vater verflucht: „Die Strafe im Jenseits wird jedoch noch härter und dauernder sein."[36]

Es wird angenommen, dass Georg diese Geschichte gekannt hat und sich in der Widmung auf sie bezieht.

Das Wien des Fin de siècle

Im September 1908 zogen Georg und Margarethe Trakl also nach Wien, Georg, um sein Pharmaziestudium zu beginnen, und Grete, um sich an der Musikakademie zur Pianistin ausbilden zu lassen.

Das Wien des Fin de siècle war von jener dekadenten Stimmung geprägt, wie sie sich im letzten Jahrzehnt des 19. Jahrhunderts herausgebildet hatte, eine Art Weltuntergangsstimmung, die sich nach dem Selbstmord Kronprinz Rudolfs 1889 und dem Attentat auf Kaiserin Elisabeth neun Jahre danach auszubreiten begann. Der alte, verknöcherte Kaiser bot keine Zukunftsperspektive, die Nationalitätenprobleme hatten sich verschärft, der Liberalismus mit seiner Betonung von Aufklärung, Bildung und Erziehung der Massen geriet in den Sog konservativer Parteien, auch in Wien gewannen die antiliberalen, intoleranten, antisemitischen Christlichsozialen unter Bürgermeister Karl Lueger zunehmend an Einfluss.

Gleichzeitig jedoch blühte eine verfeinerte Kultur auf, die Seelenzustände, Liebe, Tod, Vergänglichkeit zu zentralen Begriffen machte. Die Vätergeneration wurde hinterfragt, junge Künstler und Intellektuelle wie Schnitzler, Hoffmannsthal, Freud, Mahler, Schönberg, Loos, Kraus, Kokoschka und Zweig schufen sich eine neue Wirklichkeit. Es war ein geistig-kulturelles Klima, wie es auch nach Salzburg ausstrahlte, in dem sich Georg Trakl mit seiner Poesie des Verfalls und des Todes eigentlich angenommen fühlen musste. Aber das war – zumindest in der ersten Zeit des Wiener Aufenthaltes – keineswegs der Fall. Vielmehr hat die Großstadt Wien bei ihm eine nahezu schockartige Wirkung ausgelöst: „Als ich hier ankam, war es mir, als sähe ich zum ersten mal das Leben so klar wie es ist, ohne alle persönliche Deutung, nackt, voraussetzungslos, als vernähme ich alle jene Stimmen, die die Wirklichkeit spricht, die grausamen, peinlich vernehmbar. Und einen Augenblick spürte ich etwas von dem Druck, der auf den Menschen für gewöhnlich lastet, und das Treibende des Schicksals", meint der 21-jährige in einem Brief an Schwester Minna. Wenige Absätze später aber heißt es: „Vorbei! Heute ist diese Vision der Wirklichkeit wieder in Nichts versunken, fern sind mir die Dinge, … und ich lausche, ganz beseeltes Ohr, wieder auf die Melodien, die in mir sind, und mein beschwingtes Auge träumt wieder seine Bilder, die schöner sind als alle Wirklichkeit! Ich bin bei mir, bin meine Welt! Meine ganze schöne Welt, voll unendlichen Wohllauts." (Brief vom 5.10.1908, HKA I, S. 471 f) Gleichzeitig mit Georgs Fassungslosigkeit über die neue Umgebung wird auch jener jähe Stimmungsumschwung deutlich, der für ihn so charakteristisch war. Ein weiterer Brief etwa drei Wochen später an die Schwester Maria spricht von Heimweh und Sehnsucht nach der Stadt seiner Kindheit: „Eine jede Zeile, jedes Blatt, das von Salzburg kommt, ist eine meinem Herzen teure Erinnerung an eine Stadt, die ich über alles liebe, eine Erinnerung an die wenigen, denen meine Liebe gehört. Ich denke, der Kapuzinerberg ist schon im flammenden Rot des Herbstes aufgegangen, und der Gaisberg hat sich in ein sanft' Gewand gekleidet ... Das Glockenspiel spielt die ‚letzte Rose' in den ernsten, freundlichen Abend hinein ... Und der Brunnen singt so melodisch hin über den Residenzplatz, und der Dom wirft majestätische Schatten ... Könnt' ich doch inmitten all' dieser Herrlichkeit bei euch weilen, mir wäre besser ... " Er beschwert sich über Wien und die Wiener: „ein Volk, das eine Unsumme dummer, alberner, und auch gemeiner Eigenschaften hinter einer unangenehmen Bonhomie verbirgt", das durch ein „forciertes Betonen der Gemütlichkeit" auffällt und über Kondukteure und Kellner, denen der Sinn nur nach Trinkgeld steht. (HKA I, S. 472 f) Georgs hymnischer Lobgesang auf Salzburg ist jedoch ebenfalls aus dem Augenblick einer anfänglichen Einsamkeit zu verstehen. Spätere Beschreibungen vermitteln ein anderes Bild, da ist von einer „verfluchten Stadt" (HKA I, S. 549) die Rede, einer „vermorschten Stadt voll Kirchen und Bildern des Todes" (HKA I, S. 503) und einer „vollendeten Schönheit", gegen die man sich wehren müsse „davor einem nichts übrig bleibt als blödes Schauen" (HKA I, S. 551). Hingegen erfährt Wien nach seinem dreijährigen Aufenthalt wiederum eine andere Einschätzung. In einem Brief an eine Bekannte (Irene Amtmann) aus Salzburg schildert er seine Ungeduld, wieder nach Wien zurückzukehren: „wo ich mir selbst gehören darf, was mir hier nicht verstattet ist" (Frühherbst 1910 oder 1911, HKA I, S. 551).

Dass diese blühende Kultur des Wiener Fin de siècle weitgehend männlich geprägt war, hat bereits Lou Andreas-Salomé festgestellt. Die Frau, so meint sie, gab es in der Literatur und Kunst lediglich als Darstellungsobjekt, „die Wiener Intellektuellen", so Salomé, bezögen „ihre Genialität aus dem ständigen Umgang mit Frauen ... dies ist eine Stadt der – anhand der Werke Schnitzlers – so gut bekannten süßen Vorstadtmädels und der neurotischen Frauen Freuds. Die Wiener Frau ist als Partnerin im Liebesakt auf den Bildern von Egon Schiele abgebildet und sie ist als hinterlistige Judith oder die grausame Salome auf den Gemälden von Gustav Klimt. Wien um die Jahrhundertwende ist vor allem eine Stadt der Gegensätze: sie ist eine Zeugin der Verherrlichung der Frau in der Dichtung von Peter Altenberg, aber auch

ihrer extrem antifeministischen Darstellung bei Otto Weininger"[37] Gerade die
Wiener Jahrhundertwende hat aber auch eine große Zahl von kreativen Frauen
hervorgebracht wie etwa Berta Zuckerkandl, Journalistin und Salondame im
großen Stil, Bertha Eckstein-Diener, die unter dem Pseudonym Sir Galahad
den Bestseller „Mütter und Amazonen" schrieb, die Schriftstellerinnen Lina
Loos und Gina Kaus, die Schriftstellerin, Essayistin und prominente Frauenrechtlerin Rosa Mayreder und die Reformpädagogin Eugenie Schwarzwald.
Aber natürlich standen auch diese Frauen im Schatten der Männer, aufgrund
ihrer geschlechtsspezifischen Rollenzuteilung galten Frauen ganz allgemein
vornehmlich als Musen oder reproduzierende Interpretinnen. Geschätzt waren
sie vor allem als inspirierende Partnerinnen männlicher Künstler. Als produ-
zierende Künstlerinnen wurden sie zur Konkurrentin, weshalb ihnen eine
eigene Kreativität abgesprochen, bzw. verhindert werden musste. Die verzerrten Angstbilder von Weiblichkeit, die sonderbar verstiegenen Konstruktionen eines Weininger sind auch vor diesem Hintergrund zu verstehen.
Ebenso das Totschweigen dieser Frauen bis in die jüngste Vergangenheit
hinein. Ein Schicksal, wie es auch Margarethe Trakl erfuhr. Sie kam mit großen
Hoffnungen und Zukunftsplänen in eine Stadt mit außerordentlichem
kreativem Potential vor misogynem Hintergrund und sie scheiterte kläglich.

Für Grete war Wien keine fremde Stadt, sie hatte ja zuvor hier das Internat
besucht, trotzdem war jetzt ihre Situation eine völlig andere. Denn als Zögling
eines Mädchenpensionats stand sie unter ständiger Aufsicht, nun aber war sie
auf sich alleine angewiesen, was für die 17-jährige in der damaligen Zeit eine
große Herausforderung gewesen sein muss. Wenn selbst der 21-jährige Bruder
sich zu Beginn in der Großstadt ganz offensichtlich nicht zurechtfand, wie erst
ein junges, minderjähriges, bürgerliches Mädchen? Zwar durfte es damals
bereits ohne Gouvernante auf die Straße gehen, doch war es immer noch
opportun, ein Lokal in männlicher oder sonstiger Begleitung zu betreten. Die
Damen, die etwa am Tisch des bekannten Kulturkritikers und Förderers
junger Talente Hermann Bahr im Café Griensteidl sitzen durften, gehörten
beinahe ausnahmslos dem aus bürgerlicher Sicht etwas zwielichtigen Stand der
Schauspielerinnen, Maler-Modelle oder Musen an. Die verlogene Sexualmoral
dieser Zeit hatte die Sittlichkeit der ehrbaren Frau festgeschrieben, während
dem Mann jeder Seitensprung offen stand. Er hatte sein „süßes Mädel", das
vornehmlich aus dem Kleinbürgertum oder Proletariat stammte, weshalb in
Wien auch jedes zweite Kind unehelich zur Welt kam (Gustav Klimt etwa soll
14 uneheliche Kinder gehabt haben),[38] die „Liebe von Ehefrauen zu anderen

Männern" hingegen wurde als „pathologisch" eingestuft, wie der prominente Psychiater Richard von Krafft-Ebing in seiner „Psychopathia sexualis" (1886) feststellt.[39]

Grete wird also unter diesen gesellschaftlichen und kulturellen Verhältnissen beinahe gezwungen gewesen sein, in ihrer Freizeitgestaltung einen möglichst engen Kontakt mit dem Bruder zu halten. Und tatsächlich ist in den erhaltenen Briefen an den gemeinsamen Freund Buschbeck auch recht häufig von Georg und gelegentlichen Treffen in seiner Wohnung die Rede. Hingegen sie in Georgs Briefen aus dieser Zeit nie Erwähnung findet, obwohl beide sicher in engem Kontakt gestanden sind.

Die Geschwister wohnten in Wien nicht zusammen, was auffällt, denn an und für sich wäre dies in einer fremden Stadt unter fremden Menschen nahe liegend gewesen. Daraus spricht eine gewisse Vorsicht oder Angst, dass ein gemeinsames Wohnen unliebsame Folgen haben könnte. Gretes Unterkunft kennen wir nicht, weil diesbezügliche Daten beim Wiener Einwohnermeldeamt für diese Zeit nur unregelmäßig gespeichert sind.[40] Georg hingegen hatte ein Zimmer in der Nähe der Universität im 9. Bezirk, Dietrichsteingasse 8/1/11 bezogen, wo er das erste Studienjahr blieb. Später wechselte er, so wie viele aus der Provinz in die Großstadt gezogene Studenten, mehrmals seine Unterkunft.

Hermann Bahr hat auf die „grenzenlose Einsamkeit" der Provinzstudenten „in der liebenswürdigen, heiteren Kaiserstadt" hingewiesen.[41] Um Anschluss zu finden, gerieten sie meist unter den Einfluss der schlagenden Studentenverbindungen, die antisemitisch und deutschnational ausgerichtet waren. Georg hielt sich davon fern, ebenso wie zumindest vorläufig vom allgemeinen Wiener Kulturbetrieb, doch war er viel mit ehemaligen Mitschülern zusammen, wie Karl Minnich, der bereits Jus, und Franz Schwab, der Medizin studierte. Außerdem kam Gustav Streicher nach Wien, und im Herbst 1909 der Jura studierende Buschbeck, zwei Jahre jünger als Georg und ebenfalls Protestant.

Auch Grete wird mit den Freunden Georgs aus Salzburg in freundschaftlichem Kontakt gestanden sein, wir wissen darüber Bescheid zumindest was Buschbeck betrifft. „Kommen Sie doch zu Georg – ich mag keine Rende-vous auf der Straße" schreibt sie ihm am 15. 4. 1910.[42] Die insgesamt 26 Briefe/ Postkarten an Buschbeck gehören zu den wenigen Zeugnissen, die uns von ihr überliefert sind. Das „Rende-vous auf der Straße" war für ein ehrbares Mädchen sicher unschicklich, auch Zusammenkünfte mit Georgs weiteren Freunden werden in seiner Gegenwart stattgefunden haben. Bei den Saufgelagen, die

Georg und seine Freunde regelmäßig im Urbani Keller, Rathauskeller, und im
Zetkeller abhielten, wird sie allerdings nicht dabei gewesen sein. Eher schon bei
Ausflügen in die Wiener Umgebung – ein Bild von ihr und Georg, von einem
Silhouettenschneider im Prater angefertigt, legen Zeugnis davon ab. Natürlich
hatte sie keinerlei Kontakt zur Wiener Frauenbewegung, die sich im „Allgemeinen Österreichischen Frauenverein" zusammengeschlossen hatte und
mit prominenten Vertreterinnen wie Rosa Mayreder, aber auch Auguste
Fickert, Marie Lang und anderen für heftige Diskussionen sorgte. Vielleicht
hat sie sich ein paar Bekanntschaften an der Musikakademie geschaffen, wo sie
im September 1908 die Aufnahmsprüfung machte. Eng können diese bei der
kurzen Zeit ihres Wiener Aufenthaltes aber nicht gewesen sein.

Musikstudium

Die Wiener Musikakademie befand sich damals gerade in einer Phase der
Umstrukturierung, das bis dahin privat geführte Konservatorium der Gesellschaft der Musikfreunde wurde mit Entschließung des Kaisers mit 1. Jänner
1909 als k. k. „Akademie für Musik und darstellende Kunst" verstaatlicht.

Der Verein war nicht mehr imstande, die steigenden Ausgaben aus eigenen
Mitteln zu tragen. Gleichzeitig kam es zu einigen organisatorischen Ver-
änderungen und 1912 wurde mit den Bauarbeiten des Konzerthauses in der
Lothringerstraße begonnen, wohin die k. k. Akademie vom Gebäude der
Gesellschaft der Musikfreunde am Karlsplatz im Jahr 1913 übersiedelte.

Grete wurde im September 1908 in den zweiten Jahrgang, die so genannte
Ausbildungsklasse aufgenommen, was ein gewisses Niveau bezeugt. (Der erste
Jahrgang, die so genannte Vorbildungsklasse wurde von SchülerInnen mit
geringeren Kenntnissen besucht.) Sie studierte im Hauptfach Klavier bei Paul
de Conne, als Nebenfächer belegte sie die Lehrveranstaltungen „Klavier-
Kammermusik" bei Wilhelm Bopp, „Chorschule" bei Richard Stöhr und
„Harmonielehre für Schülerinnen" bei Hermann Grädener. Der Klavierunterricht im Semester 1908/09 sah wöchentlich sechs Stunden für je acht Schüler
vor, die Chorschule sollte jeweils Montag und Donnerstag eine Stunde besucht
werden, auch in Harmonielehre gab es wöchentlich zwei Stunden Unterricht.
Der Frauenanteil an der Musikakademie war hoch, im Jahr 1909/10 standen
507 weiblichen nur 390 männliche Studierende gegenüber.[43] Eine Musikerziehung gehörte für das bürgerliche Mädchen zum guten Ton, Klavierunterricht war fast selbstverständlich und auf Gesang wurde auch in den

Mädchenpensionaten großer Wert gelegt. Allerdings war diese Ausbildung vor allem für den privaten, familiären Bereich gedacht, eine Berufsausübung schien in Anbetracht der baldigen Heirat meist überflüssig. Einige wenige große Begabungen haben es zur Opern- und/oder Konzertsängerin gebracht, noch seltener schaffte es ein Mädchen als Pianistin ihren Unterhalt zu verdienen. Violine durfte als Hauptfach überhaupt erst im Jahr 1864/65 von Mädchen belegt werden, bis dahin war lediglich ein Studium in Gesang und Klavier möglich. Sogar noch im Jahr 1908/09 durften Mädchen in den Vorbildungsklassen weder in Violine noch in Violoncello unterrichtet werden, ebenso wenig in Kontrabass und in Blasinstrumenten. Lediglich „hervorragend begabte Schülerinnen" durften ausnahmsweise auch für Violine in die 3. Vorbildungsklasse aufgenommen werden.[44]

Gretes Studium an der Musikakademie war nicht von langer Dauer. Für ihre Begabung spricht, dass sie bereits im November 1908 von Paul de Conne für die Vorversetzung von dem 2. in den 3. Ausbildungsjahrgang vorgeschlagen wurde. Umso erstaunlicher ist ihr folgendes Desinteresse, das sich in mäßigen Noten, vor allem aber in beachtlichen Fehlstunden zeigt. In Harmonielehre hatte sie im ersten Semester zwar in „Fleiß" eine 1, in „Fortschritt" aber lediglich eine 3 (es wurden nur diese zwei Benotungen pro Semester vergeben). Für „Chorschule" gab es im zweiten Semester (März 1909) für „Fleiß" eine 2, weitere Hinweise – auch was den Klavierunterricht betrifft – fehlen. Eine Benotung scheint nicht möglich gewesen zu sein, weil sie kaum zum Unterricht erschienen ist. In dem Fach Chorschule ergeben sich für die Monate Dezember 1908 bis März 1909 16 entschuldigte und teilweise unentschuldigte Fehlstunden, wobei sich die Zahl mit den Monaten erhöhte. Ebenso viele Fehlstunden sind von Oktober 1908 bis März 1909 in Harmonielehre verzeichnet, was bei insgesamt sieben bis acht Stunden pro Monat beachtlich ist.[45] Wohl aufgrund dieses Fernbleibens konnte sie sich, wie es im Jahresbericht heißt, „wegen Erkrankung oder sonstiger Ursachen der Uebertritts- oder Reifeprüfung nicht unterziehen".[46] Und im März 1909 wurde sie dann aus der Akademie ausgeschlossen.[47]

Die Begründung finden wir in den Statuten festgehalten. Danach war die Akademie berechtigt, einen Schüler, der zu häufig dem Unterricht fern blieb, sich „ohne begründete Entschuldigung einer Prüfung" entzog, und damit „das Recht auf eine Jahreszensur oder ein Zeugnis" verlor, „aus der Akademie" zu „entlassen".[48]

Über die Ursachen von Gretes Verhaltens können wir nur spekulieren. War sie tatsächlich ständig krank? Von Familienangehörigen wird häufig ihre kränkelnde Natur erwähnt, sie war keinesfalls so robust wie etwa Georg. War sie von dem Aufenthalt in Wien überfordert? Waren es die Drogen, zu denen der Bruder sie in dieser Zeit verführt hat und denen sie aufgrund ihrer geringeren körperlichen Widerstandskraft noch heftiger verfiel? Oder war es ihr Klavierlehrer Paul de Conne, der ihr den Aufenthalt an der Musikakademie verleidete? Immerhin ist im September 1914 gegen ihn die „Einleitung einer Disziplinaruntersuchung" dokumentiert, „wegen wiederholter Vernachlässigung seiner dienstlichen Verpflichtungen, insbes. eigenmächtiges Fernbleiben vom Dienste im Juni 1914, sowie wegen seines Verhaltens in künstlerisch-pädagogischer Hinsicht..."[49]

Paul de Conne, der allgemein als uneheliches Kind des russischen Pianisten und Komponisten Anton Rubinstein galt, war eine etwas zwielichtige Figur. Er hatte hohe Schulden, die dem Konservatorium lange bevor es zu einer Gehaltspfändung im Jänner 1914 kam, bekannt waren. Außerdem geriet er in demselben Jahr unter Spionageverdacht und saß zwei Monate in Untersuchungshaft. Obwohl er anschließend als unschuldig entlassen wurde, sah sich die Akademie genötigt, ihn vom Dienst zu suspendieren, und im Juli 1915 wurde er in den „bleibenden Ruhestand" versetzt. Auch eine neuerliche Bewerbung um eine Lehrstelle im August 1938 blieb erfolglos.[50]

Es ist also möglich, dass ein Lehrer mit einer schwierigen Persönlichkeitsstruktur zumindest eine Ursache für das Fernbleiben der 17-jährigen gewesen ist.

Vater Tobias Trakl

Mutter Maria, geb. Halik

Georg (3. v. r.) und Margarethe (1. v. r.) mit Geschwistern

Dichterzirkel ‚Minerva'.
(Georg sitzend links)

Georg Trakl ca. 1910

Margarethe Trakl 1912

III. Reifezeit

Durchbruch als Dichter

Georg immatrikulierte sich kurz nach seiner Ankunft in Wien als außerordentlicher Hörer an der philosophischen Fakultät der Universität Wien und belegte die Fächer Experimentalphysik, Chemie und Botanik. Vor allem in Chemie herrschten ungünstige Bedingungen: Im Chemischen Laboratorium standen für 69 Studenten nur acht Arbeitsplätze zur Verfügung.[1] Trotzdem hatte er die Vorexamina leidlich bestanden, die pharmazeutische Vorprüfung und Physik im März, Botanik mit „genügend" und Chemie mit „ausgezeichnet" im Juli. Gesamtnote: „genügend". Außerdem hatte das „Salzburger Volksblatt" bereits im November 1908 das Gedicht „Traumwandler" von ihm gedruckt, ebenso im April 1909 „An einem Fenster" und „Die drei Teiche von Hellbrunn".

Die Gedichte, die damals entstehen, lassen Heimweh vermuten, sie beziehen sich häufig auf das barocke Salzburg mit seinen Kirchen und Brunnen, den schmalen, von allerlei Gerüchen durchzogenen Gassen, seinen Gärten und seinen Parks. Wie etwa „Musik im Mirabell":

> „Ein Brunnen singt. Die Wolken stehn
> Im klaren Blau, die weißen, zarten.
> Bedächtig stille Menschen gehn
> Am Abend durch den alten Garten..."
>
> (HKA I, S. 18)

Aber diese schönen, feierlichen Bilder kontrastieren früh mit solchen des Verfalls, des Todes, mit Angst, Grauen und Schmerz. In den „Drei Teichen von Hellbrunn" (1. Fassung) glüht *in der Tiefe ... der Verwesung Glut/Die Weide weint, das Schweigen starrt, Auf Wassern braut ein schwüler Dunst..."* (HKA I, S. 238) und in „Musik im Mirabell" stürzt ein Hund *„durch verfallene Gänge"*, malt *„ein Feuerschein ... trübe Angstgespenster..."* und schaut *„ein Faun mit toten Augen/nach Schatten, die ins Dunkel gleiten"* (HKA I, S. 18).

Am 6. Februar 1909 heiratete die Schwester Hermine (Minna) in der Salzburger Evangelischen Kirche den sechs Jahre älteren Heinrich von Rautenberg, und beide bezogen eine Wohnung im Schloss Mirabell. Es ist anzunehmen, dass sowohl Georg als auch Grete zu diesem Anlass nach Salzburg gefahren sind. Auch diese Ehe wurde 1927 „von Tisch und Bett" geschieden, blieb aber als Lebensgemeinschaft bestehen. Die Osterferien verbrachten die Geschwister ebenfalls zu Hause bei ihren Eltern, Grete war ja bereits seit März an der Musikakademie abgemeldet.

Für Georg bedeuteten die zwei Wiener Jahre den eigentlichen Durchbruch als Dichter, in dieser Zeit fand er zu seiner eigenen, ihm gemäßen Form. Schon im Frühling 1909 hatte er eine literarisch ergiebige Phase, und im Juni schreibt er an seinen Freund Buschbeck: „Du kannst Dir nicht leicht vorstellen, welch eine Entzückung einen dahinrafft, wenn alles, was sich in einem jahrelang zurückgedrängt hat, und was qualvoll nach einer Erlösung verlangt, so plötzlich und einem unerwartet ans Licht stürmt, freigeworden, freimachend. Ich habe gesegnete Tage hinter mir – o hätte ich noch reichere vor mir, und kein Ende, um alles hinzugeben, wiederzugeben, was ich empfangen habe…" (HKA I, S. 475) Es ist anzunehmen, dass die Anwesenheit Gretes, das enge Zusammensein mit ihr diesen Höhenflug verursacht, oder zumindest dazu beigetragen hat, zumal nach ihrer Übersiedlung nach Berlin Georgs Stimmung deutlich düsterer wurde.

    In diesem kreativen Sommer unternahm Trakl eine erste Zusammenstellung von Gedichten, die er im Frühling und Frühsommer geschrieben hatte und übergab sie Buschbeck, der lebhaften Anteil an Georgs literarischem Schaffen nahm. Buschbeck hatte sich bereits von Salzburg aus bemüht, Kontakte zu Zeitungen herzustellen, und dem Freund empfohlen, Schritte zu unternehmen, „daß Du in Kürschners Literaturkalender kommst. Bei jedem Namen, der einem Redakteur unterläuft, schaut er immer zuerst, ob er schon im Kürschner steht".[2] Nach seiner Ankunft in Wien im Herbst 1909 versuchte Buschbeck den einflussreichen Hermann Bahr, bei dem er kurz zuvor Trauzeuge bei dessen Verehelichung mit Anna Mildenburg gewesen war, für Trakl zu interessieren.

    Bahr, der sich auf Reisen nach Berlin, Paris und Petersburg nach den jeweils neuesten „Trends" auf dem Gebiet der Literatur umgehört hatte und als Förderer und Entdecker junger Talente galt, wählte tatsächlich die Gedichte „Einer Vorübergehenden", „Vollendung", und „Andacht" für das „Neue Wiener Journal" aus, wo er als Theaterkritiker tätig war. Trakl hat zusammen mit Buschbeck Hermann Bahr auch in seiner Wohnung in Ober St. Veit besucht, Konsequenzen für weitere Veröffentlichungen scheinen sich aber daraus nicht ergeben zu haben. Rund sechs Jahre später, vermutlich im Dezember 1915 machte sich Grete aus Salzburg in einem Brief an Buschbeck über den berühmten Schriftsteller und Kritiker lustig, der in seiner zweiten Lebenshälfte eine – für viele Freunde und Verehrer irritierende – Wandlung zum katholischen Glauben vollzogen hatte und in seinem neuen Wohnort Salzburg täglich die Messe besuchte: „Über Deinen Freund Bahr wirst Du wohl von anderer Seite Nachricht erhalten. Er macht hier zu meinem Ärger alle Kirchen unsicher; schon um ½ 8 Uhr rutscht er auf den Knien in der Pfarrkirche herum. Es ist um die Wasserspeib zu kriegen".[3]

Der treue Freund Buschbeck bemühte sich immer wieder, für Georg einen Kontakt zu Künstlern und Kulturjournalisten herzustellen, was äußerst schwierig war, denn Trakl war extrem scheu und misstrauisch fremden Menschen gegenüber. Auch hatte er Mühe, mit Zeitungen oder Verlagen in Verbindung zu treten, das mussten stets Andere für ihn erledigen. Vor allem in der ersten Zeit seines Wiener Aufenthaltes fühlte er sich eher in Beiseln und Heurigengärten wohl, und in das bekannte Café Central in der Herrengasse, Treffpunkt der Wiener Künstler und Literaten, ging er nur, wenn er von Buschbeck mitgenommen wurde. Erst allmählich fand er Kontakt zu Künstlern und Schriftstellern, wie etwa Oskar Kokoschka, Karl Kraus und Adolf Loos.

Diese Menschenscheu, die allmählich krankhafte Züge annahm, verdeutlicht ein Brief von Franz Zeis an Valerie Petter vom 17. 7. 1913: „Er kann z. B. in der Eisenbahn nicht sitzen, nie, das Vis-à-vis eines Menschen verträgt er nicht. Er steht, und wenn er stundenlang fährt – auch in der Nacht – immer am Gang." (HKA II, S. 714) Auch Erhard Buschbeck meint in seinen Erinnerungen: „Hilflos steht er im Unbekannten, kann sich die nötigsten Wege des bedürftigen Lebens nicht ebnen, will es nicht, aus Widerstreben gegen das Neue, Feindliche ... Verloren steht er im Alltag und fürchtet sich".[4]

Es gibt von Georg Trakl die unterschiedlichsten Beschreibungen, er war als Person ebenso wenig einzuordnen wie in seiner Lyrik. Der ihn zutiefst verehrende Karl Borromäus Heinrich nennt ihn „vornehm von Natur ... So echt, wie in allem, war er daher auch in seinem äußeren Verhalten gegen Menschen; er hatte eine unbeschreiblich einfache Art zu begrüßen, der Anblick ging mir immer zu Herzen ... Dem arbeitenden Volk gab er sich mit einer wahren Leutseligkeit; so streng er bisweilen gegen sogenannte gebildete Menschen sein konnte, so lieb und gut war er allzeit gegen das Volk ... Er hatte die Seele eines Kindes. Und deren *Reinheit!*"[5] Der Schweizer Schriftsteller Hans Limbach hingegen meint: „... Seine Gesichtszüge waren derb, wie bei einem Arbeiter; welchen Eindruck der kurze Hals und die nachlässige Kleidung – er trug keinen Kragen und das Hemd war nur durch einen Knopf geschlossen – noch verstärken mochte. Trotzdem prägte sich in seiner Erscheinung etwas ungemein Würdiges aus. Aber ein finsterer, fast bösartiger Zug gab ihm etwas Faszinierendes wie bei einem Verbrecher. Denn in der Tat: wie eine Maske starrte sein Antlitz; der Mund öffnete sich kaum, wenn er sprach, und unheimlich nur funkelten manchmal die Augen".[6] Als äußerst verletzlich beschreibt ihn Buschbeck: „Seine Empfindlichkeit steigerte sich bis zum Gefühl der Unberührbarkeit seines Körpers", so drohte er „wahnsinnig zu werden", als er bei einem nächtlichen Streit einen Schlag erhielt und die „Heiligkeit" seines Leibes missachtet fühlte.[7] Hingegen der Tiroler Dichter Josef Georg Oberkofler von Georg Trakls steinernem, felsigen Gesicht berichtet und seiner leisen, eintönigen Stimme, „die wie aus einer Höhle kam". Auf Rudolf Kassner, den Begründer einer neuen (metaphysischen) Physiognomik wirkte er „unausgeschlafen", „mit eingesunkener Hautfarbe, etwa wie ein unschuldiger viciöser Knabe", aber auch sein treuer Freund Ludwig von Ficker, der sich unermüdlich für ihn eingesetzt hat, erkennt ein „Funkelnd-Böses" in seinem Wesen, und bekennt, dass Trakls Rücksichtslosigkeit und Ungerechtigkeit zuweilen ein „Feindliches, schwer unterdrückt" in ihm erzeugt hätte. Am besten beschreibt wahrscheinlich der befreundete Karl Röck Georg Trakls Doppelnatur, wenn er meint, er würde zugleich Tiger- wie Nachtigallenhaftes ausstrahlen. Allerdings hat Röck zweimal den Verkehr mit ihm abgebrochen, weil er seine schneidende Kälte nicht ertrug: „er kannte keine Art von Gefühlen". Und ein weiterer Bekannter stellte fest, dass man sich bei seinem Anblick unwillkürlich gefragt habe, ob er einem nicht unversehens gefährlich werden könnte.[8] Trakl selbst bezeichnet sich häufig als „Fremdling", als Ungeborener, und in einem Brief an Erhard Buschbeck meint er: „Ich werde doch immer ein armer Kaspar Hauser bleiben.[9] (Sein „Kaspar Hauser Lied" entstand wahrscheinlich im Herbst 1913.) Aber auch die seelischen Abgründe in seinem Inneren hat er immer wieder thematisiert: „Ich bin gewiß, daß ich das Böse nur aus Schwäche und Feigheit unterlasse und damit meine Bosheit noch schände" schreibt er in einem Brief an Rudolf von Ficker im Juni 1913 (HKA I, S. 519).

Auch jenes Foto von Trakl, das Erwin Marholdt als „Antlitz eines Verbrechers" bezeichnet hat, soll aus den ersten Wiener Jahren stammen. Es zeigt im Oval ein starres, finsteres Gesicht mit nacktem Hals und glatten, in der Mitte gescheitelten Haaren, das tatsächlich etwas Furchterregendes besitzt. Es wird angenommen, dass Georg dabei unter dem Einfluss von Drogen stand, vielleicht aber war die Szene auch im Sinne einer Blaubart-Maskerade gestellt. Basil vermutet, dass es von Grete aufgenommen wurde.[10]

So umfangreich und widersprüchlich die Beschreibungen Georgs sind – von Margarethe fehlen sie fast völlig. Nach Georgs Tod, in ihren letzten Jahren setzt dann ihre Entpersönlichung ein, ihre Zurichtung als zweites Ich des Bruders, deren reales Ich als dunkler, beschämender Fleck auf dem Bild des verehrten Dichters für Irritationen sorgte – eine Betrachtungsweise, die von der Nachwelt weiterentwickelt und ausgebaut wurde.

Auf einem der wenigen Fotos, die von ihr als junge Frau existieren und das im Jahr 1912, also kurz vor ihrer Eheschließung aufgenommen wurde, trägt die damals 21-jährige ein dunkles Kleid mit weißem Kragen, die Hände sind im Schoß gefaltet, die Haare halblang und offen, ihr in die Ferne gerichteter gedankenvoller Blick wirkt suchend, vielleicht ein wenig verloren. Von der in der Trakl-Rezeption erwähnten Halt- und Hemmungslosigkeit, Aggressivität und Virilität ist wenig zu bemerken, die junge Frau erinnert eher an einen sittsamen Internatszögling.

Geschlechterkampf

Buschbeck war es auch, der Trakl und seine Freunde Minnich und Schwab dazu anregte, die Internationale Kunstschau 1909 in Wien zu besuchen, eine Sammelausstellung der neuen, aus der „Secession" ausgetretenen „Klimt-Gruppe", in der Klimt allein mit sechzehn Werken vertreten war. Gustav Klimt, „der größte erotische Maler seiner Epoche" (Nike Wagner) hat die Frau zum Hauptthema seines Werkes gemacht. Sie erscheint in drei Variationen: als animalisches Elementargeschöpf, als Sinnbild von Lust und Empfängnis und als Kulturweib in exklusiver Gesellschaft.[11] Klimt malt das von Freud so genannte „Rätsel Weib" als Kindfrau, Schwangere, Mutter, Greisin, als „femmes fatales" und „femmes fragiles", und er hat damit ein zeitgenössisches, vieldiskutiertes Thema bildlich thematisiert.

In einem zu dieser Ausstellung gehörenden Gartentheater wurde am 4. Juli 1909 Oskar Kokoschkas sadomasochistisches Drama „Mörder, Hoffnung der Frauen" uraufgeführt, das Georg Trakl zusammen mit seinen Freunden besuchte. Das expressionistische Stück, das Tumulte und den Einsatz der

Polizei provozierte und die Entlassung Kokoschkas von der Wiener Kunst-
gewerbeschule zur Folge hatte, ist insofern interessant, als es den um die
Jahrhundertwende intensiv diskutierten Geschlechterkampf auf die Bühne
bringt: Ein Mann, halbnackt und tätowiert, und eine Frau in rotem Kleid und
offenen, gelben Haaren begegnen sich in aggressiver Pose, er reißt ihr das Kleid
auf und brandmarkt sie, sie verletzt ihn mit einem Messer. Aber als er sich dann
– durch ein Gitter getrennt – auf sie legt, gewinnt er an Kraft, während sie
immer blasser wird. „Wer säugt mich mit Blut? Ich fraß dein Blut, ich verzehre
deinen tropfenden Leib."[12] Die Interpretationen dieses Stückes sind unter-
schiedlich. Die ältere Version spricht von der Frau als Opfer, der Mann
hingegen ist der „Sexustöter, die Geisthoffnung des ans Geschlecht gebun-
denen unerlösten Weibes", der „über die Geschlechtskreatürlichkeit des
Weibes hinweg" schreitet.[13] Eine Einschätzung, die dem damaligen, von
Otto Weiningers antifeministischen Pamphlet „Geschlecht und Charakter"
beeinflussten Selbstverständnis entsprochen haben dürfte. So haben es wohl
auch – bei einer entsprechenden Inszenierung – Georg Trakl und seine
Freunde gesehen. Die jüngere Auslegung hingegen meint, dass „die Reduktion
der Frau zur Energiequelle des Mannes illusionär ist", und der Mann in seinem
Bemühen scheitert, durch das Ausbeuten und Töten der Frau eine Lösung
seiner eigenen Konflikte herbeizuführen.[14]

In jedem Fall jedoch wird in diesem Stück offen und ungeschönt das
vampirhafte Verhalten des Mannes dargestellt, seine Brutalität und Unfähigkeit, die Frau als eigenständige Person wahrzunehmen.

Georg Trakl hat auf das Stück ablehnend reagiert. Wahrscheinlich war es
ein Schock, die eigene Triebhaftigkeit, unter der er litt, so ungeschminkt und
nackt auf der Bühne dargestellt zu sehen. Immerhin hatte er in dem Brief an
seine Schwester Minna vom 5. 10. 1908 von den „fürchterlichsten Möglichkeiten" gesprochen, die er in sich gefühlt habe, von „tausend Teufel mit ihren
Stacheln, die das Fleisch wahnsinnig machen. Welche entsetzlicher Alp"
(HKA I, S. 472). Es sind verdrängte Ängste, das „infernalische Chaos", das
„Inferno" seines Inneren, das sich ein Ventil schaffen musste.

Das Kokoschka-Stück scheint ihn dazu angeregt zu haben. Denn unmittelbar danach, Anfang des Jahres 1910, hat er das Blaubart-Thema, das ihn
bereits früher beschäftigte, zum Gegenstand eines Puppenspiels gemacht.

Die dabei dargestellte „Blutbrautnacht", die das Kokoschka-Stück an
dargestellter Grausamkeit und krassem Antifeminismus bei weitem übertrifft,
droht mit seinen Bluträuschen und sadistischen Gewaltakten bereits ins
unfreiwillig Komische zu kippen. Auch hier nährt sich der Täter, Blaubart,

vampirhaft am Blut seiner Braut Elisabeth, deren völlige Unterwerfung und Selbstauflösung er verlangt:

> „Doch soll ich dich Kindlein ganz besitzen-
> Muß ich, Gott will's den Hals dir schlitzen!
> Du Taube, und trinken dein Blut so rot
> Und deinen zuckenden, schäumenden Tod!
> Und saugen aus deinem Eingeweid
> Deine Scham und deine Jungfräulichkeit"

(HKA I, S. 444)

Elisabeth entspricht zwar „wie verzaubert" diesem Wunsch, ist aber gleichzeitig nicht nur Opfer, sondern auch sadistisch-masochistische Verführerin:

> „Komm Lieber! Feuer fließt mir im Haar
> Weiß nimmer, nimmer was gestern war . . .
> Möchte nackend in der Sonne gehen,
> Vor aller Augen mich lassen sehn,
> Und tausend Schmerzen auf mich flehn
> Und Schmerz dir tun, zu rasender Wut!
> Mein Knabe komm! Trink' meine Glut,
> Bist du nicht durstig nach meinem Blut
> Nach meiner brennenden Haare Flut? . . .
> Nimm alles, alles was ich bin –
> Du Starker – mein Leben – du nimm hin . . . "

(HKA I, S. 443)

Doch bevor sie von Blaubart getötet wird, der nach seiner Tat „bluttriefend und trunken . . . vor einem Cruzifix" niederstürzt, bekommt sie es doch mit der Angst zu tun: "Erbarmen! Was zerrst du mich am Haar! . . . Neigt niemand sich meiner grausen Not . . ." (HKA I, 444 f).

Was ist nun von diesen schwülstigen, sadomasochistischen Phantasien zu halten? Handelt es sich dabei um einen „krassen Rückschritt auf primitivere Entwicklungsstufen . . . eine erratische Regression", wie Otto Basil vermutet?[15] Oder ist dieses „Lustmord-Motiv von zentraler Bedeutung für Trakls gesamtes Werk", wie Gunther Kleefeld meint, eine „Grundfigur seiner dichterischen Phantasie?"[16]

War Georg Trakl Antifeminist? Diese Frage ist nicht eindeutig zu beantworten. Sie muss auch im kulturellen und gesellschaftlichen Kontext seiner Zeit gesehen werden. Antifeminismus war in den verschiedensten Ausprä-

gungen anerkannter Teil der Kultur, hinterfragt lediglich von einer margi-
nalen, mehrheitlich angefeindeten Frauenbewegung, die sich keinesfalls im
Zentrum des allgemeinen Kunst- und Kulturgeschehens befand. Vor allem in
der Provinz war der Einfluss dieser mutigen und auch selbstbewussten Frauen
gering, wie am Beispiel Troll-Borostyanis, die eine absolute Außenseiterin war,
deutlich wird. Trakl war eingebunden in diese Kultur, von einem Kontakt zu
Frühfeministinnen ist nichts bekannt, wir können annehmen, dass er keine
besondere Sympathie für sie empfand, zumindest waren sie ihm gleichgültig.
Trakl zeigt starke, antifeministische Tendenzen in seinem Frühwerk, später hat
er sich davon in gewisser Weise distanziert. Natürlich hat er seinen Weininger
gelesen, damals ein absolutes Muss für jeden interessierten Intellektuellen, er
war auch stark von ihm beeinflusst. Aber die Frauenverachtung, wie sie in
Weiningers Werk zum Ausdruck kommt, hat er nicht geteilt. Davor hat ihn
seine Liebe zu Grete bewahrt. Sie war die zentrale Frau in seinem Leben, durch
sie wurde es ihm möglich, sich als Mann in Beziehung zu einer Frau zu erleben.
Er sah in ihr nicht das absolute „Nichts" im Sinne Weiningers. Immer wieder
thematisiert er in seinem Werk weibliches Leben auf die verschiedenste Art
und Weise. Das eigentliche Problem Trakls ist das Problem dieser Epoche:
Sexualangst und -feindlichkeit, das Erleben von Sexualität als Sünde und
Schuld. Hier traf er sich mit Weininger, und daraus ergeben sich auch noch
andere zahlreiche Gemeinsamkeiten.

Das 1903 erschienene Werk „Geschlecht und Charakter" von Otto
Weininger traf einen Nerv der Zeit und wurde ein absoluter Sensationserfolg.
Bereits ein Jahr später, nach dem spektakulären Selbstmord Weiningers, kam es
in der sechsten, 1922 in der 24. Auflage heraus. Es ist dieser Erfolg, der einen
tiefen Einblick in die Ideen, die kulturelle und gesellschaftliche Situation der
Jahrhundertwende ermöglicht, eine Zeit in der sich Antifeminismus mit
Antisemitismus, Verachtung der Frau mit Judenhass paart. Es war die Antwort
auf eine erstarkende Frauenbewegung, ein einflussreiches Judentum, und es
zeigt sich darin eine menschliche Grundangst: jene vor dem Verlust von Macht.

Geschlechterfrage, Geschlechterkampf, Geschlechterpolarität beschäftigte
wie kaum eine andere Frage die Epoche. Otto Weininger hat die daraus sich
ergebende Problematik auf den Punkt gebracht. Er sieht in der Polarität der
Geschlechter den Schlüssel zum Verständnis des Lebens. Für ihn ist Sexualität
ein Fluch, und dafür verantwortlich vor allem die Frau, womit er sich im
Einklang mit kirchlichen Interpretationen befindet. W – das Weib ist reine
Sexualität, hingegen M – der Mann, „sexuell und noch etwas darüber" ist.[17]
Das Weib lebt also in seiner Interpretation unbewusst, es hat kein Gedächtnis,

kein intelligentes Ich und keine Identität. Es ist daher auch unfähig für Logik und Moral, es ist weder gut noch böse, und es besitzt keine wie immer geartete Genialität. „Die Frauen haben keine Existenz, und keine Essenz, sie sind nicht, sie sind nichts…"[18] M – der Mann hingegen besitzt Charakter, Logik, Moral und natürlich Genialität. Das völlige Ausgeliefertsein der Frau an ihre Sexualität führt bei Weininger zu seinem bekannten Ausspruch: „der Mann hat den Penis, aber die Vagina hat die Frau". Als reine, unbewusste Materie und daher vollkommen abhängig vom Mann kann sie allerdings für den Fluch der Sexualität auch nicht zur Verantwortung gezogen werden. Diesen trägt der – bewusst lebende – Mann. „Der Fluch, den wir auf dem Weibe lastend ahnten, ist der böse Wille des Mannes… denn das Weib ist nur die Schuld und nur durch die Schuld des Mannes."[19] Auch die Mutter ist bei Weininger auf Sexualität fixiert, weswegen sie in dieser Eigenschaft der Dirne ähnelt, was die Gesellschaft allerdings heuchlerisch verschleiert, weshalb Weininger die Prostituierte wegen ihrer Ehrlichkeit höher einschätzt als die Mutter. Diese hingegen ist paradoxerweise durch ihre Gebärfähigkeit dem Tod verwandt, denn: „… so lange werde der Tod währen, als die Weiber gebären…". Einen Ausweg, die Erlösung sieht er in der Geschlechtslosigkeit: „Der Mann muß vom Geschlecht sich erlösen, und so, nur so, erlöst er die Frau. Allein die Keuschheit … ist ihre Rettung".[20] Und diese Geschlechtslosigkeit führt ihn zum Androgyn, denn erst dann werde das Leiden der Menschheit enden, wenn „aus zweien eins, aus Mann und Weib ein drittes Selbes, *weder* Mann *noch* Weib werde geworden sein".[21]

Gemeinsamkeiten mit Trakls Weltsicht drängen sich geradezu auf: Auch Trakls Werk ist geprägt von Wertezerfall und innerer Haltlosigkeit, auch für ihn wird aufgrund von Sexualangst und -feindlichkeit das Verhältnis der Geschlechter zueinander als sündhaft und das menschliche Dasein insgesamt als schuldhaft empfunden, und auch Trakl sieht die Erlösung in einem neuen Geschlecht, dem Androgyn. Auch er hat diese verdrehte, perverse und lebensfeindliche Sicht verinnerlicht. Allerdings zeigen sich bei genauerer Betrachtung auch viele Unterschiede. Ein ganz allgemeines Mitgefühl für die Entrechteten und Ausgestoßenen, das ihn auch für die Literatur von Dostojewski empfänglich machte und in vielen seiner Gedichte zum Ausdruck kommt, führt zu einem Mitleid mit dem Schicksal der Frau und einer Scham, als Mann für ihr Unglück verantwortlich zu sein. Der Kampf zwischen den Geschlechtern ist für ihn ein ungleicher, ungerechter, in dem die Frau unterliegen muss, den sie oft mit dem Leben bezahlt. Die Frau als Gebärende wird zur tragischen Figur, die an ihrer Leibesfrucht leidet. Die Ansicht Trakls, dass die Frau aufgrund ihres Geschlechts dem Leiden ausgeliefert sei, ist mehrfach dokumentiert. Trotzdem scheint er von der sexuellen Determiniertheit der Frau nicht im Weiningerschen Sinn überzeugt gewesen zu sein, wie ein von dem Schweizer Schriftsteller Hans Limbach in seinen Erinnerungen aufgezeichnetes Zitat bezeugt. Demnach soll Trakl in einem Gespräch vom Jänner 1914 über die Gestalt der Dirne Sonja in Dostojewskis „Schuld und Sühne", der auch Trakl ein Gedicht gewidmet hat, „mit wild funkelnden Augen" gesagt haben: „Totschlagen sollt' man die Hunde, die behaupten, das Weib sei nur Sinnenlust! Das Weib sucht ihre Gerechtigkeit, so gut wie jeder von uns".[22] (Dass dieses Zitat erst Jahre später aufgezeichnet wurde, rückt seinen Wahrheitsgehalt allerdings in ein etwas unsicheres Licht.)

Wir können die Weiningerschen Ausführungen heute als Produkt neurotischer Männerphantasien bewerten, damals allerdings trafen sie auf ein höchst interessiertes Publikum. Strindberg etwa meinte in einem euphorischen Brief an den Autor: „das Frauenproblem gelöst zu sehen ist mir eine Erlösung und so – nehmen Sie meine Verehrung und meinen Dank"[23] und Karl Kraus sprach den berühmten Satz: „Ein Frauenverehrer stimmt den Argumenten ihrer Frauenverachtung mit Begeisterung zu."[24] Gleichzeitig jedoch teilte Kraus die negative Beurteilung Weiningers keinesfalls, die dieser der Frau als rein sinnliches Wesen entgegenbrachte, für ihn ist im Gegenteil ihre Sinnlichkeit und Sexualität Grundlage einer besonderen Hochschätzung. „Es ist, als schlage Kraus einen Purzelbaum und lande dort auf den Füßen, wo Weininger, tödlich getroffen, mit dem Kopf aufschlägt".[25] Eine einseitige Festlegung der Frau auf ihr Geschlecht ist allerdings auch bei Kraus festzustellen; auf die Frauenbewegung, in der er eine Ansammlung von hysterischen, unbefriedigten, „von der Frauennatur emanzipierten Weibern" sah, war er demnach gar nicht gut zu sprechen. „Weg mit diesen Tugendmegären, bei denen sich verhinderte sexuelle Notwendigkeiten in Sozialpolitik umgesetzt haben."[26] Mit der prominenten Frühfeministin Rosa Mayreder stand er geradezu auf Kriegsfuß. Sie hat in ihrem Essayband „Zur Kritik der Weiblichkeit" (1905), der mehrere Auflagen erlebte, allerdings die vielleicht einzig wirklich treffende und geistvolle Kritik auf Weiningers epochales Machwerk verfasst. Zu seiner Behauptung, der Mann habe die Seele, welche der Frau fehle, fragt sie trocken „bei welchem Grade der Männlichkeit die Seele denn anfange" und meint weiter, Weininger binde die Seele an das primäre männliche Geschlechtsorgan und erhebe damit „wider Willen den Phallus zum Träger der Seele".[27]

Das Bild der „reinen" Geschwisterliebe zerbricht

Aber Georg Trakls Sehnsucht nach der reinen, weil geschlechtslosen Liebe scheitert. Denn indem er sich einerseits in der Gestalt der Schwester ein „reines", androgynes Wesen erträumt, aber gleichzeitig den Inzest zum Thema macht, wird diese „sündenlose" Liebe zur Utopie.

Schuldbeladene inzestuöse Phantasien finden sich zahlreich in Trakls dichterischem Werk. Teils verschlüsselt und verschleiert, wie in „Traum des Bösen": *„Im Park erblicken zitternd sich Geschwister"* (HKA I, S. 29), teils offen und unverblümt wie in dem frühen Gedicht „Blutschuld":

„Es dräut die Nacht am Lager unsrer Küsse.
Es flüstert wo: Wer nimmt von euch die Schuld?
Noch bebend von verruchter Wollust Süße
Wir beten: Verzeih uns, Maria, in deiner Huld!

Aus Blumenschalen steigen gierige Düfte,
Umschmeicheln unsere Stirnen bleich von Schuld.
Ermattend unterm Hauch der schwülen Lüfte
Wir träumen: Verzeih uns, Maria, in deiner Huld! ..."

(HKA I, S. 249)

Auch in dem Gedicht „Ballade" entladen sich erotische Spannungen in einem fluchbeladenen inzestuösen Akt:

„Ein schwüler Garten stand die Nacht.
Wir verschwiegen uns, was uns grauend erfaßt.
Davon sind unsre Herzen erwacht
Und erlagen unter des Schweigens Last.

Es blühte kein Stern in jener Nacht
Und niemand war, der für uns bat.
Ein Dämon nur hat im Dunkel gelacht.
Seid alle verflucht! Da ward die Tat".

(HKA I, S. 231)

Damit zerstört Trakl das Bild der „reinen" Geschwisterliebe, er schafft mit der Gestalt der Schwester vielmehr eine Frau, die er auch sexuell begehrt und gleichzeitig den Fluch einer verbotenen Liebe auf beide, Bruder und Schwester, lädt.

Die Erkenntnis, dass die androgyne Liebe Utopie bleiben muss und der Mensch seiner Sexualität, und damit seiner Schuld verhaftet bleibt, treiben Weininger ebenso wie Trakl in den Tod, und auch die Schwester, deren fiktives Bild zerbricht, sieht keinen anderen Weg. Die unselige Gleichsetzung von Sexualität = Leiblichkeit = Frau = Sünde und Schuld, durch die sich das gesamte Patriarchat – nicht nur die Kirche – auszeichnet, lässt logischerweise keinen anderen Weg offen. Die Kirche bietet ein – glücklicheres – Jenseits als Trost für das verdammte, verachtete, sündige Diesseits an, das sich im Leib der Frau, in ihrer Gebärfähigkeit konkretisiert. Einem Dichter wie Georg Trakl, der diese Jenseits-Hoffnung wohl nicht im Sinne eines gläubigen Christen besaß, blieb nur die Selbstzerstörung. Und er reißt jene mit sich, die er am meisten liebt, die aber diesem Sog zu wenig entgegenzusetzen hatte: die Schwester.

Die reale Beziehung Georg und Margarethes ist deshalb so schwer zu beschreiben, weil es darüber wenig Berichte von Zeitzeugen gibt und auch Georgs „Verstummtheit", im Hinblick auf Grete, von der Ludwig von Ficker berichtet, eine Beurteilung schwierig macht. Ebenso deutet die Tatsache, dass er sie während des gemeinsamen Wien-Aufenthaltes in keinem seiner Briefe, weder an die Familie noch an seine Freunde jemals erwähnte, darauf hin, dass er diese Liebe geheim, verschlossen halten wollte, dass möglichst wenig an die Öffentlichkeit dringen sollte. Buschbeck meint in seinen Erinnerungen, Trakl habe die Schwester „mit zärtlicher oder zorniger Sorge" umgeben,[28] und nach seinem Schulfreund Bruckbauer sprach er über sie stets „aus innerer Not-wendigkeit hymnisch"[29]. Wir können davon ausgehen, dass es von Georgs Seite eine klammernde Liebe gewesen ist, der sich Grete gelegentlich entziehen wollte, wie ihr offen gezeigtes Interesse für Erhard Buschbeck, der Wechsel ihres Studiums nach Berlin und schließlich ihre Heirat mit Arthur Langen beweisen. Wobei ihr Bemühen, sich aus Georgs inzestuöser Umklammerung zu befreien, von der Trakl-Rezeption häufig eher vorwurfsvoll kommentiert, und das dadurch erzeugte Leid des Bruders in den Mittelpunkt der Betrach-tung gerückt wird. Otto Basil etwa spricht davon, dass sie es bereits früh mit „der Treue ... nicht genau" nahm, was Georg sehr quälte,[30] und dass er „unter Gretes körperlicher Untreue gelitten" habe.[31] Gunther Kleefeld hingegen, für den die erotische Schwesterbindung in einer gestörten ödipalen Entwicklung des Dichters ihre Ursache hat, spricht von Georgs Bedürfnis nach Kontrolle und Unterwerfung: „Die Eifersucht Trakls entspricht seinem Bestreben, der Schwester ihre Selbständigkeit zu nehmen, sie zu entmachten und zu unterwerfen". Angeblich wollte er sogar gemeinsam mit ihr aus dem Leben gehen.[32]

Interessant ist in diesem Zusammenhang ein Gespräch, das Trakl im Jänner 1913, also nach Gretes Heirat mit Karl Röck geführt hat, und das dieser bruchstückhaft in seinem Tagebuch festhielt. Es beweist, dass Georgs „Verstummtheit" doch keine so ausschließliche gewesen ist, offenbar hat er seine problematische Beziehung zur Schwester in engem Freundeskreis doch gelegentlich diskutiert. Die Eintragung trägt den Titel „Die Schwester", wobei Röck aber nach eigenen Worten „hier freilich vorzüglich an Trakls Schwester" dachte. Thema dieser, von Weininger beeinflussten Betrachtungen ist die vereinnahmte, verkuppelte, männlichen Definitionen unterworfene Schwester, die Schuld des Bruders an ihrer zerstörten Ehe und ihrem Untergang: „... Welcher unzüchtige psychische Anteil des Bruders an der Schwester, welche elende Abhängigkeit vom Bruder: sie wird den männlichen Bewertungen unterworfen ... Welche gemeine Reduktion des Heiratenden auf den Mann. Auf seine rein männliche Funktion, wenn er sie heiratet: denn der Bruder war ja schon das Ideal der Schwester geworden und noch dazu ein geschlechtsfeindliches." Von einem „unterdrückten Geschlechtsgefühl" zwischen Bruder und Schwester ist die Rede und von „psychischer Inzucht". Der Bruder wird als „Kuppler" bezeichnet, die Schwester „nahe stehend der Dirne" sie „ist hysterisch und wird einigermaßen verkauft ... Nie wird ihr der Mann etwas sein: weil er erst den Bruder verdrängen müßte aus ihrer Psyche ... Welch schändliche Okkupation der Schwester überhaupt! Verlorenstes Verhältnis, Verhältnis des Untergangs. Verhältnis für Märchen und Untergangs-Mythen."[33]

Trakl hat hier offenbar sehr ausführlich mit dem Freund über seine Schuldgefühle gegenüber der Schwester und ihre hoffnungslose Situation gesprochen. Dass er als „Kuppler" bezeichnet wird, der die Schwester verkauft, bezieht sich auf Gretes Heirat, von der später berichtet wird. Deutlich Bezug genommen wird auch auf einen – gelebten – Geschwistermythos, auf „Märchen und Untergangs-Mythen", die Georg ebenfalls beschäftigt haben, wie seine Widmung an Grete vom Sommer 1908 beweist.

„Lieber Herr Buschbeck"

Die Sommerferien 1909 verbrachten die Geschwister wieder bei ihrer Familie in Salzburg. Auch Buschbeck war aus Gmunden zurückgekehrt. Er hatte dort privat die Matura gemacht, da auch er in der Oberstufe eine Klasse wieder-holen musste, worauf er es vorzog, auszuscheiden und eine Privatschule zu besuchen.

Buschbeck schickte Trakls Gedicht „Melusine" an „Westermanns Illus-trierte Deutsche Monatshefte", unter Angabe der eigenen Adresse, um Georg Unannehmlichkeiten bei eventuellen Nachfragen zu ersparen. Es wurde allerdings abgelehnt, ebenso von der Wiener Tageszeitung „Die Zeit". Grete, die im August achtzehn geworden war, hatte ihre Ambitionen, Konzert-pianistin zu werden, trotz des Debakels an der Wiener Musikakademie nicht aufgegeben. Sie wollte in Wien privat weiterstudieren, und fuhr im Herbst neuerlich mit Georg in die Hauptstadt. Ihre Eltern so scheint es, konnten oder wollten die Gefährdung der immer noch Minderjährigen nicht bemerken, wie sonst ist es zu verstehen, dass sie Grete neuerlich dem Einfluss des bereits schwer alkohol- und drogensüchtigen Bruders aussetzten. Wir kennen jetzt auch ihre Adresse, sie hat seit Oktober 1909 bei einer Frau Dr. Emilie Sigmann in der Margaretenstraße 27/1/7 im IV. Bezirk gewohnt, für Georg hingegen besorgte sein Schulfreund Minnich ein neues Quartier relativ weit entfernt im VIII. Bezirk in der Langegasse 60/III/18. Er besuchte in diesem zweiten Studienjahr eine Vorlesung am Institut für Pharmakognosie, das beinahe ausschließlich für die Ausbildung der Apotheker eingerichtet worden war, und chemische Übungen.

In diesem Herbst war auch Buschbeck zum Jurastudium nach Wien gekommen, und die erhaltenen Briefe Gretes zeigen, dass sie ganz offensicht-lich an ihm interessiert gewesen ist, hingegen er – wahrscheinlich aus Rücksicht auf Georg – eine gewisse Distanz eingehalten hat. „Lieber Herr Buschbeck" schreibt sie in einer großen, seltsam barocken und etwas maniriert wirkenden Schrift: „ich war sehr angenehm überrascht, Sie hier zu sehen – ich hoffe, Sie besuchen mich eines Nachmittags?? Wann haben sie Zeit für mich!! Auf bald – Herzlichst G. Trakl". Sie beklagt seine Reserviertheit: „Sie haben keine Lust mich mehr zu treffen?? – Das sagt Ihr Brief. Ein bisschen naiv war Ihr Mittel mir das klar zu machen: ich erinnere ganz gut Sie für den <u>23.</u> zu meinem Bruder gebeten zu haben…" Oder: „Sie wissen, daß ich Ihre Freundin bin u. trotzdem besuchen Sie mich wie wenn man ein Pensum der Höflichkeit erledigt". Und schließlich unmissverständlich:

„Sagen Sie mir das Losungswort mit dem man in ihre Festung eindringen kann. Sie wagen gar nichts. Ich bin viel zu schwach, um zu zerstören ... Nein, besuchen Sie mich nicht mehr – selbst wenn ich Sie wieder darum bitten sollte. Denn welchen Zweck hätte es eine Freundschaft erzwingen, erschwindeln zu wollen, deren Keim schon anfangs durch meine – – sagen wir Launenhaftigkeit erstickt worden ist ..." Grete berichtet auch mehrmals von gemeinsamen Treffen in Georgs Wohnung, einmal meint sie, dass er sehr traurig sei „weil Sie meine Liebenswürdigkeit so schroff abgewiesen haben". Offenbar hatte Georg zu Beginn der Beziehung nichts dagegen einzuwenden. Ein anderes Mal ersucht sie Buschbeck um „die Gefälligkeit", ihr die Adresse eines Meisterschülers der Musikakademie zu verschaffen, anscheinend sah sie selbst dazu keine Möglichkeit. Ein deutlicher Hinweis auf ihr Suchtverhalten ist die Bitte um Opium: „Ich komme nicht Sie wegen des Opiums zu belästigen – obwohl ich von ganzer Seele hoffe, daß Sie es mir in den nächsten Tagen beschaffen werden ..." Weiter schreibt sie in diesem Brief dass ihr „etwas Entsetzliches geschehen" sei. „An Georg's Gesicht u. Laune sehen Sie einen ganz schwachen Abglanz eines Teiles meiner Schmerzen". Möglicherweise handelt es sich um ein Ereignis im Zusammenhang mit ihrer Drogensucht, worauf auch die Bemerkung hindeuten könnte, dass sie Buschbeck bei sich selbst nicht mehr empfangen dürfe. Allerdings waren Herrenbesuche bei Damen den Vermieterinnen generell nicht gestattet; dass dies offenbar möglich gewesen ist, beweist eine gewisse Großzügigkeit der Vermieterin Gretes, die als Akademikerin möglicherweise liberalere Ansichten hatte – promovierte Frauen besaßen damals noch Seltenheitswert.

Eine Briefstelle wirft ein erschreckendes Bild auf Gretes Selbsteinschätzung, die in ihrer Destruktivität und Verfallsmetaphorik jener des Bruders ähnlich ist: „Zu meinem Karakter würde eine knochige Hand mit langen spitzen Nägel passen. Ich zerstöre mir selbst alles. Ich lasse mir von meinem Falstaff in die Seele spucken u. halte ihm meine Empfindligkeit (!) zum Schlag hin. Von einem Menschen der unbeschreiblichen Ekel vor Würmer hat u. der sie über seinen Körper kriechen laßt u. sie sich auf Zunge legt wird man sagen er sei verrückt. Wenn er aber nicht verrückt ist, warum tut er es dann?? – – – Jede Freundschaft beruht auf Verkennen des eigenen und des Freundes Karakter. Es ist wie ich sage: man sollte schweigend ‚Fäden knüpfen' u. die Lüge als Faden benützen".[34]

Die – meist undatierten – Briefe Gretes lassen das Bild eines innerlich unsicheren, von Selbstzweifeln geplagten, in gewisser Weise masochistisch reagierenden jungen Menschen entstehen, der sich nicht wirklich zurechtfindet und sich und seiner Umwelt misstraut. Vor allem der letzte Satz dient Trakl-Biographen als Hinweis, dass Grete es mit der Wahrheit nicht allzu genau genommen habe.[35] Es kann sich dabei allerdings auch um – auf Unsicherheit beruhende – Gedankenspielereien gehandelt haben.

Nicht nur Georg, auch Buschbeck, der in der Folge zu einem Vertrauten Margarethes wurde, hat sie in den Briefen, die er zu dieser Zeit seinem Freund Anton Moritz nach Attersee schrieb, mit keinem Wort erwähnt. Stattdessen berichtet er von „wüsten" Gelagen zusammen mit Trakl und weiteren Freunden, die bis in die Morgenstunden dauerten, (HKA II, S. 661) Ausflügen nach Schönbrunn-Tivoli und einer Donaufahrt im Mai 1910 mit Trakl und Minnich nach Pressburg (HKA II, S. 662). Er hat sich auch weiter um Kontakte für Georg bemüht. Als er den Kritiker der halbmonatlich erscheinenden Zeitschrift „Der Merker. Österreichische Zeitschrift für Musik und Theater" Ludwig Ullmann kennenlernte, versuchte er sofort, sich bei diesem für den Freund einzusetzen. Gelegenheit dafür bot eine Doppelnummer zum Thema „Salzburg", die im Sommer 1910 aus Anlass der Mozartfeier vom 29. Juli bis 6. August erscheinen sollte. Trakl schickte Gedichte von Wien nach Salzburg, wo sich Buschbeck bereits zur Vorbereitung des Heftes aufhielt. Aber bald interessierte sich Georg aus einer „düsteren Stimmung" heraus nicht mehr dafür, „Der Merker" druckte trotzdem die erste Fassung des Gedichtes „Die drei Teiche in Hellbrunn" und ein halbes Jahr später das Gedicht „Frauensegen". Außerdem veröffentlichte Buschbeck in der Doppelnummer einen Aufsatz über „Salzburgs Kultur aus Vergangenheit und Gegenwart", in dem er Trakl als zeitgenössischen Lyriker rühmte und auf dessen (verloren gegangenes) Puppenspiel „Kaspar Hauser" hinwies. Mit dem gleichaltrigen Ullmann kam es allerdings in der Folge zu einer vorübergehenden Verstimmung, weil sich Georg von diesem plagiiert fühlte. Ullmann, der seit 1909 im „Akademischen Verband für Literatur und Musik" tätig war, vorerst als Bibliothekar und dann als literarischer Leiter, hatte Trakl ein eigenes Gedicht vorgelesen, in dem sich dieser in seinem Gedicht „Der Gewitterabend" nachgeahmt fühlte, wie er erbost an Erhard Buschbeck schrieb: „Nicht nur, daß einzelne Bilder und Redewendungen beinahe wörtlich übernommen wurden … sind auch die Reime einzelner Strophen und ihre Wertigkeit den meinigen vollkommen gleich, vollkommen gleich meine bildhafte Manier… mit einem Wort bis ins kleinste Detail ist das Gewand, die heiß errungene Manier meiner Arbeit nachgebildet worden". (HKA I, S. 478)

Doch hat sich Trakl mit Ullmann schnell wieder versöhnt, bereits im selben Monat (Juli 1910) schrieb er Freund Buschbeck, diese Angelegenheit sei ihm

„schon wieder ganz gleichgiltig. Was kann es mich kümmern, ob jemand meine Arbeiten der Nachahmung für wert befindet". (HKA I, S. 479) Er entwickelte ein freundschaftliches Verhältnis zu Ullmann und vor allem zu dessen Braut Irene Amtmann, wie ein erhaltener Briefwechsel bezeugt. Ullmann, der Trakl auch an Stefan Zweig empfohlen hatte (ohne dass dieser in irgendeiner Form darauf reagierte), erinnert sich später an Georg Trakl als an einen „stillen Spaziergaenger und Trinker aus einer Art Hoelderlinschem Welt-Groll, versponnen in einen harten, unsentimentalen Traumkosmos, ein Mann aus dumpfem, aber dionysischem Bauernblut, der uns Alle zweifellos auch durch die keusche Knappheit seiner Sprachschoenheit beeinflusste"[36]

Ende April 1910 war Grete neuerlich in Salzburg. Sie hatte ihr Studium also wieder vor den Sommerferien abgebrochen, sei es aus Krankheitsgründen, Drogenproblemen oder einfach aus einer inneren Orientierungslosigkeit, wie sie in vielen ihrer Briefe zum Ausdruck kommt. Sie traf dort Erhard Buschbeck, der mit der Vorbereitung des Doppelheftes der Zeitschrift „Merker" beschäftigt war. Die Beziehung scheint jetzt enger geworden zu sein, wie die erhaltenen Briefe vermuten lassen. Die Anrede ist zwar vorläufig immer noch beim „Sie" geblieben, doch sind sie in einem wärmeren, herzlicheren Ton gehalten.

Es geht wieder um erbetene oder stattgefundene Treffen vor allem in ihrem Elternhaus. Der Vater Tobias Trakl war um diese Zeit bereits schwer erkrankt, die Stimmung in der Familie traurig und gedrückt: „Ich komme beinahe gar nicht an die Luft" heißt es da, oder: „ ... ich erhoffe mir von einem Spaziergang mit Ihnen ein wenig Erheiterung". Dass sie einmal bei Buschbecks Familie vorsprach, kam offenbar nicht gut an „ ... man hat mich scheel angesehen ..." Ein andermal ladet sie ihn zu einem Radausflug nach Hellbrunn ein: „Wenn es Ihnen paßt, so könnten wir an irgend einem Tag zusammen per Rad nach Hellbrunn fahren".[37]

Das „Frauenradeln" kam damals gerade in Mode, es galt – ebenso wie die so genannte „Reformkleidung" – als sichtbares Zeichen weiblicher Emanzipation.

„Das ist keine Revolte, sondern eine Revolution", meinte ein englischer Journalist,[38] wobei die „Costumefrage" die Gemüter am meisten beschäftigte. Denn die Hose war immer noch weitgehend tabu. Die Damen radelten in – langen und in den Speichen sich leicht verheddernden – Röcken oder Hosenröcken. Frauenrechtlerinnen wie Irma von Troll-Borostyani setzten sich vehement für Radsport und Pumphosen ein. Als im Jahr 1911 ein Salzburger Kaufhaus die Vorführung des ersten Hosenrocks veranstaltete, war der Publikumsandrang so groß, dass die Polizei vor dem Kaufhaus für die Aufrechterhaltung des Fuhrwerkverkehrs sorgen musste.[39] Immerhin veranstaltete der Salzburger Radfahr-Verein im Jahr 1910 bereits Damen-Radausflüge, die sich großer Beliebtheit erfreuten. Dass Grete an einem dieser Ausflüge teilgenommen hat, ist aufgrund ihrer damals schwierigen Familiensituation eher unwahrscheinlich. An der „Reformkleidung", wie sie als Reaktion auf das gesundheitsschädliche Schnüren um die Jahrhundertwende an Breitenwirkung gewann, hat sie allerdings bereits partizipiert. Während noch ihre Schwester Maria auf einem Foto, das bei ihrer Hochzeit im Jahr 1903 aufgenommen wurde, eindeutig geschnürt ist, gibt es für Margarethe keinen derartigen Hinweis mehr.

Der Tod von Tobias Trakl

Am 18. Juni 1910 starb der Vater Tobias Trakl an „Herz-Degeneration" in seinem 74. Lebensjahr. Georg hielt sich um diese Zeit in Wien auf, wo er im April die Lehrveranstaltungen für das letzte Semester belegt hatte. Er absolvierte Ende Juni die Abschlussprüfung in Pharmakognosie mit der Note „genügend", und am 7. Juli die Chemieprüfung mit „ausgezeichnetem" Erfolg. Nach Abschluss der theoretischen Prüfung in diesen beiden Fächern am 21. Juli erhielt er die Gesamtbeurteilung „genügend" und wurde am 25. Juli 1910 zum Magister der Pharmazie ernannt. Dazwischen fuhr er zur Einsegnung des Leichnams seines Vaters, die am 20. Juni stattfand, nach Salzburg, musste aber wegen der anstehenden Prüfungen sofort wieder nach Wien zurück. Obwohl er den Tod des Vaters und die damit zusammenhängenden Veränderungen in der Familie in seinen Briefen nicht direkt erwähnt, ist seine tiefe Verunsicherung doch deutlich herauszulesen. Er beklagt nicht nur sein „sinnlos zerrissenes Leben", sondern auch „ein infernalisches Chaos von Rythmen und Bildern", das ihn am Schreiben hindert. (HKA I, 479) Außerdem möchte er sich „gerne ganz einhüllen und anderswohin unsichtbar werden. Und es bleibt immer bei den Worten, oder besser gesagt bei der fürchterlichen Ohnmacht … Alles ist so ganz anders geworden. Man schaut und schaut – und die geringsten Dinge sind ohne Ende…". Zusätzlich belastet hat ihn ein „kleiner Brief, den ich vor kurzem bekommen, und eine große Angst und beispiellose Entäußerung!" (HKA I, S. 477). Es wird vermutet, dass es sich dabei um eine Mitteilung Gretes handelt, dass sie ihr Musikstudium in Wien endgültig abbrechen und an der Berliner Musikakademie weiterführen wolle.[40] Vielleicht auch ging es um eine Benachrichtigung in Erbschaftsangelegenheiten, der verzweifelte und sichtlich betroffene Ton deutet allerdings eher auf Ersteres hin.

Dafür spricht auch die Tatsache, dass zu eben dieser Zeit Ernst von Dohnányi, Professor an der Musikakademie in Berlin und bekannter Komponist, ein Konzert bei der Mozartfeier in Salzburg gegeben hat. Wahrscheinlich wurde Grete dadurch angeregt, sich mit dem Gedanken eines weiteren Studiums in Berlin auseinanderzusetzen, was sie auch gleich im Juli Georg mitgeteilt haben kann. Dohnányi zählte zu den bedeutendsten Pianisten der ersten Hälfte des 20. Jahrhunderts, und hatte auch als Pädagoge einen hervorragenden Ruf, was lag also näher, als dieses ganz offensichtlich unbefriedigende Studium in Wien abzubrechen und nach Berlin zu ziehen?

Vielleicht auch wollte sie sich aus Georgs klammernder Liebe befreien, vielleicht war es Flucht vor seinen inzestuösen Phantasien. Die Trennung allerdings bedeutete für beide endgültige Zerrüttung und Hoffnungslosigkeit. Georgs Depressionen, seine Trunk- und Drogensucht nahmen ab diesem Zeitpunkt dramatisch zu, und ebenso scheiterte Grete nach ersten hoffnungsvollen Anfängen. Denn auch sie war trotz Fluchtversuchen dieser verbotenen, inzestuösen und daher schuldbeladenen Liebe verfallen.

Tobias Trakl hatte kein Testament hinterlassen und er war, wie sich jetzt herausstellte, bereits hoch verschuldet. Die Geschäfte liefen nicht mehr so gut wie in den Anfangsjahren, als eine beginnende Baukonjunktur für satte Erträge sorgte. Nach der Jahrhundertwende hatte Österreich-Ungarn eine „zweite Gründerphase" mit ökonomischer Hochkonjunktur erlebt, die bis zum Herbst 1912 reichte. Aber schon zuvor scheint die große Familie Trakl über ihre Verhältnisse gelebt zu haben. Immerhin stiegen die Lebenshaltungskosten von 1903 bis 1912 um 30 %.[41] Tobias musste mehrere hohe Kredite aufnehmen, zuletzt 33.000 Kronen 1909 von der Wiener Creditgesellschaft für Industrie und Handel.[42] Nach seinem Tod wurde die finanzielle Situation dann so kritisch, dass 1913 ein Verkauf des Hauses überlegt wurde. Tatsächlich jedoch wurde es erst 1917 verkauft.

Die Witwe Maria Trakl, die „den ganzen Nachlass an Aktiven und Passiven" übernahm, wie im Protokoll der Verlassenschaftsverhandlung vermerkt ist,[43] übertrug die Geschäftsführung an ihren Stiefsohn Wilhelm, der bis dahin in Amerika kaufmännisch tätig gewesen war. Weiters stellte sie den Antrag, die beiden Söhne, die noch nicht 24 Jahre alt waren und daher nach damaligem Gesetz für minderjährig galten, für großjährig zu erklären, um Wilhelm damit von der Vormundschaft zu entlasten. Die Vormundschaft für Grete wurde der Mutter und Wilhelm gemeinsam übertragen, da eine alleinige Vormundschaft einer Frau per Gesetz noch nicht möglich war. Die prekäre finanzielle Lage der Familie führte in der Folge zu drastischen Sparmaßnahmen, die vor allem der für eine geregelte Beschäftigung untaugliche Georg und die unverheirateten Schwestern zu spüren bekamen. Bereits einen Monat nach dem Tod des Vaters bat Georg seinen Freund Buschbeck um 30 Kronen, die ihm „aus einer unsäglich peinlichen Verlegenheit" helfen würden (HKA I, S. 478). Es war ihm unangenehm, seinen Halbbruder Wilhelm in der schwierigen Situation, in die seine Familie geraten war, darum zu bitten. Auch später hat Georg seine Freunde immer wieder um Geld angepumpt. Die knappen, oft ungehaltenen Anweisungen in Wilhelms Briefen lassen dessen Ärger über die Unfähigkeit Georgs ahnen, einen ausreichenden Lebensunterhalt selbst zu verdienen. Hier prallten zwei Welten aufeinander. Der Kaufmannsfamilie Trakl, die schon zuvor wenig Verständnis für die zwei künstlerisch begabten Kinder aufgebracht hatte, musste unter dem Druck angespannter finanzieller Verhältnisse das Verhalten Georgs, sein ständiger beruflicher Wechsel und sein regelmäßiges Scheitern in den kommenden Jahren unverständlich erscheinen. Während es für Georg unmöglich war, eine dichterische mit einer bürgerlichen Existenz zu verbinden. Dazu kam noch seine Alkohol- und Drogensucht, die einen hohen finanziellen Aufwand nötig machte.

Und auch für Grete bot eine Heirat als einzige Möglichkeit für ein bürgerliches Mädchen, sich von der elterlichen Familie zu lösen, zumindest vorläufig keine lebbare Alternative.

Tobias' Tod nahm der Familie einen bislang als selbstverständlich empfundenen Halt, die Erschütterung darüber findet sich in Georgs Prosagedicht „Traum und Umnachtung":

> „O, wie stille war das Haus, als der Vater ins Dunkel hinging ... o die härenen Zeichen in strahlender Sonne. Aber stille trat am Abend der Schatten des Toten in den trauernden Kreis der Seinen und es klang kristallen sein Schritt über die grünende Wiese vorm Wald. Schweigende versammelten sich jene am Tisch; Sterbende brachen sie mit wächsernen Händen das Brot, das blutende. Weh der steinernen Augen der Schwester, da beim Mahle ihr Wahnsinn auf die nächtige Stirne des Bruders trat, der Mutter unter leidenden Händen das Brot zu Stein ward. O der Verwesten, da sie mit silbernen Zungen die Hölle schwiegen. Also erloschen die Lampen im kühlen Gemach und aus purpurnen Masken sahen schweigend sich die leidenden Menschen an..." (HKA I, S. 150)

Trotz zerrissener und chaotischer Gemütslage hat Georg, der noch am Tag seiner Sponsion nach Salzburg zurückgekehrt war, in diesen Sommermonaten mehrere Gedichte verfasst, wie etwa das bekannte Gedicht „Die schöne Stadt", mit dem er Salzburg ein Denkmal setzt:

> *„Alte Plätze sonnig schweigen.*
> *Tief in Blau und Gold versponnen*
> *Traumhaft hasten sanfte Nonnen*
> *Unter schwüler Buchen Schweigen.*
>
> *Aus den braun erhellten Kirchen*
> *Schaun des Todes reine Bilder,*
> *Großer Fürsten schöne Schilder,*
> *Kronen schimmern in den Kirchen..."*

(HKA I, S. 23)

In „De Profundis" hingegen, das ebenfalls um diese Zeit entstand, nimmt er Bezug auf den Tod des Vaters:

> *„Die Totenkammer ist voll Nacht*
> *Mein Vater schläft, ich halte Wacht*
>
> *Des Toten hartes Angesicht*
> *Flimmert weiß im Kerzenlicht..."*

(HKA I, S. 262)

Auch hat er bereits an dem balladenartigen Text „Die junge Magd" gearbeitet, in dem ebenfalls der Einfluss Weiningers erkennbar ist. Die Magd als Verkörperung des naturhaften, passiven, dem Verfall preisgegebenen weiblichen Prinzips steht dem Knecht als Prinzip der aktiven Männlichkeit gegenüber:

> *„... Und umschmeichelt vom Verfalle*
> *Senkt sie die entzundenen Lider.*
> *Dürres Gras neigt im Verfalle*
> *Sich zu ihren Füßen nieder...*
>
> *In der Schmiede dröhnt der Hammer*
> *Und sie huscht am Tor vorüber.*
> *Glührot schwingt der Knecht den Hammer*
> *Und sie schaut wie tot hinüber.*
>
> *Wie im Traum trifft sie ein Lachen;*
> *Und sie taumelt in die Schmiede,*

Scheu geduckt von seinem Lachen,
Wie der Hammer hart und rüde.

Hell versprühn im Raum die Funken
Und mit hilfloser Geberde
Hascht sie nach den wilden Funken
Und sie stürzt betäubt zur Erde.

Schmächtig hingestreckt im Bette
Wacht sie auf voll süßem Bangen
Und sie sieht ihr schmutzig Bette
Ganz von goldnem Licht verhangen…"

Die junge Magd, ausgeliefert ihrem Verlangen, wird in ihrer Hilflosigkeit und Hingabebereitschaft Opfer der sexuellen Brutalität des Mannes:

„… Und sie liegt ganz weiß im Dunkel.
Unterm Dach verhaucht ein Girren
Wie ein Aas in Busch und Dunkel
Fliegen ihren Mund umschwirren…"
(HKA 1 S. 12 f)

Zur sadomasochistischen Szene des Blaubart-Stückes ist es nicht sehr weit. In beiden Fällen ist die Frau, selbst triebgesteuert, Opfer der Triebhaftigkeit des Mannes. Die Wahnvorstellung von der Sexualität als Fluch, dem beide Geschlechter nicht entkommen, wie sie die Dichtung Georg Trakls spiegelt, ist zugleich ein Spiegelbild der Geschlechterfrage im Fin de siècle.

Beim Militär

Am 1. Oktober 1910 trat Georg seinen Militärdienst als Einjährig-Freiwilliger Pharmazeut an und wurde der k. u. k. Sanitätsabteilung Nr. 2 in der Rennwegkaserne im III. Wiener Gemeindebezirk zugeteilt. Die ersten sechs Wochen absolvierte er die Grundausbildung wahrscheinlich außerhalb Wiens. Nach seiner Rückkehr beschreibt er in einem Brief an seinen Bruder Fritz, der als Fähnrich beim Landesschützenregiment Nr. 1 in Rovereto stationiert war, den Dienst als langweilig und meint „ich finde es bedauerlich, daß bei dieser Angelegenheit mein Popo das einzige ist, was strapaziert wird." Außerdem beschwert er sich über sein Quartier, das er sich selbst suchen musste, weil ihm der Militärdienst auf eigene Kosten bewilligt wurde. Sein Zimmer in der Josefstädterstraße habe „die Größe eines Klosetts" und die „Aussicht auf einen

finsteren, kleinen Lichthof". Er fürchtet „darin idiotisch zu werden" und
„versteinert ... vor Trostlosigkeit". (HKA I, S. 481) Im Dezember wurde er
dann, wie allgemein üblich, zum Gefreiten und im März 1911 zum Korporal
befördert. Mitte Mai zog er in die Nähe seiner Dienststelle in die Klimschgasse
10/7 im III. Bezirk, anschließend möglicherweise in die Stanislausgasse, was
aber nicht gesichert ist. Im Dezember 1911, nach dem Ende des Einjährig-
Freiwilligen-Jahres wurde er zum Landwehrmedikamentenakzessisten im
nichtaktiven Stande ernannt.

Gedichte dürfte Trakl während seiner Militärzeit kaum geschrieben haben.
Dafür war er wieder viel mit seinen alten Freunden zusammen, der Alkohol
floss in Strömen. „... wir haben so unsinnig wie noch nie gezecht und die
Nächte durchgebracht. Ich glaube, wir waren alle zwei vollkommen verrückt"(HKA I, S. 482), beschreibt er in einem Brief vom 20.5. an Buschbeck
eine wüste Nacht mit dem Schulkollegen Schwab. Auch Buschbeck, der sich
zu dieser Zeit bereits im „Akademischen Verband für Literatur und Musik"
engagierte, mit dessen Leitern Sokal und Ullmann er befreundet war,
charakterisiert das Trio in einem Brief an Anton Moritz vom Jänner 1911
so: „Minnich jammert viel, Trakl trinkt viel, Schwab hat seine Prüfungen
bestanden." (HKA II, S. 666) Er selbst hatte sich etwas absentiert, fand seine
Arbeit im „Akademischen Verband für Literatur und Musik ", wo er in den
Jahren 1912/13 die Leitung übernahm und auch Mitherausgeber der von dem
Verband edierten Zeitschrift „Der Ruf" gewesen ist, wesentlich interessanter.
Trakl erwähnt in seinen Briefen dieser Zeit auch Grete, die inzwischen in
Berlin an der Akademie studierte. Sie würde sich wohl befinden, aber
„bisweilen exzentrische Episteln" schicken (HKA I, S. 481). Das könnte
auf den Einfluss Rudolf Steiners zurückzuführen sein, der in Berlin bei
den Künstlern und Intellektuellen zu hohem Ansehen gekommen war und
dessen esoterisch-spiritistische Zirkel Margarethe nachweislich besucht hat
(siehe dazu S. 100). Trakl bittet Buschbeck auch, Abschriften seiner Gedichte,
die er ihm „einmal in einem Anfall von Kritiklosigkeit überlassen" habe, nicht
aus der Hand zu geben, denn er fürchte, dass Grete, die ihn mehrmals um
Buschbecks Adresse gebeten hat, damit irgendwelche „phantastische Versuche
... unternehmen" würde. Er könne, meint er weiter, es „nicht dulden, daß
ohne meine Zustimmung irgend etwas unternommen wird, wozu ich die Zeit
noch nicht gekommen erachte" (HKA I, S. 483). Der leicht gereizte Tonfall
lässt darauf schließen, dass sie sich um Veröffentlichungen bemühte, die ihm
etwas übereifrig erschienen.

Der 1908 gegründete „Akademische Verband für Literatur und Musik in Wien" war die wohl einzige Wiener Institution, die sich für avantgardistische Kunst in den Bereichen Literatur, Musik und Malerei einsetzte. Er organisierte Musikveranstaltungen von Anton Webern, Arnold Schönberg und Alban Berg, Vorträge von Adolf Loos und Oskar Kokoschka und Lesungen von Robert Müller, Peter Altenberg, Paul Stefan und Frank Wedekind. Trakl stand während seiner Studienzeit und dem Militärdienst mit den Mitgliedern des Verbandes in engerem Kontakt und hat auch in der Zeitschrift „Der Ruf" publiziert. Im März 1912 erschien das Gedicht „Heiterer Frühling", im darauf folgenden November „Trompeten", und im vierten Heft vom März 1913 das Gedicht „Im Dorf". Wahrscheinlich hat er auch an Veranstaltungen des Vereins teilgenommen. Als es bei einem Schönberg-Konzert des Verbandes zu wilden Protesten des Publikums und handgreiflichen Auseinandersetzungen kam und Buschbeck dem Operettenkomponisten Oscar Strauss eine Ohrfeige gegeben haben soll, „Ich hätte nie gedacht, daß eine öffentliche Ohrfeige eine so reinigende Wirkung ausüben könnte", beglückwünschte ihn Trakl „von Herzen", nachdem er, damals bereits in Innsbruck, „von dem pöbelhaften Skandal während des Schönberg Konzertes" gelesen hatte. „Welch eine trostlose Schmach für einen Künstler".[44] Ende September 1911 nach Beendigung des Militärdienstes fuhr Georg nach Salzburg zurück. Dort traf er die aus Berlin zurückgekehrte Grete, und eine mit ihrer Person zusammenhängende schwierige Familiensituation.

Weltmetropole Berlin

Grete hatte ihre Ausbildung zur Pianistin im Oktober 1910 an der Hochschule für Musik und Kunst in Berlin-Charlottenburg bei Ernst von Dohnanyi fortgesetzt. Die Königliche akademische Hochschule für Musik, an der Komponisten wie Max Bruch, Engelbert Humperdinck und Paul Hindemith lehrten, galt als eines der wichtigsten europäischen Konservatorien. Auch der ungarische Komponist und Pianist Ernst von Dohnanyi gehörte zu den Größen unter den Lehrenden, und es spricht für Gretes Begabung, dass er sie als Schülerin angenommen hat. Gewohnt hat sie in einer Pension im angrenzenden Wilmersdorf, die von einer Frau Hansen geführt wurde.

Berlin hatte sich innerhalb kürzester Zeit zur Weltmetropole entwickelt, es besaß 1905 bereits zwei Millionen Einwohner, vergrößerte sich mit der Eingemeindung von Vororten im Jahr 1911 erneut und war 1914 mit fast vier Millionen Einwohnern nach London zweitgrößte europäische Stadt geworden. Die Industrialisierung und Urbanisierung hatte sich hier sehr viel schneller und radikaler als in Wien vollzogen. Der Unterschied zu Wien war auch ansonsten beträchtlich. Galt Wien vornehmlich als „alte Kulturstadt", als Bewahrerin von Tradition und einer aristokratischen Geschmackskultur, stand Berlin für Tempo, Verkehr und Rationalisierung. Während das Wien der Jahrhundertwende, die Stadt Sigmund Freuds, sich vor allem durch eine Hinwendung zur Psychologie, zum Irrationalen auszeichnete, den Jugendstil pflegte und eine impressionistische Literatur, wurde Berlin von den Naturwissenschaften, politisch-sozialen Bewegungen und einem literarischen Naturalismus bestimmt.

Der rasante technische Fortschritt zeigte sich hier nicht nur durch eine Zunahme der Autos – 1913 waren bereits 7900 Wagen registriert – sondern auch durch die als revolutionär empfundene Lichtreklame, die 1912 in der Zeitschrift „Berlin für Kenner" folgende ausführliche Schilderung erhielt: „Die Geschäfte sind geschlossen, aber sie machen, sich einander an Effekten überbietend, ihre Nachtreklame. Zigarettenfabriken, Schokoladenfabriken, Schuh-Parfüm-Schreibmaschinen- und Grammophonfabriken empfehlen in zuckenden und blitzenden elektrischen Lichtreklamen ihre Fabrikate ... In Sternen, Pfeilen, Kreisen, Schlangen, oben auf dem Dache der Häuser erstrahlend, am Giebel aufblitzend, oder sich die Fassade heraufschlängelnd, erscheinen die Reklamen."[45]

In dem Gedicht „Abendland" (3. Fassung), das Georg Trakl kurz nach seinem Besuch Gretes im März 1914 verfasst hat, ist etwas von der Beklemmung zu spüren, die ihn in dieser ungewohnt hektischen Großstadt erfasst haben mag:

„Strahlend nachtet die steinerne Stadt
In der Ebene.
Ein schwarzer Schatten
Folgt der Fremdling
Mit dunkler Stirne dem Wind,
Kahle Bäume am Hügel;
Auch ängstet im Herzen
Einsame Abendröte..."
(HKA I, S. 410)

Aber Berlin war auch künstlerisch und literarisch eine durchaus interessante Stadt. Es hatte sich zum Zentrum avantgardistischer und expressionistischer

Literatur entwickelt und wurde zu einem wichtigen Verlagsort, der auch österreichischen Autoren wie etwa Schnitzler und Hofmannsthal Publikationsmöglichkeiten bot. Darüber hinaus kam es zu zahlreichen Verflechtungen und gegenseitigen Anregungen von Wiener und Berliner Kunst und Literatur. Bedeutende expressionistische Zeitschriften wie etwa Herwarth Waldens „Der Sturm" veröffentlichten auch Beiträge österreichischer Autoren und Hermann Bahr, zeitweise Redakteur der „Freien Bühne" galt als wichtiger Protagonist der modernen Berliner Literaturbewegung in ihrer Frühzeit. Eine enge Affinität bestand auch zwischen Karl Kraus und den Berliner Expressionisten, es kam sogar zu einer kurzen Zusammenarbeit mit Herwarth Walden. (Georg Trakl hat lediglich in einer vom Heidelberger Saturn Verlag im November 1913 herausgegebenen Anthologie mit dem Titel „Die Pforte" etliche Gedichte veröffentlicht.)

1905 hatte Max Reinhard das Deutsche Theater übernommen und begeisterte mit zahlreichen spektakulären Neuinszenierungen. Es gab um 1910 dreißig repräsentative Theater- und Opernhäuser und zahlreiche Konzert-, Lieder- und Klavierabende. In Charlottenburg, wo sich die Musikhochschule befand, entstanden Künstlercafés wie das „Café Sezession", und das „Café des Westens", genannt „Café Größenwahn", wo sich die Berliner Bohéme tummelte.

Hier wird auch Grete verkehrt haben, in Begleitung von Arthur Langen, der mit Bohémiens und Künstlern bekannt war und den sie später geheiratet hat. Männlicher Schutz war natürlich auch in Berlin bei dem Besuch eines Lokals angebracht, alleinstehende junge Mädchen wurden schnell als Freiwild betrachtet und in die Nähe von Huren gerückt.

Auch Wilmersdorf, wo sich Grete einquartiert hatte, verlor seinen ursprünglich dörflichen Charakter und erhielt 1906 das Stadtrecht. Es wurde zu einem beliebten Aufenthaltsort von Künstlern und Literaten, Max Pechstein und Ernst Bloch haben hier gewohnt, in den zwanziger Jahren dann Erich Kästner, Bert Brecht, Anna Seghers, Erich Maria Remarque und viele andere.

Für alleinstehende Frauen allerdings waren die gesellschaftlichen Möglichkeiten auch in Berlin begrenzt. Die Polizei war befugt, jede Frau, die sich in der Nacht ohne Begleitung auf die Straße wagte, auf das Revier zu schleppen, und Vermieter, die ihrer Mieterin Herrenbesuch gestatteten, konnten wegen „Kuppelei" bestraft werden.[46] Auch ansonsten scheint die Frauenemanzipation in Berlin trotz der hier ebenso kämpferisch auftretenden Frauenbewegung noch rückschrittlicher gewesen zu sein als in Wien. So etwa blieben Frauen bis 1908 vom Studium an der Berliner Universität ausgeschlossen, sie war damit

die letzte deutsche Universität, die sich zur offiziellen Immatrikulation von
Mädchen entschloss (in Wien waren immerhin bereits im Wintersemester
1897/98 die drei ersten ordentlichen Höherinnen an der Philosophischen
Fakultät eingeschrieben).

Dass die jetzt 19-jährige Grete in einem noch viel größerem Ausmaß als
Georg in Berlin eine Art Kulturschock erlitt, ist anzunehmen. Darüber ist
allerdings ebenso wenig bekannt wie über ihre Leistungen an der Berliner
Musikhochschule. Wir wissen lediglich, dass sie dort vom 1. 10. 1910 bis
Ostern 1911 ihre Ausbildung fortgesetzt, und dann neuerlich ohne Reife-
prüfung das Studium abgebrochen hat.[47] Sie besaß ganz offensichtlich keine
Ausdauer und auch nicht den nötigen Willen, sich durchzusetzen. Dafür hat
sie sich zu eben diesem Zeitpunkt mit dem Neffen ihrer Zimmerwirtin, Arthur
Langen, verlobt, was in der Trakl-Familie zu einiger Aufregung führte. Denn
zum einen war Langen bereits verheiratet, zum anderen war er 34 Jahre älter als
Grete, was selbst in einer Zeit, in der Männer meist wesentlich jüngere Frauen
heirateten, doch sehr ungewöhnlich war.

Die ständig kränkelnde Grete mit ihrer schwachen Gesundheit und ihren
Drogenproblemen, die seit ihrem 10. Lebensjahr zumeist außerhalb ihrer
Familie gelebt hatte, muss in dem wesentlich älteren Mann einen Vaterersatz
gesucht haben, Schutz und Geborgenheit in ihrem chaotischen und verwirrten
Leben. Leider war sie damit an den Falschen geraten, denn Langen scheint eine
ziemlich zwielichtige Figur gewesen zu sein. Als Berufe werden Kaufmann,
Dramaturg, Redakteur, Verleger oder Buchhändler angegeben, in seinem Brief
vom 6. 3. 1912 an das Bezirksgericht Salzburg hingegen unterschreibt er sich
mit „Geschäftsführer der Kurfürstin Oper-Berlin". Allerdings haben Nachforschungen ergeben, dass es in der fraglichen Zeit gar keine „Kurfürstin Oper"
gegeben hat. Doch wird hier ein Schreibfehler Langens angenommen,
offenbar meinte er die „Kurfürsten Oper", die tatsächlich in dieser Zeit unter
der von ihm angegebenen Adresse Nürnbergerstr. 70/71 in Charlottenburg
existierte. Allerdings ist auch während des Bestehens dieser Bühne in den
Jahren 1911 bis 1913 kein Direktor oder Geschäftsführer Arthur Langen
nachweisbar.[48] Langen wird also wohl bei der Kurfürsten-Oper angestellt
gewesen sein, hat hier auch ein regelmäßiges Gehalt bezogen, aber nicht als
Geschäftsführer, sondern in einer bescheideneren Position. Ein gewisses
Geltungsbedürfnis lässt sich auch aus seinem Briefstil sowie aus seiner ganzen
Erscheinung ablesen. So beschreibt ihn Ludwig von Ficker, der ihn später
kennengelernt hatte, als „lebende Kopie von Stefan George. Mit derselben
Mantille und mit demselben Hut" sei dieser „durchaus weibische Mensch"

dahergekommen.[49] Arthur Langen war ein großer Bewunderer des berühmten Dichterfürsten George, der mit seinem Kreis von gleich gesinnten Verehrer-Innen so etwas wie einen Kultstatus genoss. Er ahmte ihn nicht nur in seiner Kleidung nach, sondern ließ auch eine Briefverschlussmarke drucken, auf der er – offenbar sich selbst – in Georgischer Manier bekränzt – darstellt.[50] Dass Gretes Schwester Maria Arthur Langen als „hünenhaft" bezeichnet hat, passt in das Bild.

Eine Heirat mit Hindernissen.

Für eine Heirat benötigte die noch minderjährige Margarethe allerdings das Einverständnis ihrer Mutter und des Mitvormundes Wilhelm. Während der Halbbruder strikt dagegen war, scheint die Mutter vorerst eine etwas nachsichtigere Haltung eingenommen zu haben, die sich aber dann unter dem Einfluss Wilhelms änderte. Zumindest legt das der empörte Brief Arthur Langens nahe, den er Anfang März 1912 an das Bezirksgericht Salzburg schrieb.[51] Zuvor allerdings war es zu dramatischen Szenen in der Familie Trakl gekommen. Denn um sich selbst ein Bild der Verhältnisse Langens zu machen, war Willi nach der Verlobung Gretes persönlich nach Berlin gefahren, wo er Grete allerdings nicht antraf. Langen, so meinten zumindest die Mutter und Georg, „wusste sie vor uns zu verbergen".[52] Nach diesem wenig Vertrauen erweckendem Verhalten, das die Familie in ihrem Verdacht bestärkte, Langen wolle Grete durch finanzielle Unterstützung bei ihrer Ausbildung in seine Abhängigkeit bringen, untersagte Wilhelm seinem Mündel im Herbst 1911 die Rückkehr nach Berlin. Im Winter kam Langen dann nach Salzburg, um die Vormünder in seinem Sinne umzustimmen, was zu derartigen Zerwürfnissen innerhalb der Familie geführt haben muss, dass Wilhelm im Februar 1912 seine Mitvormundschaft zurücklegte, da „bei der tiefgehenden Differenz zwischen mir und dem Mündel … eine Fortführung der Mitvormundschaft durch mich völlig ausgeschlossen" sei. Er habe an der Last des Geschäftes genug zu tragen und könne daher nicht auch noch die „Last dieser Vormundschaft" tragen.[53]

Elf Tage später, am 1. 3. 1912, erschienen dann die Mutter, Grete und Georg vor dem Bezirksgericht und beantragten die Einsetzung Georgs als Mitvormund. Offenbar zerschlugen sich aber die Hoffnungen Langens, dass damit das größte Hindernis, nämlich Wilhelms Ablehnung, aus dem Weg geräumt sei, denn bereits am 6. März 1912 schrieb er jenen bereits erwähnten aufgebrachten Brief an das Bezirksgericht, der mit einer Flut von Anklagen, Beschuldigungen und gekränkter Verteidigung einen tiefen Einblick in eine verfahrene Situation voll gegenseitiger Ablehnung und starkem Misstrauen vermittelt. Langen, der dem Brief neben dem Leumundszeugnis des königl. Kriminalkommissars Hugo Mendes auch noch das Attest eines Arztes beilegt, welches ihm bescheinigt, nicht geschlechtskrank zu sein (offenbar wurde dieser Verdacht von der Trakl-Familie geäußert), spricht darin von einer „famosen Intriguen-Komödie", erwähnt einen bereits durchgeführten Strafantrag gegen Wilhelm Trakl und erhebt Anzeige gegen die Mutter Maria Trakl mit der Begründung, dass beide „nicht im Vollbesitz der vom Gesetz mit Recht verlangten Qualitäten eines Vormundes" seien. Außerdem greift er zu durchaus erpresserischen Methoden wenn er betont, dass eine Verweigerung der Heirat Gretes nicht nur deren Gesundheit, sondern vor allem ihre Laufbahn einer erfolgreichen Pianistin gefährde, die er mit Privatstunden zu finanzieren gedenke und bereits weitgehend finanziert habe, nachdem ihm klar geworden sei, „so, wie der Unterricht auf der Hochschule ist, kommt sie nicht vorwärts." Die Mutter und Wilhelm hätten also ihm gegenüber eine „starke moralische Verpflichtung", wollten sie ihre Tochter und ihr Mündel nicht „zu einer Dirne degradieren". Er betont weiter seine „glänzenden Verbindungen in der Musikwelt", die es ihm ermöglichen würden, aus Grete „eine Pianistin ersten Ranges" zu machen und beklagt die „raffinierte Tücke", mit der man bemüht sei, „die Existenz eines geachteten und anständigen Mannes in reifem Alter zu untergraben". Auch ein beigelegtes Foto von ihm soll „dem Einwand begegnen, meine Braut heirate einen alten, senilen Mann".[54]

Auch Grete war – aus welchen Gründen immer – wild entschlossen, diesen Mann zu heiraten, und meinte bei einer neuerlichen Vorladung am 22.3. dass sie „niemals dem Vormundschaftsgericht Vorwürfe machen" werde, „falls ich in der Ehe Unglück haben sollte, was aber gar nicht zu erwarten steht". Trotzdem verweigerten zwei Tage später die Mutter und Mitvormund Georg die Volljährigkeitserklärung sowie die Ehebewilligung mit dem Hinweis auf Gretes schwache körperliche und nervliche Verfassung, da „Gretl zwar ein sehr begabtes, aber sehr nervöses und durch die Ereignisse der letzten Zeit sehr zerfahrenes Mädchen" sei, „das man mit ruhigem Gewissen wenigstens jetzt nicht großjährig und eigenberechtigt machen kann". Sie dementierten auch entschieden Langens Darstellung, die allerdings von Grete bestätigt wurde, er habe die Kosten ihrer Ausbildung „uneigennützig" getragen, vielmehr habe er lediglich „vielleicht die eine oder andere Stunde gezahlt … alles Andere haben wir bestritten". Immerhin, so die Vormünder, sei eine Einwilligung in etwa drei Monaten, möglich, wenn es Grete gesundheitlich besser gehe.[55]

Margarethe muss sich tatsächlich in einem sehr schlechten Zustand befunden haben, was durch eine nachträgliche Notiz der anwesenden Beamten bestätigt wird. Danach würden sich „einige Bedenken" ergeben, dass sie in der Lage sei, ihre Angelegenheiten selbst zu besorgen. Vielmehr mache sie „den Eindruck eines nervösen Mädchens, das auch im körperlichen Wachstum etwas zurückgeblieben und schwächlich ist".[56]

Gretl hat sich nach diesem Debakel offenbar sehr bemüht, einen guten Eindruck zu machen, denn bereits nach zwei Monaten kamen die Mutter und Georg zu der Überzeugung, dass infolge weitgehender Besserung einer Großjährigkeitserklärung nichts mehr im Wege stehe. Weil Georg zu dieser Zeit bereits als Apotheker im Innsbrucker Garnisonsspital tätig war, erschien die Mutter am 29. 5. 1912 alleine vor Gericht, Grete, so meinte sie, habe sich „körperlich gekräftigt, weil die Verdrießlichkeiten mit der Familie aufgehört haben", allerdings bestünden weiter gewisse Bedenken, aber „Sie muß selbst wissen, was sie zu tun hat, wenn sie in der Fremde ist".

Die Versprechungen Langens, für die Zukunft ihrer Tochter zu sorgen, scheinen Maria Trakl überzeugt zu haben, noch dazu, weil die Trakl-Familie zu äußerster Sparsamkeit gezwungen war, was auch Georg zu spüren bekam. Dass die Tochter vermögenslos war, also keine Mitgift bekam, scheint diese Heirat ebenfalls in ein günstigeres Licht gestellt zu haben. Für vermögenslose Töchter war es im Allgemeinen nicht einfach, einen Ehemann zu finden.

Arthur Langen, ebenfalls Protestant und von Gretes Mutter als „2. Direktor bei der Curfürstin Oper" bezeichnet, lebte inzwischen von seiner Frau geschieden, und bezog nach Angabe Gretes 6000 – 8000 Mark, womit ein ordentliches Einkommen gesichert schien.[57] Und er zeigte tatsächlich großes Interesse an seiner Verlobten, eine so junge Frau muss dem bereits 54-jährigen als Glücksfall erschienen sein. Er hat in seinem Brief mit dem Hinweis auf seine finanziellen Zuwendungen und die daraus sich ergebende „moralische Verpflichtung" der Trakl-Familie ihm gegenüber auch alle Möglichkeiten ausgespielt. Dass es sich dabei durchwegs um leere Versprechungen handelte, dass Langen nicht nur in keinster Weise für Gretes Studium sorgte, sondern auch noch ihr späteres Erbe verprasste, sollte erst die Zukunft zeigen.

Auch Georg hielt bei seiner Vorladung beim k. k. Bezirksgericht Innsbruck am 10. Juni ausdrücklich fest, dass er seine Schwester für „vollständig befähigt" halte, ihre eigenen Angelegenheiten selbst zu ordnen, sei sie doch seit ihrem 12. Lebensjahr „immer selbständig" gewesen. Auch er spricht die Überzeugung aus, dass eine Heirat mit „Director Arthur Langen ... für ihre künstlerische Fortbildung nur von Vorteil sein kann". Offenbar hat er von Anfang an Gretes Volljährigkeit eher unterstützt als die übrigen Familienmitglieder.[58] Diese positive Einschätzung, die möglicherweise in der Überhöhung des Schwesterbildes eine Ursache hatte, erwies sich allerdings in jeder Hinsicht als irrig. Denn Margarethes nach wie vor labile körperliche Konstitution, die sich in Berlin wahrscheinlich durch Alkohol und Drogen wieder verschlimmerte, bot keine gute Voraussetzung, ihr Leben „in der Fremde", wie ihre Mutter meinte, zu meistern, und Langen besaß weder die Charakterstärke noch die Anständigkeit, für seine junge Frau in entsprechender Weise zu sorgen.

Die Entschlossenheit Margarethes, diesen Mann zu heiraten „welcher ein ordentlicher Mensch und bei einem Einkommen von etwa 6000 Mark in der Lage ist, eine Familie vollständig zu erhalten", geht aus einer weiteren Befragung vor Gericht am 18. Juni hervor, in der sie gleichzeitig ihren guten körperlichen und geistigen Gesundheitszustand betont, der von den angefügten Bemerkungen der Beamten bestätigt wird. Es würden sich keine Bedenken mehr gegen eine Volljährigkeitserklärung ergeben, Margarethe erscheine körperlich und geistig reif genug, „um über ihre Angelegenheiten selbst zu entscheiden. Insbesondere ist eine Nervosität derselben nicht mehr wahrnehmbar". Bedenken allerdings werden nach wie vor wegen ihrer „Körperkonstitution" geäußert, die „etwas schwächlich" erscheine.[59]

Grete fuhr also nach diesem Bescheid nach Berlin und heiratete Arthur Langen bereits am 17. Juli 1912.

Die Bereitschaft Georg Trakls, die Heirat seiner Schwester Margarethe so bedingungslos zu unterstützen, wird häufig als Gegenargument zu der Behauptung einer inzestuösen Beziehung angeführt. Dem widerspricht Andrea Bramberger in einer ausführlichen Untersuchung des Geschwistermythos.[60] Heirat der Schwester, so meint sie, sei ein durchaus gebräuchliches Element, das die androgyne Einheit der Geschwister keinesfalls gefährde, da „im Falle Trakl-Langen wie in allen anderen Fällen ... der Mann aus der mythischen Geschwisterbeziehung ausgeschlossen" sei, und „gerade dadurch die geschwisterliche Fusion betont".[61] Worauf auch das bereits erwähnte Gespräch zwischen Karl Röck und Georg Trakl im Jänner 1913 hinweist, in dem der Vorwurf der Kuppelei, der Verkauf der Schwester an den Mann erhoben wird.[62] Fraglos gab auch Georg seine Zustimmung zur Eheschließung Gretes vor allem im Hinblick darauf, dass die Familie angesichts der schwierigen finanziellen Lage nicht imstande war, Gretes Musikstudium zu

finanzieren. Ebenso scheint es von Seiten Gretes keine Liebesheirat gewesen zu
sein sondern hier dominierte wohl der Wunsch nach väterlichem Schutz und
die Hoffnung, aus ihrem Talent einen eigenen Beruf zu machen und damit der
familiären Misere zu entfliehen.

Nach der Heirat Margarethes mit Arthur Langen schreibt Georg eines seiner
bekanntesten Gedichte „Psalm":

> *„Die fremde Schwester erscheint wieder in Jemands bösen Träumen./Ruhend im*
> *Haselgebüsch spielt sie mit seinen Sternen ... Es ist der Untergang, dem wir*
> *zutreiben..."*
> (HKA I, 366 f)

So wie die gesamte Familie litt auch Georg unter diesen monatelangen
familiären Zwistigkeiten. In einem Brief an die Braut Ludwig Ullmanns,
Irene Amtmann, bezeichnet er sich als einen „grantigen Sonderling" und
beschreibt eine innere Unruhe, die ihn tagelang herumvagabundieren lasse,
„bald in den Wäldern, die schon sehr rot und luftig sind und wo die Jäger jetzt
das Wild zu Tode hetzen, oder auf den Straßen in trostlosen und öden
Gegenden", und er möchte „nach Wien zurückkehren, wo ich mir wieder
selbst gehören darf, was mir hier nicht verstattet ist." (Brief vom Frühherbst
1910 oder 1911 aus Salzburg, HKA I, S. 551) Gleichzeitig begab er sich auf
Stellensuche, und bewarb sich am 10. Oktober 1911 beim Ministerium für
öffentliche Arbeiten in Wien um eine Anstellung als Praktikant in der Sanitäts-
Fachrechnungsabteilung mit der Aussicht auf spätere Überstellung in den
Beamtenstand. Insgesamt viermal hat er sich um einen Posten bei einem
Ministerium in Wien beworben, aber sämtliche Versuche, in einem bürger-
lichen Beruf Fuß zu fassen, scheiterten kläglich.

Nun hieß es vorerst allerdings einmal warten, denn die k. u.k Bürokratie
reagierte langsam. Nachdem die Landesregierung von Seiten des Ministeriums
ersucht worden war, Erhebungen über das „sittliche und staatsbürgerliche
Verhalten" und die „persönlichen Verhältnisse" des Bewerbers einzuleiten und
seine Mutter sich verpflichtet hatte, bis zur Erlangung von Dienstbezügen für
seinen „standesgemäßen Unterhalt" aufzukommen (ein reguläres Gehalt gab
es erst nach dem Ende des Probedienstes), musste noch ein amtsärztliches
Zeugnis über den Gesundheitszustand vorgelegt werden. Schließlich, als
zusätzlich ein Leumundszeugnis amtlich bestätigte, dass über das „sittliche
Verhalten des Bittstellers keine ungünstigen Wahrnehmungen" gemacht
worden seien, wurde Georg Trakl am 24. November 1911 für eine Prakti-

kantenstelle vorgemerkt.[63] Tatsächlich dauerte es dann noch fast ein Jahr, bis er diese Stelle antreten konnte.

Um seiner Familie nicht weiter auf der Tasche zu liegen, begann er neuerlich Mitte Oktober als „Rezeptarius" in der „Apotheke zum weißen Engel" zu arbeiten, aber bereits nach zwei Monaten erschien ihm diese Arbeit so unerträglich, dass er kündigte. Buschbeck meint, er hätte aus Angst vor den Kunden an einem Tag sechs Hemden durchgeschwitzt.[64] Auch wenn derartige Angaben übertrieben erscheinen, zeigen sie doch Georgs Gemütsverfassung, seine bereits krankhafte Menschenscheu und die Schwierigkeiten, die er damit sich selbst und seiner Umgebung bereitet hat.

Am selben Tag seines Austrittes aus der Apotheke (das Zeugnis seines Arbeitgebers Carl Hinterhuber drückt dessen „volle Zufriedenheit" aus) schickte Trakl sein zweites Gesuch ab, und zwar an das Kriegsministerium, um sich nach seiner Ernennung zum Medikamentenakzessisten der Reserve als Militärmedikamentenbeamter vormerken zu lassen.

Literatur- und Kunstgesellschaft Pan

Für Ablenkung und Erholung sorgten in einer „unsägliche(n) häusliche(n) Atmosphäre"[65] bis zu Trakls Probedienst im Innsbrucker Garnisonsspital im April 1912 Freundschaften und Bekanntschaften mit Mitgliedern der bereits erwähnten „Salzburger Literatur- und Kunstgesellschaft Pan". Eingeführt hat ihn in diesen Kreis, der sich an der Berliner Kunstgenossenschaft „Pan" orientierte (auch in Innsbruck, Linz und Graz gab es Gruppen gleichen Namens), der Mitbegründer und ehemalige Klavierlehrer Brunetti Pisano, mit dem Georg auch freundschaftlich verbunden war. Die Literaturgesellschaft „Pan" wollte im „revolutionären Sinn künstlerisch tätig sein", wie Pan-Mitglied Hans Seebach meinte,[66] sie sollte also einen Gegenpol zum konservativen Kulturklima der Stadt bilden.

Das kulturelle Leben in der Provinz unterschied sich wesentlich von jenem der Metropole Wien, die als Zentrum der Reichsregierung, der Zentralbürokratie und der Wirtschaft kultureller Mittelpunkt war. Hingegen die Provinz als rückständig und in kulturellen Angelegenheiten dilettantisch galt, gleichzeitig aber auch als bodenständig, gesund und echt. Politisch und gesellschaftlich dominierte neben dem klerikalen das deutsch-nationale Lager, durchsetzt mit einem veritablen Antisemitismus. Dieser allgegenwärtige Antisemitismus hat die Großstadtkultur schnell mit jüdisch gleichgesetzt, und aus dieser Perspektive war sie dekadent, entartet und ungesund. Trakl hat die Deutschtümelei der Salzburger Intelligenz und vieler seiner Kollegen verachtet, er liebte vor allem die slawische und ungarische Literatur und Musik, eine Haltung, die vor dem Ersten Weltkrieg sogar zu Zerwürfnissen mit Freunden führte. Vom Antisemitismus, der gesellschaftlich tief verankert war, scheint allerdings die Trakl-Familie nicht völlig frei gewesen zu sein. Vor allem von Grete hat uns Else Lasker-Schüler judenfeindliche Aussagen überliefert. Von Georg hingegen gibt es folgenden Satz auf einer „besoffenen" Karte an Erhard Buschbeck: „Wenn ein Jüdl fickt, kriegt er F i l g l ä u s e ! Ein Christenmensch hört alle Engel singen." (Karte vom 13. 11. 1911, Salzburg, HKA I, S. 485) Womit klassische Elemente des Antisemitismus angesprochen werden, nämlich die sexuelle Komponente und die angebliche Unfähigkeit der Juden zu den hohen Gefühlen eines „Ariers". Trotzdem ist Trakl kein Antisemit im eigentlichen Sinn gewesen. Das beweist eine Notiz Röcks im Sommer 1913, in dem dieser Trakls Reaktion auf seine eigenen, judenfeindlichen Äußerungen beschreibt: Er habe eine „ungemeine Zurückhaltung, um nicht zu sagen Neutralität" bewiesen, „Denn er machte wohl trotz geduldigen und gewiß auch nachsichtigen Zuhörens dann Einwürfe, die rein menschlich waren und mich, ich möchte sagen liebevoll, zu beschämen geeignet waren. Ihm waren Rassenverschiedenheiten ... letzten Endes doch Nebensächlichkeiten".[67]

Der literarische Geschmack orientierte sich in Salzburg vor allem an Felix Dahn, Ludwig Ganghofer, Victor Scheffel und Peter Rosegger. Eine dichterische Begabung wie Georg Trakl musste hier völlig aus dem Rahmen fallen.

Unangepasst gab sich auch „Pan"-Mitglied Hans Seebach, der zum engeren Bekanntenkreis Georg Trakls zählte. Er hieß eigentlich Hans Demel, war Lehrer und galt als fortschrittlich und radikal. Seine Theaterstücke führten regelmäßig zu Skandalen und 1909 wurde das Stück „Junggeselle" überhaupt verboten. So wie überall in Österreich musste jedes Stück zur Begutachtung bei der Landesregierung eingereicht werden und wenn es den angestellten Sittenwächtern zu kühn oder schamlos schien, konnte die Aufführung untersagt werden. Auch die Theaterstücke Trakls gingen durch diese Zensur, wobei „Fata Morgana" durch den entblößten Oberkörper einer im Mondlicht sich zeigenden Kleopatra-Erscheinung negativ auffiel, und erst nach Entfernung der anstößigen Stelle – Kleopatra zeigte sich dann „mäßig dekolletiert" – die Genehmigung erteilt werden konnte.

Trotz dieser Gemeinsamkeiten fand Seebach jedoch nach eigenen Angaben nur schwer Zugang zu Georg Trakl „... Ich habe seinerzeit sehr viel mit Trakl verkehrt, sind uns aber nie so recht nahe gekommen, denn alle, die wir in Salzburg damals waren, haben sein Wesen nicht verstanden und sahen in ihm einen merkwürdigen, querulanten Menschen. Von seiner dichterischen Begabung waren wir überzeugt, nur sahen wir in ihm einen unerquicklichen Sturm und Drang...“[68]

Eine engere Freundschaft verband Trakl mit dem Schriftsteller und Antiquar Karl Hauer, der Essays in der „Fackel" von Karl Kraus veröffentlichte, sich aber darüber hinaus durch einen ausgeprägten Antifeminismus auszeichnete. Zwar unterstützte er die Forderung nach sexueller Emanzipation der Frau, die politische und gesellschaftliche Emanzipation, einen Kultur fördernden Einfluss der Frau aber stritt er entschieden ab. Trakl scheint an Hauer, der als „schmächtiger, morbider Mensch mit hohen Geistesgaben" geschildert wird,[69] vor allem dessen wilde Angriffe gegen die Spießermoral angezogen zu haben. Sie wurden zum Teil in die 1911 erschienene Essaysammlung „Von den fröhlichen und unfröhlichen Menschen" aufgenommen und waren als kultur- und gesellschaftskritische Polemiken unter der jungen Avantgarde sehr geschätzt.

Ein weiteres Mitglied der „Pan"-Gesellschaft war Ludwig Praehauser, der ein Gespräch mit Trakl erwähnt, in dem dieser das „einfache Leben; eine Schale Milch mit einem Stück Brot" als „liebstes Abendessen" bezeichnet.[70]

Das Ideal des einfachen, asketischen Lebens ist häufig in Trakls Gedichten präsent, als Gegenpol zu einer verderbten Welt übler Geschäftemacherei.

Die wahrscheinlich einzige Frau in diesem revolutionär gestimmten Kreis war die bereits erwähnte Frühfeministin und radikale Antiklerikale Irma von Troll-Borostyani, die sich nicht nur für eine Reform der Mädchenerziehung und die Rechte der Frau einsetzte und die wirtschaftlichen und sozialen Ursachen von Prostitution untersuchte (in Wien hatte sie für ihre Recherchen in Männerkleidung Prostituierten Viertel besucht), sondern auch eine Reihe von Romanen, Novellen und Erzählungen schrieb.

Der Einfluss der „Pan"-Gesellschaft in dem konservativen, katholischen Salzburg war eher gering. Um sich einen etwas größeren Bekanntheitsgrad zu schaffen, wurde von den Mitgliedern im Jänner 1913 das literarische Sammelwerk „Salzburg" herausgegeben. Es enthielt Beiträge von 25 Autoren, unter anderem Hermann Bahr, Erhard Buschbeck, Karl Hauer, Irma von Troll-Borostyani und Georg Trakl mit den vier Gedichten „Der Spaziergang", „Die

Raben", „In einem alten Garten" und „Drei Blicke in einen Opal". Nach den überwiegend negativen Rezensionen dieser Gedichte in Salzburger Zeitungen (einzig Hans Seebach spricht von einem „Mut dieser Eigenart" und einer „ungewöhnlichen Art des Ausdrucks"[71]), beschloss Georg Trakl, eine Lesung an einem Salzburger Autorenabend abzusagen. Es war ihm endgültig klar geworden, dass seine Lyrik nicht in den Rahmen dieser provinziellen Salzburger Kultur passte.

Innsbruck, „Heimat und Zuflucht"

Die Wartezeit bis zum Antritt seiner neuen Stelle verlief quälend. „Meine Verhältnisse haben sich noch immer nicht geklärt und ich warte so zwischen Hangen und Bangen. Welch ein widerlicher Zustand" schreibt er an Erhard Buschbeck in Wien und weiter: „Ich werde wieder Wein trinken!" (Brief vom Spätherbst (?) 1911, HKA I, S. 486) Im März 1912 wurde dann zwar nicht sein erstes, ursprüngliches Gesuch beim Arbeitsministerium, dafür aber sein zweiter Antrag auf Übernahme als Medikamentenbeamter im Kriegsminis-terium befürwortet, da zu diesem Zeitpunkt im Garnisonsspital in Innsbruck wegen der Abtransferierung des zweiten Beamten eine Stelle frei geworden war. Anfang April konnte Trakl also einen sechsmonatigen Probedienst in Inns-bruck antreten.

Er wohnte im Arbeiterviertel Pradl in der Nähe des Bahnhofs in der Amraserstraße 51 zur Untermiete bei einer Frau Hanni Seichert in einem „kommunen neuen Haus, das zwischen seinen Feuermauern allein, ohne Nachbarschaft dastand, mit Ausblick auf ein Maisfeld", wie Buschbeck in seinen Erinnerungen schrieb.[72] Es war eine unwirtliche Gegend, und Trakls Abscheu findet beredten Ausdruck in einem Brief an Buschbeck in Wien vom 21. 4. 1912: „Ich hätte mir nie gedacht, daß ich diese für sich schon schwere Zeit in der brutalsten und gemeinsten Stadt würde verleben müssen, die auf dieser beladenen und verfluchten Welt existiert. Und wenn ich dazudenke, daß mich ein fremder Wille vielleicht ein Jahrzehnt hier leiden lassen wird, kann ich in einen Tränenkrampf trostlosester Hoffnungslosigkeit verfallen..." (HKA I, S. 487)

So wie in seiner Anfangszeit in Wien fand er sich auch jetzt in Innsbruck nicht zurecht, und so wie in Wien hat sich diese ursprüngliche Abneigung nach einem längeren Aufenthalt in das Gegenteil verkehrt. Vor allem Innsbruck, und die dort erscheinende Kulturzeitschrift „Der Brenner", wurden ihm

allmählich zur „Heimat und Zuflucht im Kreis einer edlen Menschlichkeit."
(HKA I, S. 504)

Vorläufig allerdings war er davon weit entfernt. Zu Buschbeck, der ihm
einen aufmunternden Brief geschrieben hatte, meint er vielmehr „Ich glaube
nicht, daß ich hier jemanden treffen könnte, der mir gefiele, und die Stadt und
Umgebung wird mich, ich bin dessen sicher, immer abstoßen." Er spielt mit
dem Gedanken, nach Borneo zu gehen, und hofft, dass sich „das Gewitter, das
sich in mir ansammelt, schon entladen" wird: „Meinetwegen und von Herzen
auch durch Krankheit und Melancholie". (24. 4. 1912, HKA I, S. 488) Und
selbst im Oktober ist seine Stimmung nicht besser geworden, er beklagt sich
über eisige Kälte und die „Verlogenheit geheizter Zimmer", von der er sich in
einer „abendlichen Weinheizung" mit zehn Vierteln Rotwein an einem
einzigen Abend erholen müsse. „Um vier Uhr morgens habe ich auf meinem
Balkon ein Mond und Frostbad genommen und am Morgen endlich ein
herrliches Gedicht geschrieben, das vor Kälte schebbert" (HKA I, Brief an
Buschbeck Mitte Oktober 1912, S. 490 f)

Verstärkt wurden seine Depressionen durch die Balkankriege und seine
Arbeit in der Heeresapotheke. „Ich sitze im Dienst; Arbeit, Arbeit – keine Zeit
– es lebe der Krieg!" (Brief an Buschbeck Anfang November 1912, HKA I,
S. 492)

Auch Innsbruck wurde, ebenso wie Salzburg, von einer Provinzkunst mit stark
katholischen, deutschnationalen und patriotischen Tendenzen beherrscht. Es
gab unter den Künstlern zwar eine gewisse antiklerikale Haltung, aber die
betraf lediglich eine Minderheit, statistisch gesehen war Tirol ein stockkatho-
lisches Land, im Jahr 1910 waren 96,09 % der Bevölkerung Katholiken.[73]
Diese starke katholische Präsenz prägte Kultur und Gesellschaft. Als etwa eine
geplante Eherform die Möglichkeit einer standesamtlichen Ehe mit der
Eventualität der Scheidung und Wiederverheiratung vorsah, mobilisierte der
christliche Frauenbund im März 1906 eine Protestversammlung, bei der die
Eherform als ein „frecher Eingriff in die Rechte Gottes" bezeichnet wurde.[74]

Aber Innsbruck erlebte auch einen wirtschaftlichen Aufschwung, das Stadt-
gebiet vergrößerte sich kontinuierlich, die Lebensqualität war hoch und die
Wohnverhältnisse waren gut, vor allem im Vergleich zu Großstädten wie Wien
oder München.

Eine Gegenbewegung zur so genannten Heimatkunst bildete die Halbmonatsschrift für Kunst und Kultur „Der Brenner", die mit ihrem Heraus-

geber Ludwig von Ficker versuchte, sich aus der provinziellen Enge zu lösen und Neues, Eigenständiges zu produzieren. Georg Trakl, der zum Hauptmitarbeiter avancierte, hat noch zu Lebzeiten 65 Gedichte in dieser Zeitschrift veröffentlicht, sie wurde sein wichtigstes Publikationsorgan und im „Brenner-Kreis" fand er auch seine engsten und einflussreichsten Freunde und Förderer. Vor allem Ludwig von Ficker, bei dem er – ebenso wie bei dessen Bruder Rudolf – zeitweise gewohnt hat, wurde zu einem treuen, nachsichtigen und verständnisvollen Freund, der ihm jederzeit Zuspruch und Hilfe gewährte. Ficker, der Sohn eines Professors für Rechtsgeschichte und einer Lehrerin aus Südtirol, war aus München, wo er seine ersten fünfzehn Jahre verbrachte, 1896 nach Innsbruck gezogen. Der begabte junge Mann, der eigentlich Schauspieler werden wollte, begann sich aber nach verschiedenen Studien in Berlin, Wien und Rom mehr für Literatur zu interessieren, versuchte sich als freier Schriftsteller und heiratete 1908 die aus Schweden stammende Cäcilie (Cissi) Molander. Das Paar bezog eine Mietwohnung im Hochparterre der Rauch-Villa in Mühlau, die zu einem häufigen Aufenthaltsort Trakls wurde. In enger Zusammenarbeit mit dem in Südtirol lebenden Naturphilosophen Carl Dallago und gestützt auf ein väterliches Erbe gründete Ficker 1910 dann die Zeitschrift „Der Brenner", die Dallago in einem Geleitwort mit der Bemerkung einführte, man wolle sich bei dem Unternehmen bemühen, „die Begriffe: Kunst, Kultur, Dichtung lebendig und fruchtbar" zu erhalten, was „im Kerne ein Unterbringen der menschlichen Natur – ein Unterbringen von Menschentum" bedeutet. Die Verknüpfung von Kunst und Kultur mit dem „Menschentum" gehörte zum zentralen Programm des „Brenner". „Künstlertum", als ausgeprägte Form des „Menschentums" sollte gegen den Philister, den konservativen Gesinnungsbürger mobilisiert werden.[75] Mitarbeiter waren neben Dallago u. a. Theodor Däubler, Robert Müller, der Kunstkritiker und Karikaturist Max Esterle, Ernst Bloch, Theodor Haecker und ab 1914 Else Lasker-Schüler. Für Trakl hatte auch diesmal Buschbeck den Kontakt zur Zeitschrift hergestellt, indem er Robert Müller, Mitherausgeber der Wiener Kulturzeitschrift „Der Ruf", die sich ebenfalls avantgardistischer Kunst und Literatur widmete, für ihn interessierte. Müller, zu dieser Zeit auch Mitarbeiter des „Brenner", schickte an Ficker einige Gedichte Georg Trakls, von denen dieser „Vorstadt im Föhn" in der Ausgabe vom 1. Mai 1912 druckte. Das Gedicht widmet sich mit der Beschreibung der Gegend um den Salzburger Schlachthof einem Grundmotiv Trakls: der Verwesung, dem Verfall und dem Tod:

„Am Abend liegt sie Stätte öd und braun,
Die Luft von gräulichem Gestank durchzogen,
Das Donnern eines Zugs vom Brückenbogen –
Und Spatzen flattern über Busch und Zaun...

Am Kehricht pfeift verliebt ein Rattenchor.
In Körben tragen Frauen Eingeweide,
Ein ekelhafter Zug voll Schmutz und Räude,
Kommen sie aus der Dämmerung hervor.

Und ein Kanal speit plötzlich feistes Blut
Vom Schlachthaus in den stillen Fluß hinunter.
Die Föhne färben karge Stauden bunter
Und langsam kriecht die Röte durch die Flut..."
(HKA I, S. 51)

„Brenner-Kreis"

Am 22. Mai 1912 notiert Karl Röck, bald ein enger Freund Trakls in seinem Tagebuch: „Georg Trakl zum ersten mal am ‚Brenner Tisch'".[76] Dieser befand sich im Café Maximilian an der Ecke Maria-Theresien-Straße/Anichstraße, und Ficker beschreibt sein erstes Treffen mit Trakl so:

„Wieder einmal hatte ich mich, bald nach Mittag, dort eingefunden, um am sogenannten Brennertisch Freunde zu treffen. Kaum hatte ich mich zu ihnen gesetzt, als mir in einiger Entfernung ein Mensch auffiel, der ... allein auf einem Plüschsofa saß und mit offenen Augen vor sich hin zu sinnen schien. Die Haare kurz geschoren, mit einem Stich ins Silbrige, das Gesicht von unbestimmbarem Altersausdruck: so saß dieser Fremde also da, in einer Haltung, die unwillkürlich anziehend wirkte und gleichwohl Distanziertheit verriet. Doch merkte ich schon, auch er sah, wenn auch scheinbar in sich gekehrt, mit prüfendem Blick wiederholt zu uns herüber, und kaum war ich aufgetaucht, dauerte es nicht sehr lange, daß mir der Ober seine Karte übergab: Georg Trakl. Erfreut stand ich auf ... begrüßte ihn und bat ihn an unseren Tisch" (HKA II, S. 548).

Die Gespräche am „Brennertisch" drehten sich hauptsächlich um Literatur, Gesellschafts- und Glaubensfragen, aber auch Rassentheorie und um „das Weib". Die Geschlechterfrage, heiß diskutiertes Thema um die Jahrhundertwende, hatte auch in dieser Runde Eingang gefunden. Sie bewegte sich bis zum ersten Weltkrieg im Spannungsfeld Nietzsche – Kraus – Weininger, es war von der – vielfach immer noch arrangierten – Ehe als Prostitution und von der geschätzten Dirne die Rede, denn sie „lehrt sich das Recht zu nehmen, dem Manne Freude und Lust zu sein", wie Carl Dallago in einem Essay über „Otto Weininger und sein Werk" schreibt, der 1912 im „Brenner" veröffentlicht wurde.

Dallago lehnt zwar den krassen Weiningerschen Dualismus von W und M, und damit Geist und Materie ab, auch der Mann, so meint er, besitze Leiblichkeit und auch das Weib besitze Bewusstsein. Frauenemanzipatorische Gedanken sind ihm allerdings fremd. Denn auch bei ihm hat die „höchste mögliche weibliche Individualität in das Wachstum des Mannes ihre Entfaltung zu legen".[77] Obwohl Dallago etliche emanzipatorische Schriften der Frauenbewegung, wie etwa Rosa Mayreders „Kritik der Weiblichkeit" durchaus bekannt waren, steht er diesem Aufbruch der Frauen, ebenso wie Kraus, grundsätzlich negativ gegenüber. Vielmehr ist nach seiner Ansicht für den „Verfall der Geschlechter", so der Titel eines weiteren Essays, „die politisch stimmsüchtige Frau" verantwortlich, die den „Begriffen Weib und Weiblichkeit fern gerückt" sei.[78] Hingegen Karl Borromäus Heinrich, ein enger Freund Trakls, so wie dieser Sexualität als Sünde und Schuld zu erkennen glaubt, die „Wollust" wird ihm zum „tragischen Ausdruck … kosmischen Leidens", dem natürlich in erster Linie die Frau unterliegt.

Ganz schlimm wird es allerdings in den Beiträgen von Hermann Oberhummer „Die Grenzen der weiblichen Kunst" und dem Rassentheoretiker Lanz von Liebenfels „Karl Kraus und das Rasseproblem". Während Oberhummer dem „Weibe" alle künstlerischen Fähigkeiten und jedes „Organ zur Erfassung des Metaphysischen" abspricht, da es, im Gegensatz zum „Manne", „zu keiner Differenzierung zwischen Erotik und Sexualität gedrängt wird",[79] bezeichnet der Rassentheoretiker Lanz von Liebenfels das „emanzipierte Weib" als die „Verbündete der Niederrassen. Denn die heroische Rasse kann in ihrer Reinheit nur dann bestehen, wenn das Weib in dem Beruf als Zucht- und Hausmutter aufgeht". Hingegen „das Weib, das sich mit mehreren Männern abgibt … zur Zucht ebenso untauglich" wird, „wie eine Stute, die einmal von einem Vollbluthengst, das andere Mal von einem Klepper belegt würde."[80]

Die Lyrik Georg Trakls, seine Beziehung zur Frau und damit auch zu seiner Schwester Margarethe sind vor diesem misogynen Hintergrund zu verstehen, seine Weiblichkeitsentwürfe ebenso wie seine Unfähigkeit, im Androgyn eine ebenbürtige Ganzheit, eine tatsächliche Verschmelzung von „männlich" und „weiblich", von „ich" und „du" zu erkennen. Seine Sehnsucht nach Erlösung, nach Befreiung in „einem Geschlecht", wie sie vor allem in seinen früheren Gedichten zum Ausdruck kommt, zerbricht unter einer als Fluch phantasierten Erotik und Sexualität und einem schuldbeladenen Inzest, dem allerdings beide Geschlechter, sowohl Bruder als auch Schwester, in gleicher Weise unterworfen sind.

Neben der Geschlechterproblematik war die Glaubensfrage ein weiteres, viel diskutiertes Thema am „Brennertisch". Die Frage, ob Trakl ein Christ gewesen sei, beschäftigt viele BiographInnen. Es wird dabei häufig auf ein Gespräch mit dem Schweizer Schriftsteller Hans Limbach hingewiesen, das im Jänner 1914 stattgefunden hat und in dem sich Trakl zu seinem Glauben bekannt haben soll: „Ich bin Christ".[81] Neben der Tatsache, dass Limbach das Gespräch wahrscheinlich erst Jahre später aufgezeichnet hat, wird auch vermutet, dass hier die persönlichen Anschauungen Limbachs, dem eine „fanatisch christlich-protestantischen Einstellung" attestiert wird – den Bericht entsprechend eingefärbt hat.[82]

Dass Trakl der Kirche durchaus kritisch gegenüberstand, geht aus seinem Gedicht „Die Tote Kirche" hervor:

„Auf dunklen Bänken sitzen sie gedrängt
Und heben die erloschnen Blicke auf
Zum Kreuz…
Der Priester schreitet
Vor den Altar; doch übt mit müdem Geist er
Die frommen Bräuche – ein jämmerlicher Spieler,
Vor schlechten Betern mit erstarrten Herzen,
In seelenlosem Spiel mit Brot und Wein…"
(HKA I, S. 256)

Gleichzeitig spielen die Bibel und christliche Motive in seinen Gedichten eine wesentliche Rolle, vor allem hat er die christliche Leidensphilosophie vollkommen verinnerlicht. Nach einer Eintragung von Röck haben ihn „die Beladenen und Belasteten, die Säufer, Dirnen, Wahnsinnigen" immer besonders beschäftigt, wobei er dazu tendiere, „dies alles noch zu vermehren, dieses Weltunglück, er erblickt die Fürsorge, die Liebe, die Woltat (!) des lieben Gottes gegen die Menschen in diesen Schicksalen. Er wünscht sich und ist überzeugt, dies nach dem heiligen Willen Gottes zu wünschen: die Vermehrung, die Verbreitung, das Grassieren dieser zerstörerischen Krankheiten; so würden die Menschen lernen, den Herrn Jesum zu erkennen".[83] Es entsteht der Eindruck, als wäre Georg Trakl süchtig nach Leid gewesen, es bot ihm die

Möglichkeit, die ihn quälende Schuld zu sühnen. Hier trifft er sich mit der christlichen Weltanschauung, in der, verknüpft mit dem Bild des leidenden und gemarterten Gekreuzigten, das Leid einen positiven Aspekt erfährt, zugleich aber auch das damit verbundene Mitleiden, die Barmherzigkeit, die Liebe. Ebenso wird sich Trakl in der christlichen Vorstellung von einer schuldbeladenen Menschheit und damit im Zusammenhang mit dem Opfer wieder gefunden haben.

In diesem Zusammenhang ist eine überlieferte Episode interessant: Bei einem bäuerlichen Kirchweihfest soll Trakl auf einen blutigen Kalbskopf, der bei einem Glücksspiel als Gewinn ausgesetzt war, hingewiesen und in „einem Anfall heiligen (andere würden sagen hysterischen) Abscheus" die Worte „Unser Herr Jesus" gestammelt haben. Offenbar ergaben sich dabei Assoziationen zum geopferten Christus. Den Bauern erschien das allerdings gotteslästerlich und sie wollten ihn hinauswerfen.[84]

Der überragende Stellenwert, den Leid und Schmerz in Trakls Dichtung besitzt, hat auch Grete beeinflusst. In einem Brief an Erhard Buschbeck, vermutlich vom Frühsommer 1917, meint sie fast gleich lautend mit Georgs Worten: „Die ganzen letzten Zeiten waren solcher Tod, daß ich oft dachte dieses Sein zu erleben, das Georg nannte „unseren Herrn Jesum Christum kennen lernen".[85]

Karl Röck, Mitarbeiter des „Brenner" und erster Herausgeber von Trakls Gesamtwerk im Jahr 1918 berichtet in seinem Tagebuch mehrfach über Treffen mit Trakl und die Gespräche am „Brennertisch". Röck hat Trakls Werk nicht nur vorbehaltlos bewundert, aus seinen Tagebuchnotizen ist auch ein gewisses, von Minderwertigkeitsgefühlen geprägtes Abhängigkeitsverhältnis herauszulesen: „Ich bin nur Auge, ich fühl es wohl, und gewahre wohl, daß ich sonst ein Nichts bin und nur ein Dienendes: einem Herzen. Der Trakl ist so ein Herz. – Und ich weiß, daß mir recht und gut geschieht, wenn er eines Tages, in einem Anfall wunderbarer Raserei, heiliger, barbarischer Raserei ungeheurer Liebe, der rechten Liebe, diesem Auge flucht und es ausreißt, weil es ihn ärgert…"[86] Aus seiner Beschreibung der Person Trakls spricht eine beklemmende Faszination, die Röck mit ausufernder, schwülstiger Sprache zu bewältigen sucht. Er sah in ihm einen „seherischen, karyatidisch regungslos weilenden Dämon der Stadt Salzburg; so sehr erschien er mir die Inkarnation ihrer Überwesenheit oder Überperson, doch ihrer verfallenden, halbverschollenen, ihres in Verfall und Sterben nur noch überlegenden, geisternden Barockgeistes".[87] Röck versuchte mehrfach, sich von Trakl „Distanz" zu „verschaffen, mir selbst nachgehen. Das heißt, ich verschaffe mir Tag um Tag mehr von solcher Distanz und fühle wohl, daß ich dies noch gut eine Weile so fortsetzen werde".[88] Auch eine Bekannte Röcks, die Volksschullehrerin Hedwig Hesse, meinte, es wäre besser für ihn, wenn Trakl nicht in Innsbruck wäre: „Sie sollten diesen Dämon meiden, nicht aufsuchen".[89] Röck selbst nannte es „eine Freundschaft wie zwischen Hund und Katze".[90] Immerhin jedoch war es in einer langen Nacht Mitte Februar 1914, als die beiden zusammen mit K. B. Heinrich über Erotik und Sexualmystik debattierten, zum „Du" gekommen. Trotzdem jedoch gab es immer wieder Meinungsverschiedenheiten. So etwa wollte ihm Röck die Freundschaft wegen seiner „Goethefeindschaft" aufkündigen („er sprach ihm alle H ö h e ab, dafür aber eine ungemein erstaunliche Weite; gleich so dem Weibe... Er sei kein echter Dichter...".[91] Auch zu Beginn des Ersten Weltkriegs wollte der dem deutschnationalen Gedankengut nahe stehende Röck mit Trakl „nicht mehr zusammenkommen, solange der Krieg dauert ... ich ertrage es nicht länger, so über die Deutschen sprechen zu hören ... ich darf so etwas nicht hören ... Und wenn ich es dürfte: so höchstens zu einem Deutschen, der die Deutschen liebt. Aber nicht gegenüber einem der die Russen liebt und mehr: die Deutschen hasst".[92]

Röck zog häufig mit Trakl durch diverse Innsbrucker Gaststätten, oft zusammen mit Ficker, dem Karikaturisten und Dichter Max von Esterle und dem Samengroßhändler Anton Traut. Esterle hat Trakl zweimal porträtiert, – die Karikaturen wurden im „Brenner" veröffentlicht – und ihn darüber hinaus auch als Freund geschätzt. „Mehr, als Sie wissen können und mehr als ich Ihnen mitteilen kann, bin ich Ihnen innerlich verbunden" schreibt er im Juli 1913 nach Wien (HKA II, S. 759).

Nach diesen Zusammenkünften, die bei ausgiebigem Weingenuss oft bis in die Morgenstunden dauerten, hat Trakl gelegentlich bei Röck übernachtet, der ein „Bauernhaus", das ehemalige Pförtnerhaus des Tiergartens, gemietet hatte. So auch nach der Karl Kraus-Lesung in Innsbruck im Jänner 1914, wo Trakl allerdings von Röcks Mutter am nächsten Vormittag scheinbar leblos vorgefunden wurde. Das berichtete die Mutter in höchster Sorge ihrem Sohn, den sie zu Mittag im Amt aufsuchte, sein „Nachtgenosse sei nicht mehr am Leben, habe sich vielleicht umgebracht; der Hund sei im Zimmer, sitze unbeweglich auf dem Sofa und bewache ihn ... Ich gehe mit der Mutter nach Hause, da kommt er eben aus der Haustür, gedunsen und bleiern...".[93]

Kraus hat vor dem Ersten Weltkrieg insgesamt dreimal in Innsbruck gelesen, (1912, 1913 und 1914) und stand bis in die zwanziger Jahre hinein mit dem

„Brenner" und mit Ficker, der ein großer Kraus-Verehrer war, in enger Verbindung. Bei einem kurzen Aufenthalt im Sommer 1912 lernte er auch Georg Trakl kennen, der ihm bereits 1910 einen Brief geschrieben hatte, „ganz unpersönlich und kalt – werde von ihm wohl nichts zu erwarten haben" – wie dieser an Buschbeck schrieb (HKA I, S. 479). Trakl hat Kraus in der Folge mehrere Gedichte gewidmet, so etwa einen Vierzeiler in der Sammlung „Sebastian im Traum":

> *„Weißer Hohepriester der Wahrheit,*
> *Kristallne Stimme, an der Gottes eisiger Odem wohnt,*
> *Zürnender Magier,*
> *Dem unter flammendem Mantel der blaue Panzer des Kriegers klirrt."*
> (HKA I, S. 123)

Die gewisse Kälte, die in diesem Gedicht zum Ausdruck kommt, dürfte auch dem Umgang Trakls mit Karl Kraus geprägt haben. Zu einer innigen Beziehung kam es nie. Ficker meint später in seinem Brief an Meyknecht (1934), dass Kraus wohl „das Ungewöhnliche der Erscheinung Trakls spürte, aber im Grunde nichts Rechtes mit ihm anzufangen wusste".[94] Und in einem Brief an Sidonie von Nádherny schreibt Kraus: „Es war mir immer unbegreiflich, daß er leben konnte. Sein Irrsinn rang mit göttlichen Dingen".[95] Trotzdem zeigten sich Gemeinsamkeiten, etwa als Kraus zum Dank für das ihm von Trakl gewidmete Gedicht „Psalm" einen Aphorismus über die „Siebenmonatskinder" in seiner „Fackel" veröffentlichte. Beide, so stellt er darin fest, seien nicht zeitgemäß, sowohl das zu kurz gekommene Siebenmonatskind Trakl als auch der zu spät gekommene Epigone Kraus, und beide hätten nur den einen Wunsch „Zurück in deinen Leib, O Mutter, wo es gut war".[96] Dass Kraus damit genau einen wunden Punkt Trakls traf, nämlich den – unbefriedigten – Verschmelzungswunsch mit der archaischen Mutter, beweist Georgs Antwort:

„Ich danke Ihnen einen Augenblick schmerzlichster Helle. In tiefster Verehrung Ihr ergebener G. Trakl" (HKA I, S. 492).

Georg Trakl schrieb in dieser ersten Zeit in Innsbruck ein paar schöne Gedichte, neben „Psalm I" noch „Verwandlung" und „Trübsinn", die geprägt sind von Melancholie, Trauer, Verfall. So wie auch das Gedicht „Dämmerung":

> *„Im Hof, verhext von milchigem Dämmerschein,*
> *Durch Herbstgebräuntes weiche Kranke gleiten.*
> *Ihr wächsern-runder Blick sinnt goldner Zeiten,*
> *Erfüllt von Träumerei und Ruh und Wein.*

Ihr Siechentum schließt geisterhaft sich ein.
Die Sterne weiße Traurigkeit verbreiten.
Im Grau, erfüllt von Täuschung und Geläuten,
Sieh, wie die Schrecklichen sich wirr zerstreun ... "
(HKA I, S. 48)

„Der Brenner" hatte seit Oktober 1912 regelmäßig mindestens ein Gedicht pro Nummer von Trakl gedruckt, und Buschbeck, der in Wien für die Aufnahme von Gedichten in der Zeitschrift „Ruf" gesorgt hatte, bemühte sich, einen Verlag für eine Gesamtausgabe der Lyrik Trakls zu finden. Im Herbst 1912, als der Probedienst in der Heeresapotheke zu Ende ging, starteten beide eine Subskriptionsaktion, um die finanziellen Voraussetzungen für eine Drucklegung zu schaffen. Unterstützt wurden sie dabei von Freunden und Bekannten, aber auch die Zeitschriften „Die Fackel" und „Der Brenner" druckten Einladungen.

Auch Grete hatte versucht, in Berlin dafür Interessenten zu gewinnen, das Ergebnis war allerdings bescheiden: Zwei Exemplare wurden von ihr selbst subskribiert, ein Exemplar von Arthur Langen und zwei weitere von einer unbekannten Person. „Beiliegend der magere Subskriptionsbogen meiner Schwester, der mich wie ein Dokument des schrecklichsten Unglücks ansieht, ich weiß nicht warum", schreibt Trakl an Buschbeck (HKA I, S. 493).

Die reale und die fiktive Margarethe

Margarethe lebte seit dem Juli 1912 als Frau Langen in Berlin Wilmersdorf, vorerst in der Babelsbergerstraße 49, und etwa ab Februar/März 1913 in der parallelen Prinzregentenstraße 98, beide in unmittelbarer Nähe der Kurfürstenoper in der Nürnberger Straße 70–71 (heute Budapester Straße 35).

Die Kurfürstenoper, im Frühjahr 1911 im Stil des Neoklassizismus erbaut und bereits im Dezember dieses Jahres mit Otto Nicolais Oper „Die lustigen Weiber von Windsor" eingeweiht, existierte unter diesem Namen nur bis zum 4. Februar 1913. Sie musste wegen hoher Verschuldung im Sommer an eine „Deutsche Künstler-Sozietät" übergeben werden, und wurde nun als Sprechtheater unter dem Namen „Deutsches Künstler-Theater" weitergeführt. [97]

Arthur Langen wird seine Arbeitstelle bei diesem Wechsel verloren haben, war höchstwahrscheinlich einige Zeit arbeitslos und später bei der Deutschen Verlagsanstalt in Wilmersdorf beschäftigt.[98] In einer Aktennotiz vom Juni

1914 des Vormundschaftsgerichtes Salzburg, wo er eine Anfrage wegen
„Erbauseinandersetzungen" nach dem Tod Tobias Trakls stellt, wird er als
„Kaufmann" geführt.[99] Auf jeden Fall haben sich mit dem Verlust seines Posten
bei der Kurfürstenoper gravierende finanzielle Probleme eingestellt, unter
denen natürlich auch Grete litt.

Schon wenige Monate nach der Heirat war bei ihr eine große Ernüchterung
eingetreten, denn bereits im Februar oder März 1913 klagt die jetzt 22-jährige
in einem Brief an Trakls Jugendfreund Kalmàr über Einsamkeit in einer Stadt,
die sie „abscheulich" und deren Menschen sie „unausstehlich" findet. Die
Sorge ihrer Mutter, sie würde sich „in der Fremde" nicht zurechtfinden, hatte
sich also rasch bestätigt. „In Berlin fühle ich mich ganz und gar nicht zuhause
u. es ist mir eine große Enttäuschung, daß Sie nicht hier sind. Ich trage meine
Einsamkeit mit größter Unzufriedenheit, weil sie nicht gewollt ist. Man lebt in
Berlin ganz ohne Stimmungen, ... Sie würden mich kaum wieder erkennen.
Ich war über ein Jahr krank und bin sehr mager geworden..." So ferne es ihre
Gesundheit zulasse, schreibt sie weiter, werde sie ihr Studium fortsetzen.
Außerdem beklagt sie sich, von Georg, seit Wochen „keine Zeile" erhalten zu
haben, sie wisse auch nicht, wo er sich in Wien seit Jänner aufhalte.[100] Und
auch ein – ebenfalls undatierter – Brief an Buschbeck, in dem sie zu einem
vertraulichen „Du" gewechselt ist, verrät eine traurige, und verzweifelte
Stimmung: „Lieber Erhard! Nimm die Feder zur Hand u. schreib mir einen
schönen Brief. Ich langweile mich. Berlin ist Deine Stadt – – der Leute die es
nicht verstehn einen Rausch harmonisch zu durchleben. Man hat hier ein
ewiges Erbrechen...".[101]

Die große Hoffnung Gretes und ihrer Familie, sie werde nach ihrer Heirat
in Berlin festen Boden unter die Füße bekommen und ein geregeltes Studium
antreten, hatte sich nicht erfüllt. Grete war vielmehr unglücklich, einsam,
krank und wahrscheinlich auch wegen finanzieller Probleme außerstande, ihre
Ausbildung fortzusetzen. Offenbar wusste sie auch nicht, dass sich Georg gar
nicht in Wien aufhielt, sondern nach einem völlig missglückten Start im
Ministerium für öffentliche Arbeiten, wo er eine Rechnungspraktikantenstelle
im Sanitätsfachrechnungsdepartement erhalten hatte, nach Innsbruck zurückgekehrt war. Sein Schweigen könnte auf eine gewisse Verstimmtheit über ihre
Heirat hindeuten, oder aber es war ihm unangenehm, ihr sein berufliches
Debakel mitzuteilen.

Während sich die Situation der realen Schwester allerdings immer auswegs-
loser und verzweifelter gestaltete, gewinnt die fiktive Schwester in Georg Trakls
Dichtung etwa ab ihrer Heirat und der damit verbundenen räumlichen

Trennung zunehmend an Bedeutung. Kommt sie zuvor eher selten vor, macht er sie nun zu einem tragenden Element seiner Dichtung, die für ihn angesichts einer quälenden Realität immer wichtiger wird. Wobei sie vorerst in vielen seiner Gedichte als Hoffnungsträgerin eines androgynen Ideals erscheint, in dem ihre Verschmelzung mit dem Bruder die Überwindung der Geschlechtertrennung symbolisiert, und gleichzeitig die Erlösung von der „Sünde" des Fleisches.

Wahrscheinlich im Frühjahr 1912 entsteht mit dem Gedicht „Der Spaziergang" ein traumhaft schwebendes Stimmungsbild: *„Du träumst: die Schwester kämmt ihr blondes Haar"* (HKA I, S. 44) (nach den Kinderbildern zu schließen ist Margarethe in ihrer Kindheit wahrscheinlich blond gewesen). In „Ruh und Schweigen", vermutlich im Sommer 1913 in Salzburg geschrieben, ist sie der *„strahlende Jüngling"*, das „alter ego", in dem er sich narzisstisch erkennen will. Auch in dem Gedicht „Das Herz", tritt *„Aus dunklem Hausflur ... Die goldne Gestalt/Der Jünglingin"* (HKA I, S. 154). In „Abendländisches Lied" hingegen wird die Verschmelzung zum erlösenden Moment einer besseren Zukunft:

„... O, die bittere Stunde des Untergangs,
Da wir ein steinernes Antlitz in schwarzen Wassern beschaun.
Aber strahlend heben die silbernen Lider die Liebenden:
E i n Geschlecht. Weihrauch strömt von rosigen Kissen
Und der süße Gesang der Auferstandenen".
(HKA I, S. 119)

Auch in dem Gedicht „Geistliche Dämmerung", dessen erste Fassung wahrscheinlich im Herbst 1913 entstanden ist, wird in ruhigen Bildern eine unschuldige, weil spirituelle Liebe beschrieben:

„Stille begegnet am Saum des Waldes
Ein dunkles Wild;
Am Hügel endet leise der Abendwind,

Verstummt die Klage der Amsel,
Und die sanften Flöten des Herbstes
Schweigen im Rohr.

Auf schwarzer Wolke
Befährst du trunken von Mohn
Den nächtigen Weiher,

Den Sternenhimmel.
Immer tönt der Schwester mondene Stimme
Durch die geistliche Nacht"
(HKA I, S. 118)

Mit dem Wild wird in der Trakl-Forschung die Schwester assoziiert. Hier erscheint sie noch in sanfter, friedlicher Umgebung. Meist jedoch wird das Wild gejagt und geopfert, wie etwa in dem im Mai 1914 entstandenen Prosagedicht „Offenbarung und Untergang" in der es zusammen mit dem Jäger dem Untergang geweiht ist:

„... *Schwarze Kühle der Nacht, da ich ein wilder Jäger aufjagte ein schneeiges Wild, in steinerner Hölle mein Antlitz erstarb..."*
(HKA I, S. 169)

Bereits die Anfang 1912 entstandenen drei an die Schwester gerichteten Gedichte deuten eine schuldhafte Geschwisterliebe an. Sie tragen den Titel „Rosenkranzlieder", offenbar in Anlehnung an Clemens Brentanos „Romanzen vom Rosenkranz":

An die Schwester

„*Wo du gehst wird Herbst und Abend,*
Blaues Wild, das unter Bäumen tönt,
Einsamer Weiher am Abend.

Leise der Flug der Vögel tönt,
Die Schwermut über deinen Augenbogen.
Dein schmales Lächeln tönt.

Gott hat deine Lider verbogen,
Sterne suchen nachts, Karfreitagskind,
Deinen Stirnenbogen".
(HKA I, S. 57)

Die Schwester wird zum „Karfreitagskind", womit die christliche Symbolik des schwesterlichen Opfertodes deutlich wird. Von einem „säkularen Opfertod" der Frau spricht hingegen Christina von Braun, der sich etwa um 1800 in der Literatur und Kunst durchzusetzen begann und vor allem die Vorstellung von der Geschwisterliebe beeinflusste. „Aus dem Opfer des Erlösers, aus dem reinen, unschuldigen Blut Christi, wurde das Opfer des schwesterlichen Blutes – eines Blutes, das seine ‚Reinheit' von irdischen, biologistischen Gesetzen ableitet; aus dem Inzest, aus der Gewissheit, dass das Blut des

Opfers mit dem des Ichs identisch ist".[102] Tatsächlich tauchen etwa um diese Zeit in der Literatur zahlreiche Frauengestalten auf, die Elisabeth Bronfen mit dem Begriff „schöne Leiche" umschrieben hat.[103] Es sind Frauen, die sich selbst opfern oder geopfert werden, um damit einen Mann zu erlösen. Ein besonders eindrucksvolles Beispiel liefert Novalis, mit dem sich Georg Trakl wesensverwandt fühlte und dem er auch ein Gedicht „An Novalis" gewidmet hat. Novalis, eigentlich Friedrich von Hardenberg, hat den Tod seiner fünfzehnjährigen Braut Sophie von Kühn als „Erlösung" empfunden, wie seine eigenen Aufzeichnungen zeigen, die zwar Trauerarbeit verraten, zugleich aber auch eine „Neugeburt" bedeuten. „Soviel versichre ich dir heilig" schreibt er an seinen Freund Friedrich Schlegel, „daß es mir ganz klar schon ist, welcher himmlische Zufall ihr Tod gewesen ist – ein Schlüssel zu allem – ein wunderbarschicklicher Schritt. Nur so konnte so manches rein gelößt, nur so manches Unreife gezeitigt werden. Eine einfache mächtige Kraft ist in mir zur Besinnung gekommen. Meine Liebe ist zur Flamme geworden, die alles Irdische nachgerade verzehrt".[104] Worauf ihm Schlegel antwortet: „Du glaubst nicht, wie ganz ich bey Dir bin, und wie ganz ich in Deine Lage eingehen kann. Aber ich versichre Dich, dass ichs oft beneidenswürdig finden könnte, einen solchen Verlust gehabt zu haben".[105]

Dass Frauen diese Rolle des Selbstopfers häufig freudig übernommen haben wird durch die mythische Aufwertung verständlich, die ihnen damit zuteil wurde. Durch das Opfer wurden sie zugleich Handelnde, die einen Auftrag zu erfüllen hatten, damit aus ihrer Wesenlosigkeit heraustreten konnten und ebenfalls Unsterblichkeit erlangten.

Das neue Liebesideal der Romantik, in dem Liebestod und geopferte Frau ebenso Eingang gefunden haben wie die Forderung nach der „Liebesehe", hat auch die inzestuöse Liebe zwischen Bruder und Schwester, die bislang als Fluch verstanden wurde, zur höchsten, zur einzig „wahren" Liebe erklärt. Allerdings sind es fast immer die Schwestern, die in Literatur und Kunst sterben müssen, um damit Erlösung und große (männliche) Werke zu ermöglichen.

Wichtig ist dabei die Vorstellung von „Reinheit", das Blut des Opfers muss rein sein, so wie das Blut des Erlösers, der in Keuschheit gezeugt wurde. Das Blut der Schwester hingegen ist „rein", weil es identisch ist mit dem Blut des Bruders.

„ ... *und leise rann aus silberner Wunde der Schwester das Blut und fiel ein feuriger Regen auf mich ...* " (HKA I, S. 169), dichtet Georg Trakl in seinem Prosagedicht „Offenbarung und Untergang". Und im „Dramenfragment" heißt es:

> *„Die Schwester singend im Dornbusch und das Blut rann von ihren silbernen*
> *Fingern, Schweiß von der wächsernen Stirne. Wer trank ihr Blut?"*

(HKA I, S. 455)

Immer wieder äußert Trakl seinen Wunsch nach Reinheit:

> *„... Aber leise sang jener im grünen Schatten des Holunders, da er aus bösen*
> *Träumen erwachte; süßer Gespiele nahte ihm ein rosiger Engel, daß er, ein sanftes*
> *Wild, zur Nacht hinschlummerte; und er sah das Sternenantlitz der Reinheit..."*

(HKA I, S. 150)

Oder:

> *„... Im Blau; Geist der aus Bäumen tritt und bittrem Kraut*
> *Siehe deine Gestalt. O Rasendes! Liebe neigt sich zu Weiblichem,*
> *Bläulichen Wassern. Ruh und Reinheit..."*

(HKA I, S. 337)

Den Wunsch nach Reinheit soll die Schwester durch ihr Selbstopfer, das die androgyne Einheit ermöglicht, befriedigen. Androgynie erhält dadurch einen religiösen Charakter, die Schwester wird entrückt, sie wird heilig:

> *„... Unter dunklen Olivenbäumen*
> *Tritt der rosige Engel*
> *Des Morgens aus dem Grab der Liebenden."*

(HKA I, S. 394)

Aber beschworene Reinheit bleibt Utopie. Die – schuldhaft verstrickten – Liebenden erwartet Verwesung und Untergang:

> *„... Verwestes gleitend durch die morsche Stube;*
> *Schatten an gelben Tapeten; in dunklen Spiegeln wölbt*
> *Sich unserer Hände elfenbeinerne Traurigkeit...*
>
> *Blau ist auch der Abend;*
> *Die Stunde unseres Absterbens..."*

(HKA I, S. 58)

Angstbesetzt und zerstörerisch wird die fiktive Schwester dann im letzten Lebensjahr Georg Trakls, als seine immer verzweifelter werdende Lage und psychische Verfassung auch ihr Bild verdunkelt.

Bereits der Beginn des Jahres 1913 begann mit einer Katastrophe. Trakl hatte seine Stelle als Rechnungspraktikant im Arbeitsministerium, die er am

31. Dezember 1912 angetreten hatte, nur ganze zwei Stunden ertragen. Schon am folgenden Tag reichte er sein Entlassungsgesuch ein und verließ fluchtartig Wien in Richtung Salzburg.

Es war der Posten, auf den er immerhin ein Jahr lang gewartet hatte. Er hatte ihn offenbar jenem als Medikamentenbeamter im Kriegsministerium, der ihm bereits Anfang Oktober 1912 bewilligt worden war, vorgezogen, obwohl sein Anfangsgehalt bescheidene 600 Kronen jährlich betrug. Ob es sich dabei allerdings um ein bevorzugtes Dienstverhältnis gehandelt hatte oder ob ein Vorfall, von dem Karl Röck in seinem Tagebuch berichtet, ausschlaggebend war, dass sich Trakl nicht für das Kriegs- sondern für das Arbeitsministerium entschlossen hatte, ist nicht mehr nachvollziehbar. (Röck berichtet aus dem Jahr 1912, dass Trakl seine Stellung als Apotheker im Heeresdienst deshalb verlor, weil er wegen der Beschuldigung, auf den Boden gespuckt zu haben, in wütende Auseinandersetzungen mit einem Offizier geriet.)[106] Ursprünglich hätte er die Stelle nach dem Bescheid des Arbeitsministerium bereits am 1. 11. 1912 antreten können, aber da die geordnete Auflösung des Dienstverhältnisses als Heeresapotheker einige Zeit in Anspruch nahm, musste Trakl zweimal um einen vierwöchigen Aufschub bitten, der ihm auch bewilligt wurde.

Die Zeit bis Ende November verbrachte er teilweise in Salzburg in trüber Stimmung. „Ich habe sehr schlimme Tage hinter mir. Es wird vielleicht in Wien noch schlimmer werden. Es wäre leichter, hier zu bleiben, aber ich muss doch fort gehen", schreibt er an Buschbeck. In einem weiteren Brief bat er den Freund, für ihn ein Zimmer im 8. oder 9. Bezirk zu besorgen, da es ihm mit der Zeit „sehr, sehr knapp zusammen" gehe (HKA I, S. 495). Er war damit beschäftigt, Gedichte zusammenzustellen, denn Karl Borromäus Heinrich, damals Lektor beim Albert Langen Verlag, hatte sich dort für Trakl eingesetzt. Aber nachdem Heinrich im März 1913 aus dem Lektorat ausgeschieden war, wurden Trakls Gedichte vom Albert Langen Verlag abgelehnt.

Georg Trakls neuerlicher beruflicher Eklat versetzte nicht nur ihn, sondern auch seine Familie, die sich in äußerster finanzieller Bedrängnis befand, in einen Schockzustand. Buschbeck hatte die undankbare Aufgabe, sie davon zu informieren. Trakl hingegen reiste von Salzburg sofort weiter nach Innsbruck, wo er vorläufig bei Ficker in der Rauchvilla wohnte. „Ich bin wie ein Toter an Hall vorbeigefahren, an einer schwarzen Stadt, die durch mich hindurchgestürzt ist, wie ein Inferno durch einen Verfluchten" schreibt er, bereits aus Innsbruck, an Buschbeck (HKA I, S. 499).

Am 9. Jänner fuhr Mutter Maria zu Georgs Schulfreund Karl Minnich, der mit seiner frisch angetrauten Frau in Eugendorf wohnte, um sich mit diesem zu beraten. „Sie ist offenkundig in großer Sorge um dich" schreibt Minnich an Trakl, und rät ihm gleichzeitig, das Entlassungsgesuch beim Ministerium mit der Begründung von „irgendwelchen Familienumständen" möglichst schnell rückgängig zu machen. „... sei nicht bös wenn ich dir aufrichtig sage es wäre das Beste, wieder, zwar nicht reumütig, aber mit dem Gefühle einer großen Wurstigkeit gegenüber der Troddelhaftigkeit j e d e s Berufes, nach Wien zurückzukehren." (HKA II, S. 780) Davon wollte Georg Trakl aber nichts mehr wissen. Er hat allerdings in der Folge noch mehrmals versucht, zu einem geregelten Einkommen zu gelangen, auch Freunde, Bekannte und seine Familie haben sich immer wieder für ihn bei den verschiedensten Ämtern eingesetzt. Aber je stärker sich Trakl als Dichter begriff, umso schwieriger wurde es für ihn, einem Brotberuf nachzugehen.

Helian

Röck nennt am 4. 1. 1913 als Grund für Trakls überstürzte Flucht aus Wien seine Arbeit an dem Gedicht „Helian". „Trakl ... liest mir bei mir zuhause seine neue Dichtung, den ‚Helian' vor ... Ergreifend, ja erschütternd erzählt er, wie er auf seinem neuen Posten in Wien, im Ministerium, in den Tagen vor Neujahr völlig geistesabwesend war für seinen ‚Helian'. Daher dann dem Posten dort entflohen sei".[107] Trakl selbst bezeichnet das Gedicht als „das teuerste und schmerzlichste, was ich je geschrieben habe" (HKA I, S. 501) und Ficker sieht darin „eine der erschütterndsten Offenbarungen, welche die deutsche Lyrik aufzuweisen hat" (HKA II, S. 760). Auch Buschbeck meint: „Seine Schönheit ist voller Wunden, die eine milde Sonne bescheint." (HKA II, S. 753) Dieses umfangreiche Gedicht wurde am 1. 2. 1913 im „Brenner" gedruckt. Hier ein Auszug:

> *„In den einsamen Stunden des Geistes*
> *Ist es schön, in der Sonne zu gehen*
> *An den gelben Mauern des Sommers hin,*
> *Leise klingen die Schritte im Gras; doch immer schläft*
> *Der Sohn des Pan im grauen Marmor.*

Abends auf der Terrasse betranken wir uns mit braunem Wein.
Rötlich glüht der Pfirsich im Laub;
Sanfte Sonate, frohes Lachen…

Die Hände rühren das Alter bläulicher Wasser
Oder in kalter Nacht die weißen Wangen der Schwestern…

Zur Vesper verliert sich der Fremdling in schwarzer Novemberzerstörung,
Unter morschem Geäst, an Mauern voll Aussatz hin,
Wo vordem der heilige Bruder gegangen,
Versunken in das sanfte Saitenspiel seines Wahnsinns, …

Erschütternd ist der Untergang des Geschlechts.
In dieser Stunde füllen sich die Augen des Schauenden
Mit dem Gold seiner Sterne…

Ein bleicher Engel
Tritt der Sohn ins leere Haus seiner Väter.

Die Schwestern sind ferne zu weißen Greisen gegangen.
Nachts fand sie der Schläfer unter den Säulen im Hausflur,
Zurückgekehrt von traurigen Pilgerschaften …

Die Stufen des Wahnsinns in schwarzen Zimmern,
Die Schatten der Alten unter der offenen Tür,
Da Helians Seele sich im rosigen Spiegel beschaut
Und Schnee und Aussatz von seiner Stirne sinken…

(HKA I, S. 69 ff)

Interessant ist, dass Margarethe wahrscheinlich erst nach dem Tod Georgs ein Gedicht mit dem Titel „Helians Schicksalslied" schrieb, in dem sie sich selbst mit dem Schicksal des Bruders identifiziert und die Sehnsucht nach Erlösung im gemeinsamen Tod thematisiert.

Einst wird ein Tag voll Freude sein
da schreiten wir durch den trunkenen Hain
– Einst wird ein Tag voll Freude sein
an solchem Tag will ich Dich frein'
und ward uns Freude aus tiefstem Leid
Dann feiern wir unsere hohe Zeit
Und ward uns Freude aus tiefstem Leid
Wir sind die Kinder der Ewigkeit
Und bleibt uns aus Freude tiefste Not
Wir grüßen jauchzend den heiligen Tod
Und bleibt uns aus Freude tiefste Not
Wir glühen von Morgen zu Morgenrot".[108]

Hier finden wir unverhüllt die Visionen des Geschwisterliebe-Mythos: Der Geschwisterinzest, Inbegriff der reinen, ewigen Liebe, aber ein Vergehen gegen Götter, Menschen und Naturgesetze, kann nur mit dem gemeinsamen Tod gesühnt werden. Aber anders als Georg, dessen Erlösungs-Hoffnung und dessen Paradiese in Verwesung und Untergang münden, sieht Margarethe im Tod eine Auferstehung, eine *„Freude aus tiefstem Leid"*, an die sie glaubt und der sie *„jauchzend"* zustreben möchte.

Freunde

Den Jänner 1913 verbrachte Georg in Innsbruck bei Ludwig von Ficker. Die Freundschaft mit Ficker, der Trakl große Verehrung und unverbrüchliche Treue entgegenbrachte, war ein Glücksfall in Georg Trakls Leben, was diesem durchaus bewusst gewesen ist, wenn er vom „Glück Ihrer Großmut und Güte", dem „verzeihende(m) Verständnis Ihrer Freundschaft" spricht (HKA I, S. 504). Er hat bis zum Kriegsausbruch immer wieder bei ihm in der Rauchvilla oder bei seinem um sechs Jahre jüngeren Bruder Rudolf, einem Musikwissenschaftler, auf der Hohenburg in der Nähe von Igls gewohnt, die von der Stadt in etwa einer Stunde zu Fuß erreichbar war. Ab 1900 führte auch eine Lokalbahn nach Igls. Es waren die vielen treuen Freunde, die Georg vor dem totalen Absturz bewahrten, Freunde, wie sie die ebenso vom Absturz bedrohte Margarethe „in der Fremde" nicht besaß. Das hat auch Georg erkannt, als er anlässlich seines Besuches in Berlin im März 1914 an Ficker schrieb, sie „verdiente es wohl tausendmal mehr als ich, im Kreise guter und edler Menschen zu leben, wie es mir in solch übergroßem Maß in schwerer Zeit vergönnt war." (HKA I, S. 534)

Auch in diesem Winter traf sich Trakl häufig mit Karl Röck, sie machten gemeinsame Spaziergänge nach Lans, wo sie im Gasthof Traube einkehrten und durchzechten zusammen mit Esterle und Karl Borromäus Heinrich im „Delevo", einer altehrwürdigen Gaststätte in der Maria-Theresienstraße so manche Nächte. Gleichzeitig wurde Trakl nach wie vor von Depressionen heimgesucht. „Mit mir steht es noch immer nicht am besten, obwohl ich es hier so gut habe, wie nirgends. Vielleicht wäre es doch besser gewesen, es in Wien zu einer Krisis kommen zu lassen", schreibt er im Jänner 1913 an Buschbeck. Er bittet den Freund, bei dem gemeinsamen Schulfreund Schwab wegen einer Apothekerstelle im Wiener Allgemeinen Krankenhaus anzufragen, „ob ich Aussicht hätte, dort unterzukommen" (HKA I, S. 501). Die Antwort war aber offenbar negativ.

Im Februar kehrte Trakl nach Salzburg zurück, wo seine Mutter gerade dabei war, das Geschäft aufzulösen. Die wirtschaftliche Depression hatte den Eisenhandel schwer getroffen. Wahrscheinlich konnten die hohen Kredite, die Tobias Trakl aufgenommen hatte, nicht zurückgezahlt werden. Wilhelm wollte das ganze Haus verkaufen, aber Maria Trakl war dagegen und ließ 1914 durch Umbauten das Geschäft vom Wohnteil trennen und in verschiedene Wohnungen aufteilen, die in der Folge vermietet wurden. Dadurch konnte sie zusammen mit ihrer Schwester Agnes und der Tochter Mizzi in ihrer ursprünglichen Wohnung bleiben. Die alte Mutter, die zusammen mit Agnes seit 1898 bei den Trakls gewohnt und an schwerer Altersdemenz gelitten hatte, war ein Jahr vor Tobias gestorben, und Wilhelm übersiedelte im Sommer 1914 nach München, um dort Arbeit zu suchen.

Georg wollte „in dieser Bitternis und Sorge um die nächste Zukunft" die Mutter nicht alleine lassen (HKA I, S. 502), was der allgemeinen Vorstellung eines Mutterhasses widerspricht. (So soll Trakl Ludwig von Ficker gegenüber einmal geäußert haben, dass er seine Mutter bisweilen so sehr gehasst habe, dass er sie mit eigenen Händen hätte ermorden können.[109]) Wahrscheinlich war die Beziehung zu seiner Mutter ambivalent, denn aus diesen Zeilen lässt sich auch eine gewisse Fürsorglichkeit herauslesen.

Durch die Auflösung der Eisenhandlung und die traurige Situation in der Familie verstärkte sich Georgs depressive Stimmung: „ich habe jetzt keine leichten Tage daheim und lebe so zwischen Fieber und Ohnmacht in sonnigen Zimmern dahin, wo es unsäglich kalt ist. Seltsame Schauer von Verwandlung, körperlich bis zur Unerträglichkeit empfunden, Gesichte von Dunkelheiten, bis zur Gewissheit verstorben zu sein, Verzückungen bis zu steinerner Erstarrtheit; und Weiterträumen trauriger Träume. Wie dunkel ist diese vermorschte Stadt voll Kirchen und Bildern des Todes", (HKA I, Salzburg 19. 2. 1913, S. 503) schreibt er an seinen großen Verehrer Karl Borromäus Heinrich, der sich als sein „Bruder" bezeichnete und dem er sich seelenverwandt fühlte. Tatsächlich unternahm Heinrich kurz darauf, im März 1913 einen Selbstmordversuch mit Veronal, das Georg ihm auf seine Bitten – er litt an Schlaflosigkeit – nichts ahnend verschafft hatte. Heinrich lag vom 10. bis zum 16. März im Innsbrucker Krankenhaus, wo er auch von Röck besucht wurde. Trakl zeigte sich in einem Brief an Ficker aus Salzburg darüber „mehr ergriffen, als ich es sagen könnte. Es bleibt nichts mehr übrig als ein Gefühl wilder Verzweiflung und des Grauens über dieses chaotische Dasein". (HKA I, S. 505) Trakl und Heinrich glichen sich nicht nur in ihrer Neigung zu schweren Depressionen, sondern auch in vielen ihrer Ansichten. So etwa hat sich auch Heinrich mit dem Thema Inzest beschäftigte. In seinem Roman „Menschen von Gottes Gnaden" aus dem Jahr 1910, das Georg gelesen hat, geht es um einen jungen Mann, dessen Mutter sich nach ihrer Heirat einer Liebe zu dem Halbbruder bewusst wird, weshalb dann auch ihre Ehe in Brüche geht. Obwohl diese inzestuöse Beziehung nicht realisiert wird, will der Halbbruder für diese Gedankensünde Buße tun, „die sich in außergewöhnlichen Entbehrungen äußert".[110] Trakl, selbst von schweren Schuldgefühlen gequält, mag sich dadurch angesprochen gefühlt haben. Eine weitere Übereinstimmung ergab sich in Fragen der Sexualität, in der auch Heinrich einen Ort der Schuld und der Sünde sah. In seinem Essay „Christentum und Sexualität", der im „Brenner" 1912/13 abgedruckt wurde, wird ihm die „Hetäre", durch ihre „Wollust" zum sichtbaren Ausdruck der metaphysischen Schuld des Menschen, zum „tragischen Ausdruck ... kosmischen Leidens".[111] Trakl fühlte sich ihm auf jeden Fall so verbunden, dass er das im Jänner entstandene Gedicht „Untergang" in der 4. Fassung dem „lieben Bruder Heinrich statt eines Briefs" widmet.

> *„Unter den dunklen Bogen unserer Schwermut*
> *Spielen am Abend die Schatten verstorbener Engel.*
> *Über den weißen Weiher*
> *Sind die wilden Vögel fortgezogen ...*
>
> *Unter Dornenbogen*
> *O mein Bruder steigen wir blinde Zeiger gen Mitternacht"*
> (HKA I, S. 389)

Die schwierige finanzielle Situation der Familie, in der Georg ohne eigenen Verdienst als Schmarotzer erscheinen musste, machte seine Lage in Salzburg allmählich unerträglich: „Der Aufenthalt ist mir hier bis zum Überdruß verleidet" schreibt er im Februar an Ficker. Er berichtet, es herrsche ein „unerklärlicher Haß gegen mich" der „in den kleinsten Geschehnissen des täglichen Lebens in fratzenhafte Erscheinung tritt." (HKA I, S. 504) Trakl arbeitete kurzfristig in der Apotheke seines ehemaligen Mitschülers Gustav Müller in Oberndorf, wo er allerdings nur 30 Kronen verdiente, die kaum seinen Bedarf an Alkohol und Drogen decken konnten. Darum bewarb er sich im März neuerlich beim Kriegsministerium um eine Stelle als Rechnungskontrollbeamter, für die sich der Berufsoffizier Robert Michel, der auch schriftstellerisch tätig und Mitarbeiter des „Brenner" war, auf Ersuchen Fickers einsetzte.

Inzwischen hatte Karl Kraus eine Verbindung zum Kurt Wolff Verlag (ehemals Ernst Rowohlt Verlag) in Leipzig hergestellt, mit dessen Lektor Franz Werfel er befreundet war. Trakl änderte also die Auswahl, die vom Langen-Verlag mit einer abschlägigen Antwort zurückgekommen war, er nahm fünf Gedichte heraus, überarbeitete vier weiter und fügte elf neue hinzu. Werfel zeigte sich von den Gedichten, die Mitte April 1913 im Wolff Verlag eintrafen, tief bewegt und wollte vor der Einzelpublikation vorerst eine Auswahl in der Reihe „Der jüngste Tag" herausbringen, womit Trakl allerdings nicht einverstanden war. In einem scharfen Antwortschreiben „verbittet" er sich „daß vor Erscheinen des Gesamtbandes meiner Gedichte, der allein Gegenstand unserer Vereinbarungen war, irgend eine Teilausgabe erscheint" (HKA I, S. 512) und droht mit der Rücknahme der Gedichte. Georg war also nicht nur sehr genau in Bezug auf Wortwahl und Formulierung seiner Gedichte (er hat die meisten mehrmals umgeändert, gekürzt oder erweitert), sondern er konnte sich auch bei Verlagen durchsetzen, wenn es ihm nötig schien. Der Verlag kam Trakl entgegen und publizierte lediglich eine Gesamtausgabe unter dem Titel „Gedichte", die Anfang 1913 fertig war, aber erst im Herbst ausgeliefert wurde. Es war der einzige Gedichtband, der zu Lebzeiten Georg Trakls erschienen ist.

Die gescheiterten Versuche, beruflich Fuß zu fassen, ständige Geldprobleme, die Misere zu Hause und der Verlust Gretes (deren unglückliche Ehe inzwischen bekannt war) hatten Georg Trakls Leben endgültig zerrüttet. Angstzustände, Halluzinationen, Verfolgungswahn häuften sich, ein erhöhter Konsum an Alkohol und Drogen war die Folge.

Da war es für ihn ein großes Glück, dass er von Ludwig von Ficker bereits im Februar 1913 eine Einladung nach Innsbruck erhalten hatte: „Sollte Ihnen die Last der Verhältnisse, die Sie zuhause vorfanden, zu drückend werden ... sollte es Ihnen, wann immer überhaupt eine Erleichterung sein, hierher zu kommen, so wissen Sie ja, daß Sie sich nicht erst anzumelden brauchen ... Jedenfalls sind Sie uns allezeit herzlich willkommen". (HKA II, S. 760) Trakl reiste also Anfang April nach Innsbruck, wo er bei Ludwigs Bruder Rudolf auf der Hohenburg Aufnahme fand, bei dem er sich kurzfristig auch etwas erholte. Das schlossartige Gebäude lag auf einem Hügel zwischen Lans und Igls und bot einen wunderbaren Ausblick auf das westliche Inntal. Von seinem Zimmer aus konnte er äsende Rehe beobachten, außerdem wurde ihm ein Klavier zur Verfügung gestellt, auf dem er seine Lieblingskomponisten spielen konnte. Rudolf, nur ein Jahr älter als Georg, wohnte dort mit seiner Braut Paula, er stand vor dem Abschluss eines Studiums der Musikwissenschaften, und Georg hat sich offenbar in der Gesellschaft dieser zwei jungen Menschen wohl gefühlt, und mit „tiefster Dankbarkeit für Sie und all' die edlen Menschen, deren Güte ich in Wahrheit so gar nicht verdiene" (Brief an Ludwig von Ficker vom 26. 6. 1913, HKA I, S. 519) reagiert. Obwohl, wie Ludwig von Ficker meinte, angesichts „einer so ins Grenzenlose verlorenen Resignation" (Brief an Trakl vom Osterdienstag 1913, HKA II, S. 761) keine wirkliche Besserung seines chaotischen Zustandes zu erwarten sei. Hier schrieb Trakl die „Elis"-Gedichte, ging schwimmen in den nahe gelegenen Lanser See, war „kräftig abgebrannt und gebräunt", wie Röck notierte, und wollte sich sogar das Trinken abgewöhnen.[112]

Röcks Eintragungen aus dieser Zeit sind auch noch in anderer Hinsicht interessant. Sie geben einen recht guten Einblick in den Zeitgeist und in die im frühen 20. Jahrhundert unter Intellektuellen und Künstlern diskutierte Thematik. So etwa macht sich Röck, nach eigenen Angaben „durchaus nicht Antisemit in dem schuldvollen Sinn", über „das Wesen der Juden" Gedanken und entrüstet sich über die „maßlos übersteigerte, vergötternde Anhimmelung des Kraus" durch Ficker, fürchtet „eine Besetzung Tirols von Seiten eines zum Großteil jüdischen Truppenaufgebots eines Napoleon der literarischen Welt" und vermutet in Ficker „die Vorherrschaft eines jüdischen Einschlages". Auch über die damals aufkommenden, von Röck bestellten so genannten „Nackt-sport-Broschüren" wurde diskutiert, die als Gegenbewegung zu einer kör-perfeindlichen Einstellung und Erziehung, wie sie vor allem Mädchen und Frauen betraf, für heftigen Gesprächsstoff sorgten. Trakl allerdings hat sich ablehnend zu dieser Bewegung geäußert. Er sah darin „eine schamlose und seichte Entsexualisierung, die ins helle grelle Tageslicht bringt (und damit entzaubert), was nur im Verborgenen und Halbdunkel seine Kraft bewahrt".[113] Er dürfte sich damit im Einklang mit den meisten seiner Zeitgenossen, vor allem in Kunst und Kultur, befunden haben. Der erotische „Zauber" eines halb entblößten Damenbeins war damals noch unumstritten, der unverhüllte, vornehmlich weibliche nackte Körper – in der Kunst, auch der zeitgenössi-schen, geradezu schwelgerisch dargestellt, – muss in der profanen Realität wie ein Schock gewirkt haben. Natürlich wurde auch ausgiebig über Erotik und Sexualität debattiert, wobei Röck hier insoferne einen Unterschied feststellen möchte, als die Sexualität „nicht nur seelisch köpft, sondern auch das Haupt gleichsam zum Geschlechtsteil ... macht; die Erotik dagegen einerseits schon im Antlitz des Weibes alle Regionen ihres Leibes wieder findet, andererseits ihren Leib wie ein gewaltiges, mystisches und vergrößertes Antlitz erlebt".[114]

Trakl blieb auf der Hohenburg bis Mitte Juni, allerdings mit einigen Unterbrechungen. Im Mai war er zwei Wochen in Salzburg, um die geforderten Unterlagen für sein Gesuch an das Kriegsministerium zu besorgen. Ebenfalls im Mai dürfte er bei einem Aufenthalt in München seinen alten Freund Karl Hauer aufgesucht haben, der dort ein Antiquariat erworben hatte. Georgs finanzielle Schwierigkeiten waren inzwischen so groß geworden, dass er viele seiner Lieblingsbücher verkaufen musste. Darunter fielen Werke von Dostojewski, Rilke, Nietzsche, Weininger, Maeterlinck, Wilde, Schnitzler, Hofmannsthal und Shaw (HKA II, S. 727).

Nach dem 10. Juni fuhr Trakl neuerlich nach Salzburg, weil er annahm, Grete dort zu treffen, was sich aber offenbar als Irrtum herausstellte, wie Fickers Brief vom 28. 7. 1913 vermuten lässt: „Es macht mir den Eindruck, als sei Ihre Schwester aus Berlin nicht nach Salzburg gekommen. Dann wären Sie ja umsonst weggefahren..."[115] Georgs neuerlicher, düsterer, in völlige Verzweiflung und Selbstverachtung ausufernder Geisteszustand könnte damit im Zusammenhang stehen:

„Zu wenig Liebe, zu wenig Gerechtigkeit und Erbarmen, und immer zu wenig Liebe; allzu viel Härte, Hochmut und allerlei Verbrechertum – das bin ich. ... Ich sehne den Tag herbei, an dem die Seele in diesem unseligen von Schwermut verpesteten Körper nicht mehr wird wohnen wollen und können, an dem sie diese Spottgestalt aus Kot und Fäulnis verlassen wird, die nur allzugetreues Spiegelbild eines gottlosen, verfluchten Jahrhunderts ist.

Gott, nur einen kleinen Funken reiner Freude – und man wäre gerettet; Liebe – und man wäre erlöst" (26. 7. 1913, HKA I, S. 519)

Ludwig von Ficker, an den dieser Brief gerichtet war, zeigt sich erschüttert: „Nie wieder dürfen Sie sich anklagen! Hören Sie! Denn dies ist härter zu ertragen als alle Härte, die man Ihnen zu d a n k e n hat. Sonst muß einem wahrhaftig alles, was Sie edel in einem nennen, wie ein Schandmal in der Seele brennen! Es ist nur Selbstverteidigungstrieb, wenn ich sage: Das darf beides nicht sein." Die Härte, die zu danken sei ist wohl ein Hinweis darauf, dass der Umgang mit Trakl schwierig war und viel Geduld und Einfühlungsvermögen erforderte, was auch Ficker zugibt, wenn er davon spricht, dass er „unter der Schwere eines Wortes, das von Ihren Lippen fiel, plötzlich zu leiden hatte, und Feindliches, schwerunterdrückt, in mir aufstehen wollte" (Brief vom 28. 6. 1913, HKA II, S. 762).

Mitte Juli reiste Georg nach Wien, um seinen neuen Posten im Rechnungskontrollamt des Kriegsministeriums anzutreten, um den er sich im März beworben hatte. Adolf Loos, der sich auch darüber hinaus um Trakl annahm (u. a. hatte er sich um eine Stelle im Handelsministerium für ihn bemüht), hatte ein Reisegeld von 30 Kronen geschickt und Franz Zeis, ein Ingenieur und Mitglied des „Akademischen Verbandes" sah sich nach einem Ansuchen Buschbecks in den Vororten Grinzing und Sievering nach einem Quartier um, da Trakl „das Zimmersuchen ein so beschwerlicher Greuel" sei, „etwas, das ihn … nervös und mutlos macht…" (Brief von Buschbeck an Zeis vom 6. 7. 1913, HKA II, S. 711). Außerdem bat Buschbeck Zeis, Trakl vom Bahnhof abzuholen und zu seinem Zimmer zu führen. Erst nach einigem Zögern erklärte Zeis sich dazu bereit „nur Ihnen und Trakl zuliebe" (Brief an Buschbeck vom 7. 7. 1913, HKA II, S. 712). Trakl konnte das Zimmer allerdings nur kurz in Anspruch genommen haben, denn bereits drei Tage später wohnte er bei seinem Jugendfreund Schwab.

Aber auch diese – vorläufig unbezahlte – Arbeit im Kriegsministerium war für ihn so unbefriedigend, dass er sich bereits nach dem vierten Tag krank meldete und Mitte August ganz darauf verzichtete. „Ich bekleide hier ein unbesoldetes Amt, das reichlich ekelhaft ist und wundere mich täglich mehr, daß man für das Addieren, das ich schwerfällig genug wieder zulerne, von mir keine Kaution verlangt", schreibt er an Ficker (HKA I, S. 521). Franz Zeis liefert aus dieser Zeit eine Beschreibung Trakls in einem Brief an seine spätere Frau, die Malerin Valerie Petter: „Er ist ein lieber Mensch, schweigsam, verschlossen, scheu, ganz innerlich. Sieht stark, kräftig aus, ist aber dabei empfindlich, krank. Hat Hallucinationen, ‚spinnt' (sagt Schwab). Wenn er hie und da irgendetwas Geheimnisvolles ausdrücken will, hat er eine so gequälte Art des Sprechens, hält die Handflächen offen in Schulterhöhe, die Fingerspitzen umgebogen, eingekrampft, Kopf etwas schief, Schultern etwas hochgezogen, die Augen fragend auf einen gerichtet." Außerdem könne er nicht telefonieren und nicht alleine in einem Aufzug fahren. (17. 7. 1913, HKA II, S. 713 f)

Heute würden wir diese Verhaltensweisen als psychotisch bezeichnen. Damals fielen sie eher als seltsam auf oder wurden als Attribute eines Genies toleriert.

Eine „Affäre" und Rudolf Steiner Euphorie

Auch wenn Georg Grete Anfang Juni nicht in Salzburg getroffen hat, scheint sie in diesem Sommer dort gewesen zu sein. Vor allem nachdem sich das

Ehepaar nach dem Verlust der Stelle bei der Kurfürstenoper im Februar 1913 in großen finanziellen Schwierigkeiten befand, ist sie immer wieder zu ihrer Familie gefahren.

Auch Buschbeck hielt sich diesen Sommer 1913 in Salzburg auf, und in dieser Zeit soll es zu einer „Affäre" zwischen den beiden gekommen sein, wie Buschbeck mündlich angedeutet hat. Die Briefe Gretes, die dieser Zeit zugeordnet werden, sind zwar in einem vertraulicheren Ton gehalten, von einem leidenschaftlichen Liebesverhältnis, wie von einigen Autoren romanhaft geschildert wird – (Martin Beyer etwa sieht in Margarethe eine mannstolle, sexbesessene Person[116]) – ist allerdings wenig zu bemerken. Immerhin ist Grete jetzt zum „Du" gewechselt, sie redet Buschbeck mit „Lieber Erhard" an, sie verabredet sich auch mit ihm oder bedauert, wegen ihres schlechten gesundheitlichen Zustandes nicht mit ihm ausgehen zu können,[117] wobei sie sich mit „Bestem Gruß", „Herzlichst", oder „Deine Grete" verabschiedet. Einmal nennt sie ihn auch „Lieber Falott", das sind dieselben Worte, womit ihn auch Georg in seiner letzten Mitteilung angesprochen hatte.[118] Liebesbriefe sind das trotzdem nicht, aber dass Buschbeck zu einem engen Vertrauten wurde, beweisen spätere Briefe, in denen sie sich in verzweifelten Situationen an ihn wendet. Auch dass Georg nach diesem Sommer den Kontakt mit seinem Jugendfreund plötzlich abgebrochen hat, spricht für die Annahme, dass er dem Freund ein engeres, vielleicht auch intimes Verhältnis zu seiner Schwester, auf das er „mit eisiger Ablehnung reagierte",[119] sehr übel nahm.

Grete war bereits damals sowohl psychisch als auch physisch in einer äußerst schlechten Verfassung. Geschwächt durch Drogen und Alkohol und von labiler Gesundheit konnte sie ihre eigene große musikalische Begabung nicht weiter entwickeln, es fehlte auch an den finanziellen Mitteln, außerdem wurde ihrer Ausbildung als Frau eine geringe Bedeutung eingeräumt. Die anfängliche Begeisterung, mit der Arthur Langen auf eine Heirat gedrängt hatte, war nach vollzogener Ehe verflogen. Ebenso seine Bereitschaft, ihr Studium zu finanzieren. Wohlwollende Freunde, die sich ihrer annahmen, sie förderten wie dies ihrem Bruder Georg zuteil wurde, hatte sie nicht. Sie lebte in einer unglücklichen Ehe und litt unter Einsamkeit. Es darf vermutet werden, dass ihr Mann ebenfalls drogensüchtig war, was in der Folge zu hohen Schulden führte. Von ihren großen Zukunftsplänen, als Pianistin auftreten zu können, blieb nichts übrig als gelegentlicher Klavierunterricht, um ihre prekäre finanzielle Situation aufzubessern.

In ihrer inneren Not und Ausweglosigkeit begann sie sich mit Spiritismus und Esoterik zu beschäftigen und für Rudolf Steiner zu interessieren, dessen theosophische Lehre vor dem Ersten Weltkrieg in Berlin einen regelrechten Boom erlebte. Der gesamte Sturm-Kreis ebenso wie der George-Kreis war esoterisch interessiert. Die Theosophie, von Helene Blavatsky Ende des 19. Jahrhunderts in New York gegründet, wurde damals zusammen mit weiteren Formen von Spiritualität als Alternative zum Positivismus und Materialismus in den Naturwissenschaften auf breiter Ebene diskutiert. Sie hatte mit ihrem Hauptwerk „The Secret Doctrine" die Grundlage auch für alle abweichenden Formen der Theosophie geschaffen wie Steiners Anthroposophie. In ihrer „Geheimlehre" finden sich neben okkultistischen Vorstellungen Elemente des Hinduismus, Buddhismus, der jüdischen Kabbala und der christlichen Gnosis, eine Mischung, für die sich viele Intellektuelle und Künstler auf ihrer Suche nach Spiritualität und Esoterik begeisterten. Blavatskys Geheimlehre wurde 1899 ins Deutsche übersetzt, unter Mitwirkung ihres Mitarbeiters Franz Hartmann, der mit seinen theosophischen Zeitschriften wesentlich zur Verbreitung der theosophischen Lehre beitrug.

Auch Rudolf Steiner gab eine theosophische Zeitschrift heraus, hielt darüber hinaus zahlreiche Vorträge und wurde vor dem Ersten Weltkrieg zu einer zentralen Figur der Theosophie in Deutschland. 1902 wählte ihn die Deutsche Sektion der Theosophischen Gesellschaft bei ihrer Gründungsversammlung zum Generalsekretär und 1904 übernahm er die Leitung der Esoterischen Schule und damit des innersten Zirkels der Theosophie.

Allerdings konnte er sich mit den Lehren der theosophischen Zentrale, die 1882 in das indische Adyar verlegt worden war, immer weniger identifizieren, und begann deren zunehmender Tendenz zu östlichen Religionen seine esoterische Deutung des Christentums entgegenzusetzen. 1913 kam es dann zum Bruch, aus der zur Adyar-Theosophischen Gesellschaft gehörenden Deutschen Sektion ging Steiners Anthroposophische Gesellschaft hervor, der sich etwa 90 Prozent der deutschen Mitglieder der Theosophischen Gesellschaft anschlossen.

Die Steiner-Euphorie hatte jedoch nicht nur Berlin, sondern auch andere europäische Städte wie Paris und Wien erfasst. Der große Steiner-Jünger in Wien war Friedrich Eckstein, der bereits 1887 die erste Loge eröffnet hatte und an seinen literarischen Stammtischen im Café Griensteidl und später im Café Imperial theosophische Ideen verkündete.

Dass Margarethe Langen-Trakl in Kontakt mit der Lehre Rudolf Steiners stand, beweist ein bis vor kurzem noch rätselhaftes Skizzenblatt, das in ihrem Nachlass gefunden wurde. Es schien sich dabei um verschlüsselt Astrologisches zu handeln, außerdem ist in Gretes Handschrift aus der Johannesapokalypse zitiert: „Ich sah noch ein anderes Tier u. es hatte zwei Hörner gleich einem Lamme..." Untersuchungen haben inzwischen allerdings ergeben, dass diese „kabbalistischen Figuren" (Schneditz) Vorträgen Steiners über die Apokalypse des Johannes zugeordnet werden müssen, die dieser im Juni 1908 in Nürnberg gehalten hat.[120] Es geht dabei um die sieben Planeten der theosophischen Kosmogonie, die Steiner in Anlehnung an Blavatskys Geheimlehre, die auf dem Gedanken der Reinkarnation beruht, entworfen hatte. Danach durchläuft die Erde in ihrer Entwicklungsgeschichte eine Reihe von Metamorphosen, in sieben verschiedenen planetarischen Verkörperungen.

„Der Saturn hat dem Menschen die Anlage zu seinem physischen Leibe, die Sonne zu seinem ätherischen, der Mond jene zum astralischen Leib und die Erde hat ihm sein Ich gegeben. Die drei nächstfolgenden, Jupiter, Venus, Vulkan, bilden die geistigen Wesensglieder des Menschen aus."[121] Weil Grete zum Zeitpunkt dieses Nürnberger Vortrags aber noch gar nicht in Deutschland war (ihre Übersiedlung nach Berlin erfolgte erst im Herbst 1910), hat sie wohl in späteren Jahren, wahrscheinlich erst nach ihrer Heirat, gelegentlich an den Studienabenden in der Zentrale der deutschen Adyar-Theosophie teilgenommen, die ihren Sitz in der Motzstraße in der Nähe ihrer Wohnung hatte (das Ehepaar Langen wohnte damals in der Prinzregentenstraße). Denn an diesen Schulungsabenden ging es um Steiners Apokalypse-Vorträge, wobei mit ziemlicher Sicherheit Steiners Nürnberger Vortragstexte, die ab 1911 in Berlin als Privatdruck in Theosophenkreisen zirkulierten, von den Gästen zu Studienzwecken benutzt wurden. Es wird angenommen, dass Grete das Skizzenblatt, das einige Fehler aufweist, bei einem mündlichen Vortrag am Dokumentationszentrum der Adyar-Theosophie in der Motzstraße angefertigt hat.

Auch für esoterische Literatur hat sich Margarethe interessiert. In einem Brief an Ludwig von Ficker – vermutlich Ende Oktober 1914 – bittet sie ihn, ihr den Roman „La Gennia" von John Antine Nau per Nachnahme zu schicken, falls er ihn „irgendwo ... auftreiben" könne.[122] Naus esoterisch-kosmischen Roman „Force Enemy", für den er 1903 mit dem Prix Goncourt ausgezeichnet worden war, kannte sie bereits, und offenbar hat ihr diese Lektüre so gut gefallen, dass sie ein weiteres Werk dieses Autors lesen wollte, das sie aber in Berlin nicht bekommen konnte.

Mystische Tradition und Zahlenmystik beschäftigten auch Georg Trakl, wobei er sich allerdings häufig an der Bibel orientierte. Vor allem die darin heilig gesprochene Zahl Sieben spielt in seinem Werk eine nicht unerhebliche Rolle, womit er sich mit seinem Freund Karl Röck im Einklang befand, der ebenfalls mit Zahlenmystik und insbesondere der Sieben experimentierte. Theosophie wurde auch im „Brenner" diskutiert, wobei sich diese Lehre teilweise ins völkische Lager verirrte, etwa bei der Ariosophie des Jörg Lanz von Liebenfels, einer Spielart der Theosophie. Liebenfels hatte 1905 in Wien die Guido-von-List-Gesellschaft gegründet, die zu einer Brutstätte des Rassismus wurde. Auch seine von 1905–1917 gegründete Schriftenreihe „Ostara. Bücherei der Blonden und Mannesrechtler" strotzt von rassistischem Gedankengut und wurde von Hitler, aber auch von Röck gelesen. (Dass Lanz von Liebenfels im November 1913 sogar im angesehenen „Brenner" seine rassistischen und antifeministischen Ideen publizieren dufte, zeigt wie weit verbreitet diese Ansichten damals bereits gewesen sind.)

„Wirrnis und Verzweiflung"

Während Grete den Sommer 1913 in Salzburg verbrachte, hatte Georg eine Einladung von Adolf Loos angenommen und war zusammen mit Karl Kraus, Peter Altenberg, Adolf Loos und dessen Freundin, der Revuetänzerin Elisabeth Bruce, genannt „Bessie" auf etwa 10 Tage nach Venedig gefahren. Ludwig von Ficker und seine Frau Cissi kamen nach. „Lieber!" schreibt er Mitte August an Buschbeck „Die Welt ist rund. Am Samstag falle ich nach Venedig hinunter. Immer wieder – zu den Sternen" (HKA I, S. 523). Es war die letzte schriftliche Mitteilung Trakls an Buschbeck. Er widmete ihm auch kein Exemplar seiner im Herbst 1913 erschienen „Gedichte", wie etwa E. Alphons Rheinhardt und Adolf Loos, die ihm keinesfalls so nahe standen.

Statt sich auf Venedig zu freuen, hatte Georg eine „unerklärliche Angst" davor. (HKA I, S. 523). Die Freunde wohnten getrennt in verschiedenen Hotels, besuchten Sehenswürdigkeiten und badeten am Lido. Venedig war ein beliebtes Reiseziel der Wiener „besseren Gesellschaft", auch Künstler haben dort häufig Urlaub gemacht, wie etwa Hermann Bahr und Peter Altenberg. Ein Gedicht gibt die gedrückte Stimmung Trakls wider:

In Venedig

Stille in nächtigem Zimmer.
Silbern flackert der Leuchter
Vor dem singenden Odem
Des Einsamen; ...

Schwärzlicher Fliegenschwarm
Verdunkelt den steinernen Raum
Und es starrt von der Qual
Des goldenen Tags das Haupt
Des Heimatlosen.

Reglos nachtet das Meer.
Stern und schwärzliche Fahrt
Entschwand am Kanal..."
(HKA I, S. 131)

Nach seiner Rückkehr blieb Georg nur einen Tag in Salzburg, um dann gleich nach Innsbruck weiterzufahren, wo er neuerlich zwei Monate bei Ludwig von Ficker in Mühlau wohnte. Seine Mutter hatte inzwischen die nötigen Papiere für eine weitere Stelle besorgt, um die sich Georg noch während seines Wien-Aufenthaltes beworben hatte. Es handelte sich diesmal um einen Rechnungs-assistentenposten im Ministerium für öffentliche Arbeiten, und wieder setzten sich treue Freunde für ihn ein. Franz Zeis, der sich zuvor mit Buschbeck und Schwab beraten hatte, legte Trakl dringend nahe, seinen Halbbruder Wilhelm zu bitten, den Reichstagsabgeordneten Julius Sylvester einzuschalten, der sich beim Arbeitsminister Trnka persönlich für ihn verwenden sollte. Salzburg hatte mit diesem deutschfortschrittlichen Abgeordneten, infolge seines erheblichen Einflusses „Herr von Salzburg" genannt, auch den Präsidenten des Reichsrates gestellt. Trakls blamable Flucht aus eben diesem Ministerium vor über einem Jahr wurde von Zeis in einem Brief an das Ministerium mit einem „nervösen Anfall" entschuldigt. Ähnlich argumentierte Georgs Schwager Erich von Rautenberg: „Du solltest über Wunsch Mama unbedingt trachten, d i e s e Stelle zu erhalten, erkläre ihm [Hauptmann Sartorius, dem Privatsekretär von Sylvester] Deine damalige Krankheit und daß Du jetzt gesund und a r b e i t s - f r e u d i g wärest." (HKA II, S. 784)

Die Familie schien langsam die Geduld mit Georg zu verlieren, auch Freunde zeigten sich irritiert. Vor allem Halbbruder Willi, der mit seiner Arbeit das Einkommen für die Familie bestritt, schrieb kurze und ungeduldige Briefe. Im September, als er sich um eine offene Rechnung von Georgs Zimmerwirtin in Wien kümmern musste, meinte er in scharfem Ton: „Schreib also sofort, damit die Sache geordnet werden kann." (22. 9. 1913, HKA II, S. 787) Die Dringlichkeit schien angebracht, denn Georg antwortete selten oder nie.

Dass es auch mit dieser Stelle trotz Sylvesters Befürwortung nicht klappte, lag an dem schlechten Ruf, den Georg Trakl inzwischen bei den Behörden hatte: „Er (Oberrechnungsrat Franz Prohaska beim Arbeitsministerium) erinnerte sich Ihres Namens als des Namens desjenigen, auf den man 2 Monate warten musste und der dann nach zwei Stunden wegging" (HKA II, S. 801), schreibt Franz Zeis, den Trakl um eine Anfrage im Ministerium gebeten hatte, in einem Brief vom 26. Oktober 1913. Nachdem trotz aller Bemühungen das Ansuchen abgelehnt wurde, war auch die letzte Hoffnung auf eine feste Staatsanstellung zerstört.

Während der Monate in Innsbruck, scheint es Georg allerdings wieder etwas besser gegangen zu sein. Er traf den aus dem bayerischen Warnsdorf angereisten K. B. Heinrich, besuchte Röck in dem Bauernhaus, wo dieser seit Mitte August wohnte, und schrieb das Gedicht „Sebastian im Traum", in dem nur die „Abendsonate" – gespielt von der Schwester? – „Freude" in die Trauer und Schwermut aufsteigender Kindheitserinnerungen bringt.

> „… *Also dunkel der Tag des Jahres, traurige Kindheit,*
> *Da der Knabe leise zu kühlen Wassern, silbernen Fischen hinabstieg,*
> *Ruh und Antlitz;*
> *Da er steinern sich vor rasende Rappen warf,*
> *In grauer Nacht sein Stern über ihn kam;*
>
> *Oder wenn er an der frierenden Hand der Mutter*
> *Abends über Sankt Peters herbstlichen Friedhof ging,*
> *Ein zarter Leichnam stille im Dunkel der Kammer lag*
> *Und jener die kalten Lider über ihn aufhob…*
>
> *Oder wenn er an der harten Hand des Vaters*
> *Stille den finstern Kalvarienberg hinanstieg*
> *Und in dämmernden Felsennischen*
> *Die blaue Gestalt des Menschen durch seine Legende ging,*
> *Aus der Wunde unter dem Herzen purpurn das Blut rann.*
> *O wie leise stand in dunkler Seele das Kreuz auf.*
>
> *Liebe; da in schwarzen Winkeln der Schnee schmolz,*
> *Ein blaues Lüftchen sich heiter im alten Hollunder fing…*
>
> *Freude; da in kühlen Zimmern eine Abendsonate erklang,*
> *Im braunen Holzgebälk*
> *Ein blauer Falter aus der silbernen Puppe kroch…*
> (HKA I, S. 88 f)

Dieses Gedicht hat dem einige Monate nach Trakls Tod erschienenem Gedichtband den Titel gegeben. Sebastian, Hauptmann der diokletianischen

Prätorianergarde im 3. Jahrhundert, der seinem Glauben nicht abschwören will, wird der Legende nach von mauretanischen Bogenschützen mit Pfeilen durchbohrt und zu Tode gepeitscht. Das Motiv der Verfolgung, Opferung und des Todes mögen einen Anlass zur Identifikation gegeben haben. In einem Brief an Buschbeck in der ersten Maihälfte 1912 hatte er sich als der arme „Sebastian im Traum" bezeichnet. (HKA I, S. 489)

Im Herbst 1913 verschlechterte sich Trakls Zustand wieder. Im Oktober notiert Röck in seinem Tagebuch „Trakl träumte also drei Nächte hintereinander, daß er sich umbringe."[123] Georg musste sich mehrmals Geld von Freunden ausborgen, u. a. auch von Rudolf von Ficker, dessen Braut Paula Schmid er bereits lästig wurde: „Geld würde ich ihm keines mehr geben, er soll sich doch an Ludwig wenden, wenn er eines braucht." (HKA II, S. 717) Aber auch Ludwigs Frau Cissi beklagt sich ein gutes halbes Jahr später bei Röck „über Trakls vieles Giftnehmen ... er sei deswegen heute wieder bis abends im Bett geblieben."[124] In der Nacht vom 2. auf den 3. November fuhr Georg nach Salzburg, um dort möglicherweise Margarethe zu treffen. Er blieb aber nur einen Tag und reiste bereits am 4. November weiter nach Wien, wo am 19. November im Rahmen einer Veranstaltung des „Akademischen Verbandes" die Schauspielerin Elsa Galafrés in einem Hörsaal der Universität einige seiner Gedichte las. Aber Trakl blieb der Lesung fern und besuchte stattdessen eine Vorlesung von Karl Kraus. Der Grund mag in einem Zerwürfnis mit einigen Freunden gelegen sein, die auch zu einem Ende der Beziehung zum Wiener Literaturbetrieb führte.

Auslöser war ein Verhalten, das neuerlich ein bezeichnendes Licht auf die schwierige Persönlichkeitsstruktur Trakls wirft. Er hatte sich nämlich nach seiner Rückkehr aus Venedig plötzlich und aus unerklärlichen Gründen geweigert, für eine vom „Akademischen Verband" herausgegebene Anthologie zusammen mit Gedichten von Ullmann zu erscheinen, was diesen tief kränkte, vor allem, da sich gerade er, wie Robert Müller meinte „seit je um Trakl angenommen und ihn stets als Mensch und Künstler vor meinen Einwürfen verteidigt" hatte (HKA II, S. 707). In der Anthologie, die im November 1913 unter dem Titel „Die Pforte", in dem für expressionistische Literatur bedeutenden Saturn Verlag in Heidelberg herauskam, wurden dann aber doch sechs Gedichte von Trakl gedruckt.

In Wien kämpfte Trakl neuerlich mit schweren Depressionen, und schlief nach einer Überdosis Veronal zwei Tage und zwei Nächte. „In meiner Wirrnis und all' der Verzweiflung der letzten Tage weiß ich nun gar nicht mehr, wie ich

noch leben soll", schreibt er an Ficker. „Ich habe hier wohl hilfsbereite
Menschen getroffen; aber mir will es erscheinen, jene können mir nicht helfen
und es wird alles im Dunklen enden." (11. 11. 1913, HKA I, S. 526)

Er bezeichnet Wien als „Dreckstadt" (vermutlich Ende November 1913,
HKA I, S. 528), bittet Rudolf von Ficker „dringlich", ihm 40 Kronen zu leihen
(12. 11. 1913, HKA I, S. 527), versinkt aber trotz seiner „armseligen"
finanziellen Lage in einem „Meer von Wein ... Schnaps und Bier" (Brief
an Ludwig v. Ficker vom 12. 11. 1913, HKA I, S. 527). Gleichzeitig äußert er
den Wunsch, wieder zum Militär zu gehen, „wenn man mich noch nimmt"
(Brief an Ludwig v.Ficker vom 17. 11. 1913, HKA I, S. 528). Aber auch diese
Pläne zerschlugen sich. Hauptmann Robert Michel, der sich noch einmal für
ihn einsetzen wollte, meinte in einem Brief vom 7. 4. 1914 an Ludwig von
Ficker, dass die Aussichten für Trakl „nicht sehr günstig" seien, da er für „sehr
unbeständig" gelte. „Es werden nicht nur seine militärischen Rücktritte
evident geführt, sondern auch sein Intermezzo im Arbeitsministerium".
(HKA II, S. 725)

Wahrscheinlich hat Trakl in diesen Novembertagen in Wien auch Oskar
Kokoschka getroffen, der in seiner Autobiographie von häufigen Besuchen
berichtet.

„Ich hatte ein höchst primitives Atelier, und er saß stumm hinter mir auf
einem Bierfaß. Noch heute sehe ich ihn, stundenlang still betrachtend, hinter
mir sitzen. Hatte er lange geschwiegen, begann er unversehens genau so lange
zu reden ... Trakl und ich waren damals zwei Abtrünnige des bürgerlichen
Lebens ..."[125]

Dass sie Kokoschkas bekanntes Werk „Die Windsbraut" zusammen gemalt
hätten, wie Kokoschka behauptet, kann aufgrund der Entstehungsgeschichte
des Bildes allerdings nicht richtig sein.[126] Doch werden sich beide schon
aufgrund ihres Außenseitertums und der Geschlechterproblematik, wie sie
auch in Kokoschkas Drama „Mörder, Hoffnung der Frauen" zum Ausdruck
kommt, gegenseitig inspiriert haben. Beide waren auch mit Loos befreundet,
mit dem sich Trakl gelegentlich im Café Museum traf, hingegen der Treffpunkt
mit Kraus das Café Imperial war.

Auf jeden Fall hat Trakl kurz nach seiner Rückkehr aus Wien in Innsbruck
im Atelier von Max Esterle ein Selbstporträt gemalt, das sich in seiner
Maltechnik und im Stil an Kokoschka anlehnt, im Ausdruck jedoch Angst
einflößend ist. Er soll sich eines Nachts, als er im Schlaf aufschreckte, im
Spiegel so gesehen haben: Dunkle Höhlen an Stelle von Augen und Mund, das
Gesicht blaugrün mit roten Flecken auf den Wangen, der Mund wie im Schrei

halb aufgerissen in braunem, kuttenähnlichen Gewand vor gelbgrünem Hintergrund.

In dieser Zeit, vor allem aber Anfang des nächsten Jahres, beginnt das Bild der Schwester in Georg Trakls Dichtung immer düsterer zu werden. In „Frühling der Seele", geschrieben zu Beginn des Jahres 1914, erscheint die ersehnte Schuldlosigkeit und Erlösung bereits in Frage gestellt:

> „... Reinheit! Reinheit! Wo sind die furchtbaren Pfade des Todes,
> Des grauen steinernen Schweigens, die Felsen der Nacht
> Und die friedlosen Schatten? Strahlender Sonnenabgrund.
>
> Schwester, da ich dich fand an einsamer Lichtung
> Des Waldes und Mittag war und groß das Schweigen des Tiers;
> Weiße unter wilder Eiche, und es blühte silbern der Dorn.
> Gewaltiges Sterben und die singende Flamme im Herzen..."
>
> (HKA I, S. 141)

Und in dem etwa um dieselbe Zeit entstandenen Gedicht „Passion" wird die inzestuöse Liebe zur Leidensgeschichte, und als gewalttätig beschrieben:

> „... Unter finsteren Tannen
> Mischten zwei Wölfe ihr Blut
> In steinerner Umarmung..."

In Gestalt des Orpheus folgt der Bruder *„dem Schatten der Schwester"*, die sich als *„blaues Wild, Ein Äugendes unter dämmernden Bäumen"* auf *„dunkleren Pfaden"* bewegt.

> „Dunkle Liebe
> Eines wilden Geschlechts,
> Dem auf goldenen Rädern der Tag davonrauscht.
> Stille Nacht.
>
> (HKA I, S. 125)

In „Nachtergebung" vom Juli 1914 wird die Schwester zur *„Mönchin"*, und der Verschmelzungswunsch zur Aufforderung *„schließ mich in dein Dunkel"*.
Aber auch hier kann dieses „Dunkel" nicht tröstlich verstanden werden:

> „... Purpurn brachen Mund und Lüge
> In verfallner Kammer kühl,
> Scheint noch Lachen, golden Spiel,
> Einer Glocke letzte Züge

Mondeswolke! Schwärzlich fallen
Wilde Früchte nachts vom Baum
Und zum Grabe wird der Raum
Und zum Traum dies Erdenwallen"
(HKA I, S. 164)

In den Prosagedichten „Traum und Umnachtung" und „Offenbarung und Untergang" schließlich ist die Gestalt der Schwester angstbesetzt und zerstörerisch, ihr Wahnsinn wird zum Wahnsinn des Bruders, die inzestuöse Liebe zum Fluch. Mehrfach beschwört Trakl ein „entartetes", ein „verfluchtes", Geschlecht: „... *auf dem Knaben lastete der Fluch des entarteten Geschlechts"* heißt es in „Traum und Umnachtung, und weiter: *„O des verfluchten Geschlechts. Wenn in befleckten Zimmern jegliches Schicksal vollendet ist, tritt mit modernden Schritten der Tod in das Haus."* (HKA I, S. 147 f) Genital aggressive Züge trägt eine Szene in „Offenbarung und Untergang":

„Aus verwesender Bläue trat die bleiche Gestalt der Schwester und also sprach ihr
blutender Mund: Stich schwarzer Dorn..."
(HKA I, S. 168)

Ähnlich äußert sich in dem ebenfalls Anfang 1914 entstandenen „Dramenfragment" Johanna, die Schwester des Knaben Peter (Margarethe Trakl hatte auch den Beinamen Jeanne):

„Stich schwarzer Dorn ... O das Schreien der Ratten im Hof, der Duft der
Narzissen. Rosiger Frühling nistet in den schmerzenden Brauen. Was spielt ihr
verwesten Träume der Kindheit in meinen zerbrochenen Augen."
(HKA I, S. 456)

Die ersehnte reine Liebe zerbricht in einem Akt der Gewalt, das Ich ist Täter und Opfer, die Auslöschung der Anderen führt in die Selbstvernichtung.

„... Purpurne Wolke umwölkte sein Haupt, daß er schweigend über sein eigenes
Blut und Bildnis herfiel, ein mondenes Antlitz; steinern ins Leere hinsank, da in
zerbrochenem Spiegel, ein sterbender Jüngling, die Schwester erschien; die Nacht
das verfluchte Geschlecht verschlang".
(HKA I, S. 150)

Die Gedichte Georg Trakls, in denen er die Schwester immer wieder anruft, sind ein Spiegel seiner Seele, seiner Wünsche, seiner Ängste, seiner Aggressionen und seiner Schuldgefühle. Sie sind Ausdruck der – gescheiterten – Sehnsucht nach Erlösung durch Aufhebung des Gegensatzes der Geschlechter.

Sie tragen in sich den Wahn von einer fluchbeladenen Sexualität, einem fluchbeladenen Geschlecht, und damit gleichzeitig einem fluchbeladenen Dasein. Sie sind Zeugnis der gescheiterten Hoffnung einer von Sexualität befreiten Geschwisterliebe, sie sprechen – ebenso wie seine Dramen und Dramenfragmente – von Schuld, Leid, Schmerz und Tod. Und diese dunkle, zerbrochene Welt mit ihrer Daseinsangst, ihren Alkohol- und Drogenproblemen wurde auch jene Gretes, aus der sie sich nicht befreien, der sie trotz etlicher Fluchtversuche nicht entkommen konnte. Verstrickt in diese Liebe, in der sie gleichzeitig Halt gesucht hat und Trost, fand sie keinen anderen Ausweg als dem Bruder zu folgen in den Tod.

Am 10. Dezember fand Trakls erster und auch einziger öffentlicher Auftritt zusammen mit dem jungen Wiener Dichter Robert Michel im Musikvereinssaal in Innsbruck statt. Wie befürchtet war seine Stimme zu leise, was auch die Kritik vermerkte, die aber davon abgesehen seine Gedichte positiv beurteilte.

Die Tage danach verbrachte er in „rasender Betrunkenheit und verbrecherischer Melancholie", wie er an Karl Kraus schreibt (HKA I, S. 530).

Die Weihnachtsfeiertage blieb Georg wahrscheinlich in Innsbruck bei Ficker, von Grete ist aus dieser Zeit nichts bekannt.

Im Jänner 1914 las dann Karl Kraus im Innsbrucker Musikvereinssaal.

Am Abend zuvor trafen sich Georg Trakl, Carl Dallago und der Schweizer Schriftsteller Samuel Limbach in Ludwig von Fickers Wohnung. Dabei kam es zu jenem bereits erwähnten Gespräch, über das sich Limbach Notizen machte, das er aber erst viele Jahre später ausführlich beschrieben hat, weshalb auch Formulierungen und Wahrheitsgehalt vielfach in Zweifel gezogen werden. Neben der Behauptung, dass Trakl ein gläubiger Christ gewesen sei, legt ihm Limbach auch einen Satz in den Mund, der dessen androgynen Verschmelzungswunsch christlich untermauern soll: „Es ist unerhört . . . wie Christus mit jedem einfachen Wort die tiefsten Fragen der Menschheit löst! Kann man die Frage der Gemeinschaft zwischen Mann und Weib restloser lösen, als durch das Gebot: *Sie sollen ein Fleisch sein?*"[127]

Vom Jänner stammt auch ein Brief Trakls an Karl Borromäus Heinrich, in dem er sich als „zwischen Trübsinn und Trunkenheit verloren" bezeichnet. Es fehle ihm „Kraft und Lust eine Lage zu verändern, die sich täglich unheilvoller gestaltet", und er wünsche sich „ein Gewitter" das „hereinbrechen und mich reinigen oder zerstören" möge. „Gott, durch welche Schuld und Finsterniß müssen wir noch gehen . . ." (HKA I, S. 532)

„Mein Leben ist in wenigen Tagen unsäglich zerbrochen"

Es ist möglich, dass er bereits zu dieser Zeit wusste, dass Grete ein Kind erwartet, dass er sich wegen ihres allgemein schlechten Gesundheitszustandes Sorgen machte, vielleicht aber auch ahnte, dass dieses Kind von ihm sein könnte. (Nach den Untersuchungen von Eberhard Sauermann könnte das Kind bei dem Besuch Georgs in Salzburg im November 1913 gezeugt worden sein, als er möglicherweise dort Grete traf.)[128] Als er dann Mitte März einen – wahrscheinlich telegrafischen – verzweifelten Hilferuf seiner Schwester erhielt, fuhr er sofort zu ihr nach Berlin, wo er sie in einem „besorgniserregenden" gesundheitlichen Zustand traf. Sie hatte vor wenigen Tagen eine Fehlgeburt erlitten (oder war es eine Abtreibung?), die mit „außerordentlichen Blutungen verbunden war", hatte seit fünf Tagen nichts gegessen und fühlte sich schwach und elend (Brief Trakls an K. B. Heinrich vom 19. 3. 1914, HKA I, S. 533).

Zwei Tage später, am 21. März 1914, informiert Trakl Ludwig von Ficker: „Meine arme Schwester ist noch immer sehr leidend. Ihr Leben ist von einer so herzzerreißenden Traurigkeit und zugleich braven Tapferkeit, daß ich mir bisweilen sehr gering davor erscheine..." Er erklärt weiter, entgegen seinem ursprünglichen Plan doch noch einige Tage länger bleiben zu wollen, da seine Schwester den ganzen Tag alleine und seine Gegenwart daher nötig sei (HKA I, S. 534). Tatsächlich blieb er etwa 14 Tage in Berlin und kehrte erst am 3. oder 4. April nach Innsbruck zurück.

Es stellt sich jetzt natürlich die Frage, warum Grete ihren Bruder zu Hilfe rief, und ihr Mann sie „den ganzen Tag" alleine ließ, statt sich in dieser schweren Stunde um sie zu kümmern. Ahnte – oder wusste – auch er, dass es sich um Georgs Kind handelt, oder aber hat Grete – aus eben diesem Grund – eine Abtreibung vornehmen lassen?

Fragen, Ungereimtheiten gibt es hier viele. Großes Kopfzerbrechen bereitet der Trakl-Forschung auch ein Brief an Ficker, den Georg höchstwahrscheinlich kurz vor seiner Abreise nach Innsbruck, also am 1. oder 2. April von Berlin geschrieben hat. (Nach den Untersuchungen von Sauermann wurde dieser Brief nicht im November 1913, wie ursprünglich angenommen, sondern erst Anfang April 1914 geschrieben. Eine Annahme, die auch von Trakl-Forscher Weichselbaum als wahrscheinlich gehalten wird.) Dieses Schreiben übertrifft an Verzweiflung und Ausweglosigkeit die zwei vorangegangenen Briefe bei weitem, es muss also in der Zwischenzeit ein dramatisches Ereignis vorgefallen sein, das Trakl in seinem Brief aber nicht erwähnt: „Es haben sich ... in den letzten Tagen für mich so furchtbare Dinge ereignet, daß ich deren Schatten mein Lebtag nicht mehr loswerden kann. Ja, verehrter Freund, mein Leben ist in wenigen Tagen unsäglich zerbrochen worden und es bleibt nur mehr ein sprachloser Schmerz, dem selbst die Bitternis versagt ist ... Vielleicht schreiben Sie mir zwei Worte; ich weiß nicht mehr ein und aus. Es (ist) ein so namenloses Unglück, wenn einem die Welt entzweibricht. O mein Gott, welch ein Gericht ist über mich hereingebrochen. Sagen Sie mir, daß ich die Kraft haben muß noch zu leben und das Wahre zu tun. Sagen Sie mir, daß ich nicht irre bin. Es ist steineres Dunkel hereingebrochen. O mein Freund, wie klein und unglücklich bin ich geworden". (HKA I, S. 529 f)

Es ist nahe liegend, die Ursache für eine derart abgrundtiefe Verstörung und Erschütterung in einem Erlebnis zu suchen, das mit einem nahe stehenden Menschen zusammenhängt, und dieser Mensch war in Georgs Leben einzig Schwester Grete. Auch Ficker hat auf diesen Zusammenhang hingewiesen,[129] wobei die bekannte Wortkargheit Trakls in allem, was sein persönliches Verhältnis zu seiner Schwester betraf zu einem Verschweigen der Hintergründe seiner Verzweiflung geführt haben könnte.

Die Vermutungen in dieser Hinsicht sind zahlreich. Hat Georg vielleicht erst zu diesem Zeitpunkt erfahren, dass er der Vater von Gretes Kind ist? Hat Grete ihm gestanden, dass ihr Drogenkonsum – für den sich Georg verantwortlich fühlte – die Ursache der Fehlgeburt ist? Oder hat sie ihm vielleicht erst dann verraten, dass sie eine Abtreibung vornehmen ließ, weil sie kein Kind aus einer inzestuösen Beziehung wollte?

Vielleicht aber hatte es nichts mit Grete zu tun, sondern mit einem besonders schweren Anfall, einer besonders schweren Psychose, die ihm das Leben nicht mehr lebenswert erscheinen ließ?[130] Eine wirklich befriedigende Antwort gibt es auf keine dieser Fragen, es gibt auch keine Beweise. Und so muss dieses große Fragezeichen zusammen mit anderen in der Beziehung Georg und Margarethe Trakl bestehen bleiben.

Georg hat während seines Berlin-Aufenthaltes zwei Gedichte geschrieben, in denen sich die Fehlgeburt Gretes spiegelt, nämlich „Abendland" und „An Johanna". Interessant dabei ist, dass in der vierten, stark gekürzten Fassung des ursprünglich sehr langen Gedichtes „Abendland", die auch im „Brenner" veröffentlicht wurde, autobiographische Hinweise wie sie noch in der zweiten Fassung vorkommen, von Trakl weitgehend getilgt wurden. Etwa Stellen wie:

> „... Und es tönen
> Die blauen Quellen im Dunkel,
> Daß ein Sanftes,
> Ein Kind geboren werde...

Oder:

> *„Wieder begegnet ein Totes*
> *Im weißen Linnen*
> *Und es fallen die Blüten*
> *Viele über den Felsenpfad...*
>
> *Balde rauschen die Wasser*
> *Laut in der Nacht,*
> *Rührt die kristallenen Wangen*
> *Eines Mädchens der Engel,*
> *Ihr blondes Haar,*
> *Beschwert von der Schwester Tränen...“*
>
> (HKA I, S. 403 ff)

Georg Trakl wollte ganz offensichtlich Anspielungen, die seine private Beziehung zu Grete betrafen, vor der Öffentlichkeit geheim halten.

Im Gedicht „An Johanna" hingegen versinkt das friedliche Bild einer Kindheit in das Dunkel schuldbeladener inzestuöser Phantasien:

> *„... Ein friedliches Dorf im Sommer*
> *Beschirmte die Kindheit einst*
> *Unsres Geschlechts,*
> *Hinsterbend nun am Abend.*
>
> *Hügel die weißen Enkel*
> *Träumen wir die Schrecken*
> *Unseres nächtigen Blutes*
> *Schatten in steinerner Stadt.“*
>
> (HKA I, S. 331)

Auf seine Freunde konnte sich Georg allerdings auch in Berlin verlassen. Weil sich sowohl er als auch Margarethe in bedrückender finanzieller Lage befanden, schickte Ludwig von Ficker zweimal Geld – die zweite Sendung von 100 Kronen stammte aus einer testamentarisch Karl Kraus vermachten Summe. Außerdem wurde er von K. B. Heinrich besucht, der Georg in seiner schwierigen Situation beistehen wollte.

In Berlin lernte Trakl auch Else Lasker-Schüler kennen, der er das Gedicht „Abendland" gewidmet hat. Das Ehepaar Langen hatte Kontakt zu Berliner Künstlerkreisen, speziell zu Herwarth Waldens expressionistischer Zeitschrift „Der Sturm", in der auch österreichische Künstler und Literaten veröffentlichten wie Oskar Kokoschka, Karl Kraus, Adolf Loos und Peter Altenberg. Lasker-Schüler war die inzwischen geschiedene Frau von Walden (der er auch sein Pseudonym verdankte, denn eigentlich hieß er Georg Levin), eine exzentrische Persönlichkeit, die sich „Tino von Bagdad" oder „Jussuf, Prinz von Theben" nannte und häufig auch abenteuerlich gekleidet durch Berlins Straßen spazierte. Sie war zu dieser Zeit bereits eine bekannte Persönlichkeit – 1911 war ihr mit dem Gedichtband „Meine Wunder" der eigentliche Durchbruch gelungen. Sie veröffentlichte auch im „Brenner" und im Juli 1914 hat sie sich wenige Tage in Innsbruck aufgehalten. Trakl und Lasker-Schüler müssen bereits bei der ersten Begegnung große Sympathie zueinander empfunden haben, beide hochbegabt, Außenseiter, Fremdlinge die sich in der Realität nicht zurechtfanden. Georg wird auch ihre Inszenierung zum androgynen Jüngling gefallen haben, und sie fühlte sich wohl durch seine Unbehaustheit angesprochen, in der er sich als „halb geboren" empfand. Beide kämpften schwer gegen finanzielle Probleme, auch Lasker-Schüler war nach ihrer Scheidung von Walden auf Unterstützung von Freunden angewiesen, vornehmlich von Karl Kraus.

Zu Margarethe hatte sie ein eher ambivalentes Verhältnis, sie sah in ihr vor allem die Schwester des großen Bruders, die aus diesem Grund eine gewisse Achtung und Zuneigung verdiente, auch wenn sie seine „schlechte Copie" verkörperte. Wobei auch Gretes Antisemitismus die in dieser Hinsicht sehr empfindliche Jüdin Lasker-Schüler hart getroffen hat. Er ist wohl zum Teil dafür verantwortlich, dass sich ihre ursprüngliche, aus Mitleid genährte Sympathie für Grete nach Georgs Tod in offene Ablehnung verwandelte (siehe dazu S. 132).

Phantastische Berufspläne und ein wohlhabender Mäzen

Am 3. April kehrte Georg Trakl „schwer vergiftet" aus Berlin nach Innsbruck zurück. Er konnte kaum gehen, Röck und Esterle mussten ihn stützen.[131] Wieder wohnte er bei Ludwig von Ficker und vergrub sich in seine Arbeit für die Vorbereitung seines zweiten Gedichtbandes „Sebastian im Traum", der im Herbst 1914 im Kurt Wolff Verlag erscheinen sollte. Um ihn aus seinen Depressionen zu reißen, luden ihn Ficker und Carl Dallago über die Oster-ferien nach Nago bei Torbole am Gardasee ein. Obwohl Trakl mit Dallago keine wirklich gute Beziehung verband, dürften es friedliche Tage gewesen sein. Ficker beschreibt einen stimmungsvollen Abend „ ... hoch über Torbole am Gardasee bei Wein und Brot noch spät und in verstummendem Gespräch … in der großen Stille der einschlafenden Natur, beim sachten Zudunkeln der immerhin fast biblisch anmutenden Landschaft und im Banne der einsamen Vogelstimme, der zu lauschen er nie müde wurde"[132] Trakl wurde bei diesem Zusammensein wohl zu dem Gedicht „Gesang einer gefangenen Amsel" inspiriert, das er Ficker gewidmet hat. Vielleicht sind die letzten Zeilen dieses Gedichtes auch ein Hinweis darauf, wie er Fickers Freundschaft empfunden hat: *„Strahlender Arme Erbarmen/Umfängt ein brechendes Herz"* (HKA I, S. 135).

Wahrscheinlich nach seiner Rückkehr aus Torbole erfuhr Georg von Margarethe, dass es ihr nach wie vor gesundheitlich sehr schlecht ging, sie klagte über „einen schweren Fieberanfall" und eine Nierenerkrankung mit „rasendsten Schmerzen". Auch finanziell befand sich das Ehepaar „in einer fürchterlichen Situation" und „erbärmlichsten Lage", was wohl damit zusammenhing, dass Arthur Langen nach dem Verlust seiner Stelle bei der Kurfürstenoper noch keine neue Stelle gefunden hatte. Außerdem hatte Grete „Heinrich" (es handelt sich dabei wahrscheinlich um K. B. Heinrich, der sich noch immer in Berlin aufhielt) 200 Mark geliehen, die sie sich selbst von einem Freund ausborgen musste und hoffte, in Kürze zurückzubekommen. In dieser heillos verfahrenen Situation und Misere bat sie Georg dringend, Halbbruder Willy um diese 200 Mark zu bitten. „Ich bin so krank dass ich mich kaum bewegen kann".[133]

Es ist dies der einzige Brief Gretes an Georg, der erhalten geblieben ist. Trakl fuhr darauf nach Salzburg, aber ob Wilhelm das Geld an Grete geschickt hat, ist nicht bekannt.

Es ging ihr so schlecht, dass sie die Einladung Fickers, zur Erholung nach Innsbruck zu kommen, nicht annehmen konnte. Erst Ende Mai hatte sich ihr Gesundheitszustand so weit gebessert, dass ein Aufenthalt in Salzburg möglich schien. Ficker musste allerdings seine Einladung zurückziehen, da seine Frau ernstlich krank geworden war, weshalb auch Georg zu Ludwig Fickers Bruder Rudolf auf die Hohenburg übersiedelte, wo er allerdings auch nicht unbedingt willkommen war. Seine Alkohol- und Drogenprobleme sowie seine finanzielle Misere wurden auch für die Freunde zunehmend zu einer Belastung.

Margarethe hat Georg nach den Berliner Tagen wahrscheinlich nicht mehr gesehen.

Nach seinem Berlin-Aufenthalt, wahrscheinlich im Frühjahr 1914, schrieb Trakl die erste Fassung seines „Dramenfragments", das Otto Basil das „vollkommenste Psychodrama in deutscher Sprache" nennt.[134] So wie in dem frühen Stück „Totentag" widmet sich Trakl auch hier der Inzestproblematik. Wieder ist es ein Peter, der diesmal seine Schwester mit Namen Johanna liebt. Neben ihm gibt es noch einen weiteren Bruder, Kaspar, und den Mörder Kermor, drei männliche Gestalten, die als personifizierte Abspaltungen des Trakl-Ichs gesehen werden können. Peter verkörpert das gequälte, schuldhafte Ego, Kaspar das des unschuldig ermordeten Bruders, und Kermor ist die dunkle, triebhafte, Traum-befangene Seite.

„Finsternis wogt im Herzen mir ... Mädchen, dein glühender Schoß im Sternenweiher."

Auch ein Pächter (Vater) tritt auf:

„Johanna, Tochter weiße Stimme im Nachtwind, von welch trauriger Pilgerschaft kehrst du heim? O du Blut von meinem Blute, Weg und Träumende in mondener Nacht – wer bist du? Peter, dunkelster Sohn, ein Bettler sitzt du am Saum des steinigen Ackers, hungernd ... Schweiß und Schuld..."

(HKA I, S. 456 f)

Sowohl Peter als auch Kaspar erfahren ihre Liebe zu Johanna als schmerzhaft und quälend.

„Peter:
Die Schwester singend im Dornbusch und das Blut rinnt von ihren silbernen Fingern. Schweiß von der wächsernen Stirne. Wer trankt ihr Blut?"

(HKA I, S. 455)

„Kaspar:
Brennende Lust, Qual ohne Ende. Sieh, wie ich schuldlos krank litt"

„Johanna:
Weh, die Wunde die dir am Herzen klafft lieber Bruder".

(HKA II, S. 500)

Es ist eine Liebe, die nur durch den Tod zu sühnen ist:

„Johanna:
Stich schwarzer Dorn. Ach noch tönen von wildem Gewitter die silbernen Arme. Fließe Blut von den rasenden Füßen. Wie weiß sind sie geworden von nächtigen Wegen! ... Tod! Tod! O wie süß ist das Leben! ..."

(HKA I, S. 456)

„Kaspar:
Weh! (Mein Mörder)"

„Mörder:
Bleierne Stufe ins Nichts. Wer riß aus dem Schlaf mich; hieß mich verödete Wege
gehen. Wer hat mein Antlitz genommen..."
(HKA II, S. 501)

Das geschwisterliche Begehren endet im Tod. Peter *„stürzt fort"*, Kaspar und
Johanna sterben, auch der Mörder Kermor *„flieht ins Dunkel"*.

Der Tod, ständiger Begleiter im Geschwistermythos, in der Literatur, Sühne
für verbotene Liebe und Schuld, ist auch ständiger Begleiter im realen Leben
Georg Trakls.

Wie sehr er sich mit dem Tod beschäftigt hat, zeigt ein Gespräch mit dem
Dichter Theodor Däubler, das er wenige Monate vor Kriegsbeginn während
einer Wanderung von Innsbruck nach Hall geführt hat. Er sprach, meint
Däubler, „ununterbrochen vom Tod". „Die Todesart", so Trakl, „ist gleichgültig: der Tod ist so furchtbar, weil ein Sturz, dass alles, was ihm vorausgehen
oder folgen mag, geringfügig bleibt. Wir fallen in ein Unfaßbar-Schwarzes".[135]

Auch Margarethe war der Tod ständig gegenwärtig, bisweilen hat sie ihn
herbei gesehnt als „heiligen Tod", als Erlösung und Auferstehung zu einer
besseren „Ewigkeit" wie ihr Gedicht „Helians Schicksalslied" beweist. Trotzdem jedoch hat sie um ihr Leben gekämpft, immer und immer wieder, wie ihre
Hilferufe, die Briefe, die sie in ihren letzten Jahren an die wenigen Freunde
schrieb, zeigen. Aber ihr war zu viel zerstört worden, sie verfügte auch nicht
über jenen schützenden Freundeskreis, jenes Netz von Beziehungen wie ihr
Bruder, das sie vor dem endgültigen Absturz hätte bewahren können.

Beide Geschwister befanden sich in einer ständigen finanziellen Notlage,
die wohl in beiden Fällen hauptsächlich durch einem exzessiven Alkohol- und
Drogenkonsum herbeigeführt wurde. Georg brauchte nach Karl Röck
monatlich 200 Kronen, davon zwei Kronen pro Tag allein für „Weintrinken
und Rauchen", weshalb ihm der Freund „Menschenverachtung" vorwarf und
empört meinte „Wie viele Menschen leben mit diesem Geld ganz".[136] Im
Auftreten und in der Kleidung allerdings scheint Georgs Armut nicht
aufgefallen zu sein. Röck meint, dass er „äußerlich immer flott, sauber
zusammengerichtet" gewesen sei. Das Rockfutter innen beschreibt er allerdings als „ungeheuer zerschlissen", er habe es auch „nie flicken" lassen.[137]

Im Mai wandte sich Georg Trakl in seiner Verzweiflung mit einer Bitte um finanzielle Unterstützung an den begüterten ehemaligen Mitschüler Oskar Vonwiller, mit dem er sich allerdings nie besonders gut verstanden hatte. (Ob er damit Grete helfen oder seine eigene finanzielle Situation aufbessern wollte, ist umstritten.) Die Antwort Vonwillers war herabsetzend und demütigend. „Rein persönlich bedaure ich Deine Lage auf's Tiefste. Unsere Wege gehen aber zu weit auseinander, als daß ich die Nötigung empfände, in diesem Fall einzugreifen". Mit ironischem Unterton empfahl er Trakl an Kraus, „der mit leichter Mühe eine weitergreifende Aktion für Dich in's Werk setzen kann." (HKA II, S. 788)

Im Juni 1914 wurden dann Georg Trakls berufliche Pläne immer phantastischer. Vorerst wollte er im Sanitätsdienst der niederländischen Kolonien als Apotheker unterkommen, und als sein diesbezügliches Ansuchen vom niederländischen Kolonialamt negativ beschieden worden war, bewarb er sich um eine Stelle in der Miliz, die von dem Wiener Bildhauer und Reserveoffizier Gustav Gurschner für Albanien aufgestellt worden war. Voller Hoffnung schrieb er Ende Juni/Anfang Juli – etwa um die Zeit der Ermordung des Thronfolgers Erzherzog Franz Ferdinands – an Adolf Loos: „Wenn alles gut geht, bin ich nächste Woche als Freiwilliger in Albanien". (HKA I, S. 539) Aber auch daraus wurde nichts. Stattdessen lud ihn Loos, der Trakl sehr schätzte, noch einmal nach Venedig ein, die Fahrt wollte er selbst bezahlen. Sein Brief vom 27. Juni 1914 schloss mit den aufmunternden Worten: „Bleiben Sie der Welt gesund. Betrachten Sie sich als Gefäß des heiligen Geistes, das niemand, auch nicht der Georg Trakl zerstören darf". (HKA II, S. 777) Zu dieser Reise ist es allerdings infolge des Kriegsausbruchs nicht mehr gekommen.

Kurz darauf schien dann die ständige finanzielle Not des Georg Trakl doch noch ein Ende zu haben: Der junge Ludwig Wittgenstein hatte nach dem Tod seines Vaters, eines der reichsten Männer Österreichs, ein großes Vermögen geerbt, von dem er einen Teil für „wohltätige" Zwecke zur Verfügung stellen wollte. Offenbar schien ihm dabei vor allem Kunst und Kultur förderungswürdig, denn Mitte Juli 1914 schrieb er einen Brief an den Herausgeber des von ihm geschätzten „Brenner", Ludwig von Ficker, in dem er ihm die Überweisung von 100.000 Kronen ankündigte, deren Verwendung er ihm überlassen wolle. Neben einem gewissen Anteil, den Ficker für seine Zeitschrift verwendete, hat er damit – in Absprache mit Wittgenstein – insgesamt 17 bedürftige Schriftsteller mit besonderer Begabung unterstützt. Das waren neben Trakl noch Else Lasker-Schüler, die auch ein Kind mit zu versorgen hatte, Theodor Däubler, Rainer Maria Rilke, Oskar Kokoschka, Adolf Loos, Carl Dallago und andere. Trakl, Dallago und Rilke erhielten je 20.000 Kronen (nach heutigem Geldwert etwa 100.000 Euro), die Verteilung des übrigen Geldes erfolgte in unterschiedlichen Beträgen. Aber während Lasker-Schüler vor Freude außer sich gewesen ist: „Ich weiß . . . nicht wie ich mich ausdrücken soll, Ihnen zu danken. Ich habe direkt einen Schreck bekommen . . ."[138] war für Georg Trakl ein Neuanfang nicht mehr möglich. Er bedankte sich zwar ebenfalls artig bei Wittgenstein – immerhin hätte er mit diesem Geld mehrere Jahre sorgenfrei leben können – aber seine Ängste und Verstörungen waren so groß, dass er zitternd und schweißgebadet aus der Bank geflohen ist, als er in Begleitung Fickers sein Guthaben abheben sollte.[139] Stattdessen meldete er sich nach einem kurzen Aufenthalt in Salzburg und nachdem Österreich-Ungarn am 28. Juli an Serbien den Krieg erklärt hatte bereits am 5. August im Zuge der allgemeinen Generalmobilmachung freiwillig zur aktiven Dienstleistung.

IV. Tod

Es ist ungeheuerlich, was der Krieg vernichtet

Trakl hat die allgemeine Kriegseuphorie nicht geteilt. Aber er war auch kein Pazifist. Im Militär fand er Zucht und Ordnung, die sein chaotisches, zerrissenes Dasein in gewisse Bahnen lenkte. Vielleicht auch hat er den Tod gesucht, eine Entscheidung, ein „Gewitter", wie er in jenem Brief vom Jänner 1914 schrieb, „das mich reinigen oder zerstören" möge (HKA I, S. 532).

Es war dies eine Geisteshaltung, wie sie damals viele Künstler und Intellektuelle bewegte. Der Zerfall der alten Habsburgmonarchie, zunehmende Verelendung in den Städten und auf dem Land, Verschärfung des sozialen Klimas und ein alter, starrer Kaiser hatten eine Situation geschaffen, in der von breiten Bevölkerungsschichten ein Krieg als „Reinigung" empfunden wurde. „Der Friede ist so faul ölig und schmierig wie eine Leimpolitur auf alten Möbeln", schrieb Georg Heym, einer der wichtigsten Lyriker des frühen literarischen Expressionismus schon 1910 in sein Tagebuch, und der Schriftsteller Arnolt Bronnen meinte rückblickend: „… nie ist ein Krieg so herbeigesehnt worden von unzähligen jungen Menschen, von Bürgerssöhnen, die sich verwirrt hatten in ihrer Welt. Sie alle wollten, was ich wollte: ein Ende. Ein Ende dieser Zeit … Eine Lebensform hatte sich aufgebraucht".[1] Auch Trakl hat in der 4. Fassung von „Abendland" bereits im Frühjahr 1914 Untergangsvisionen thematisiert, allerdings nicht mit der Hoffnung auf einen Neuanfang, sondern als endgültige Zerstörung.

> „… *Gewaltig ängstet*
> *Schaurige Abendröte*
> *Im Sturmgewölk*
> *Ihr sterbenden Völker!* …"
> (HKA I, S. 140)

Und noch deutlicher in seinem Gedicht „Im Osten" vom August 1914, also nach der Kriegserklärung:

„ *... Mit zerbrochenen Brauen, silbernen Armen*
Winkt sterbenden Soldaten die Nacht.
Im Schatten der herbstlichen Esche
Seufzen die Geister der Erschlagenen ... "
(HKA I, S. 165)

Am 24. August wurde Georg Trakl von seinen Freunden Karl Röck, Ludwig
von Ficker und dessen Frau Cissi sowie Arthur von Wallpach zu Schwanenfeld,
einem Mitarbeiter des „Brenner", am Innsbrucker Hauptbahnhof verabschiedet. Es war eine warme, schöne Sommernacht, als er den Viehwaggon eines
Militärtransportes bestieg, der ihn nach Galizien an die österreichisch-
russische Front führen sollte. Trakl schien „aufgetaut und seiner Schwermut
entrissen", wie Ficker in seinen Erinnerungen schreibt.[2] An seine Mütze hatte
er eine „rote und bei jedem Abschiedsnicken fast gespenstisch mitnickende
Nelke" geheftet.[3] Bei einem kurzen Halt in Salzburg verabschiedete er sich
noch von einem seiner Brüder (wahrscheinlich Wilhelm, möglicherweise auch
Gustav), der ihm irrtümlicherweise mitteilte, dass sein Buch „Sebastian im
Traum" bereits erschienen war, was aber nicht stimmte. (Tatsächlich konnte es
infolge der Kriegswirren erst im Februar 1915 erscheinen.) Zuvor hatte er am
Innsbrucker Bahnhof Ludwig von Ficker einen Zettel in die Hand gedrückt,
auf dem er eine Art Vermächtnis notiert hatte – Worte des Abschieds vielleicht,
vor allem aber das Bekenntnis einer Schuld, die ihn während seines ganzen,
kurzen Lebens gequält hat: „Gefühl in den Augenblicken totenähnlichen
Seins: Alle Menschen sind der Liebe wert. Erwachend fühlst du die Bitternis
der Welt; darin ist alle deine ungelöste Schuld; dein Gedicht eine unvoll-
kommene Sühne." (HKA I, S. 463) Und als Ficker ihn fragend ansah meinte
er: „Aber freilich, kein Gedicht kann Sühne sein für eine Schuld."[4]
    Georg Trakl empfand sein dichterisches Werk nicht als Rechtfertigung
eines schuldbeladenen Lebens. Es war die reale Schuld gegenüber Grete, die er
möglicherweise missbraucht, auf jeden Fall aber zu Drogen verführt und damit
zur Zerstörung ihres Lebens wesentlich beigetragen hatte, die ihn quälte, und
es war eine imaginäre Schuld, wie sie ein sexualfeindliches Christentum und
seine Auslegung in einer patriarchalen Kultur, etwa bei Weininger suggeriert:
die Schuld, geboren worden zu sein aus der Sünde des Fleisches, die Schuld des
bewusst, und daher mit Verantwortung lebenden Mannes gegenüber der
unbewussten, zu einem „Nichts" reduzierten und daher von Verantwortung
freien Frau. Sie war: „seine Fleisch gewordene Schuld ...", denn „das Weib ist
die Schuld des Mannes ..."[5] Es war die Tragik, die sich in diesem perversen,

lust- und sexualfeindlichen Denken aus der Tatsache der Zweigeschlechtlichkeit des Menschen ergab und die Unmöglichkeit, diese zu überwinden. Es war weiter eine unglückliche, kalte Mutter und ein desinteressierter, verständnisloser Vater, die ein Familienklima schufen, in dem sich keine Warmherzigkeit und Liebe entwickeln konnte. Es waren Schuldgefühle infolge seiner eigenen Liebesunfähigkeit und seinen Kontaktschwierigkeiten, er sah sich als „Verbrecher... Mit den fürchterlichsten Möglichkeiten" (HKA I, S. 472), der „das Böse nur aus Schwäche und Feigheit" unterlässt und der sich anklagt, „zu wenig Liebe" zu fühlen, dafür aber „allzu viel Härte" und „Hochmut" (HKA I, S. 519). Und in dem autobiographisch gefärbten Prosagedicht „Traum und Umnachtung", das zu seinen schönsten und reifsten Dichtungen zählt, heißt es: *niemand liebte ihn... Haß verbrannte sein Herz...* "(HKA I, S. 147 f) Nur zur Schwester, dem eigenen Blut, Trägerin eigener Erinnerungen, einer gemeinsamen Kindheit fand er einen inneren Zugang. Aber diese Liebe war keine „reine", „unschuldige", sondern mit dem Fluch des Inzests beladen.

Der jetzt 27-jährige Georg Trakl empfand seinen Aufbruch in den Krieg als Erleichterung, er war froh, seiner persönlichen und beruflichen Misere entronnen zu sein. Aber das Grauen hat ihn sehr rasch eingeholt. Anfang September berichtet er Ficker noch von einer „außerordentlich schönen" Fahrt (HKA I, S. 542), an Grete schickt er eine Karte mit dem Versprechen, ihr seine Adresse mitzuteilen, sobald er am Kriegsschauplatz sein wird, und auch die „herzlichen Grüße" die er etwa um dieselbe Zeit an seine Mutter richtet, sind optimistisch gehalten. „Seit einer Woche reisen wir kreuz und quer in Galizien herum und haben bis jetzt noch nichts zu tun gehabt." (HKA I, S. 542) Das änderte sich, als die k. u. k. 3. Armee, der Trakls Einheit angehörte, mit der Brussilow-Armee zusammenstieß und am 7. September die Schlacht bei Grodek begann, die infolge russischer Übermacht mit einer vernichtenden Niederlage endete. Angeblich wollte Trakl unbedingt an die Front und musste durch sechs Mann entwaffnet werden.[6] Eine Aussage, die nicht ganz mit seinem folgenden Verhalten in Einklang zu bringen ist. Möglicherweise handelte es sich dabei um eine Art Kriegspsychose, vielleicht aber hat er auch den Tod gesucht. In Panik versetzte ihn auf jeden Fall die Betreuung von neunzig Schwerverwundeten, die er in einem völligen Chaos in einer Scheune ohne ärztliche Assistenz übernehmen musste. Der Bericht eines Augenzeugen, des Apothekers Kurt Rawski-Conroy, vermittelt etwas von Trakls Gemütszustand in einer ausweglosen Situation:

„Ich sah, wie Trakl mit vor Entsetzen weit aufgerissenen Augen an der Bretterwand der Scheune lehnte. Die Kappe war seinen Händen entglitten. Er merkte es nicht und ohne auf Zuspruch zu hören, keuchte er: ‚Was kann ich tun? Wie soll ich helfen? Es ist unerträglich‘. – An der Uniform hatte ich erkannt, daß es ein enger Kamerad war, der da in heller Verzweiflung zusammenzubrechen drohte. Ich wollte zu helfen suchen, hatte aber das Empfinden, daß der Bedauernswerte kaum auf meinen Zuspruch achtete…"[7] Trakl musste hilflos zusehen, wie sich Verwundete wegen ihrer unerträglichen Schmerzen erschossen, musste den Anblick gehenkter Ruthenen und Serben vor der Scheune ertragen. Die Liquidierung dieser Menschen, meist Zivilisten, darunter auch Halbwüchsige und Frauen, die, etwa achtzig an der Zahl, als Verräter hingerichtet wurden, weil sie sich während eines Gefechtes vor dem Kugelhagel in einen russischen Schützengraben geflüchtet hatten,[8] zählt nicht gerade zu den Ruhmestaten der k.u.k. Armee. Die berühmt-berüchtigten Galgenbilder, die mit Erlaubnis oder sogar auf ausdrücklichen Befehl von die Exekution leitenden Offizieren hergestellt wurden, und feixende Soldaten vor den Gehängten zeigen, verdeutlichen mehr als es Worte vermögen die Entmenschlichung und Grausamkeit des Krieges.

Noch Wochen später, als Trakl Ficker bei seinem Besuch von diesen grauenhaften Erlebnissen berichtete, war er davon gezeichnet, hatte er das Stöhnen der Verwundeten im Ohr, die ihn baten, ihrer Qual ein Ende zu setzen, und vor seinen Augen die an den Bäumen baumelnden Toten. Am 11. September abends wurde dann für das gesamte österreichisch-ungarische Heer der Befehl zum Rückzug gegeben, in strömendem Regen, der die durch Trains und Flüchtlingszüge versperrten Straßen in Morast verwandelte. Während einer Ruhepause in Mosciska, einem Ort vor Przemysl, traf Trakl zufällig den Apotheker Heinz Klier aus Salzburg, der mit ihm das Gymnasium besucht hatte. Klier, dem die Schlacht bei Grodek erspart geblieben war, berichtet von einem „Wiedersehen fröhlich beim Wein".[9] Auch mit einem weiteren Berufskollegen, dem Vater des Schriftstellers Franz Fühmann, war Trakl in dieser Zeit öfters zusammen, und in Prszemysl, wohin sich die Einheit nach Mosciska zurückgezogen hatte, traf er seinen langjährigen Freund Franz Schwab, der als Sanitätsarzt Kriegsdienst leistete.

Der Marsch dauerte Wochen; Tag und Nacht zog die Infanterie hinter dem riesigen Troß, dann kam die Artillerie, deren Zugmaschinen bis zu den Radspeichen im Schlamm versanken, schließlich die zusammengeschmolzenen Kavallerieregimenter, über ihnen der beißende Geruch von den schwärenden Druckwunden Hunderter an der Hand geführter Pferde. Tag und

Nacht waren Führer und Stäbe damit beschäftigt, Marschrichtungen anzuweisen, die ins Stocken geratenen Truppen und Trains aufzulösen, Versprengte zu sammeln und das Nötigste herbeizuschaffen.

Von „maßlosen Strapazen" und einer Ernüchterung nach der allgemeinen Kriegseuphorie berichtet ebenfalls Leutnant Max von Esterle in einem Brief vom 18. September an Ludwig von Ficker. Auch Esterle war nach Galizien eingerückt und kämpfte im Verband der 3. Armee: „... Es ist ungeheuerlich, was der Krieg vernichtet – und trotzdem habe ich den bestimmten Eindruck einer ganz verdienten Bestrafung ... die Hälfte der Mannschaft und 2/3 der Offiziere sind weg, unsere Kräfte nehmen ab, rings ist das Land von uns selbst zerstört, die Einwohnerschaft ist mißtrauisch oder verräterisch, der Gegner bedeutend stärker als wir ... aber jeder Tag bringt neues Wirkliches von so entsetzlicher Größe, daß es einem den Mund verschließt. Glück haben wir nicht... Die Zukunft ist von unserem Standpunkte aus trist. Aber wir trachten uns darüber hinwegzutäuschen. Lachen kann freilich keiner von uns mehr..."[10]

In diesen Tagen – etwa um den 22. September, unternahm Trakl einen Selbstmordversuch. Er stand während des Abendessens plötzlich auf, erklärte mit gepresster Stimme, er könne nicht mehr weiterleben, stürzte hinaus und wollte sich erschießen. Kameraden, die ihm gefolgt waren, gelang es, ihm die Pistole aus der Hand zu nehmen. Trakl hat in seinem Gespräch mit Ficker diesen Selbstmordversuch als „Schwächeanfall" bezeichnet, von dem er sich bald wieder erholt und seinen üblichen Dienst getan hätte. Wahrscheinlich hat er diesen Vorfall heruntergespielt, weil er Angst hatte, der „Mutlosigkeit vor dem Feind" bezichtigt und vor ein Kriegsgericht gestellt zu werden. Ficker versuchte ihm diese Bedenken auszureden, die allerdings vor dem Hintergrund der als Verräter gehenkten Ruthenen nicht so grundlos erscheinen.

Die Karten, die Trakl etwa Anfang Oktober aus der kleinen Stadt Limanowa südöstlich von Krakau, wo seine Einheit Anfang Oktober eine weitere Ruhepause eingelegt hatte, an seine Freunde schickte, vermitteln einen schwachen Eindruck von diesen Strapazen, aber auch von seiner Gemütslage, obwohl er sich wegen der Militärzensur nicht offen äußern konnte: „Wir haben vier Wochen angestrengtester Märsche durch ganz Galizien hinter uns" schreibt er an Ficker. „Seit zwei Tagen rasten wir in einer kleinen Stadt Westgaliziens inmitten eines sanften und heiteren Hügellandes und lassen es uns nach all' den großen Ereignissen der jüngsten Zeit in Frieden wohl sein. Morgen oder übermorgen marschieren wir weiter. Es scheint sich eine neue große Schlacht vorzubereiten. Wolle der Himmel uns diesmal gnädig sein..."

(HKA I, S. 542) An Röck schreibt er um dieselbe Zeit: „Nach wochenlangen Kreuzfahrten durch ganz Galizien die besten Grüße … Ich war einige Tage krank und ganz niedergedrückt von Traurigkeit." Ähnlich an Loos: „… Ich war einige Tage recht krank, ich glaube vor unsäglicher Trauer…" (HKA I, S. 543)

In Limanowa traf Trakl mit dem Arzt Friedrich Pfahl aus Kitzbühel zusammen, sie saßen in einem Gasthaus, wo die „Tochter des Hauses, von angenehmen Äußeren … Milchkaffee und Butterbrot" brachte und unterhielten sich über moderne Literatur, Verlaine und Rimbaud. „Es war wie ein Aufhorchen in jener unruhigen Zeit, wie ein Selbstbesinnen, ein freudig erregtes Sichhingeben an den für kurze Augenblicke vom Alltag befreiten Moment". Trakl war in der Uniform der Apotheker. „Er schien etwas gedunsen und unstet. Die Stimme heiser."[11]

Die zwei letzten Gedichte Georg Trakls „Grodek" und „Klage" sind wahrscheinlich nach seinem Selbstmordversuch entstanden. In dieser erschütternden Lyrik wird in den mit mächtigen Bildern beschworenen Kriegsgräueln noch einmal die Schwester angerufen wie eine ferne Hoffnung, die trotzdem keinen Trost bringen kann. *„Es schwankt der Schwester Schatten durch den schweigenden Hain/Zu grüßen die Geister der Helden, die blutenden Häupter"* heißt es in „Grodek", und im zweiten Gedicht *„klagt die dunkle Stimme / über dem Meer. / Schwester stürmischer Schwermut / Sieh ein ängstlicher Kahn versinkt / Unter Sternen, / Dem schweigenden Antlitz der Nacht".* Dass Trakl in diesem Inferno, in dem *„Des Menschen goldnes Bildnis / Verschlänge die eisige Woge / Der Ewigkeit…"* (HKA I, S. 166 f) nicht Gott oder Christus angerufen hat, sondern die Schwester, ist schon Heidegger aufgefallen. Er nimmt es als letzten Beweis, dass Trakl kein wirklich gläubiger Christ gewesen ist: „Ist das christlich gedacht? Es ist nicht einmal christliche Verzweiflung".[12] Diese Gedichte suchen nicht Gott, sie sind Abschiedsgedichte an die Schwester, deren utopische Lichtgestalt zusammen mit dem Bruder im allgemeinen Grauen versinkt.

Abschied und Tod

Vor einem Kriegsgericht musste sich Georg Trakl nach seinem Selbstmordversuch nicht verantworten, stattdessen allerdings wurde er am 7. Oktober in das k. u. k. Reservespital Nr. 1 Jaroslaw im Karmeliterkloster überstellt, und einen Tag später „Zur Beobachtung seines Geisteszustandes" ins Garnisonspital 15 in Krakau transferiert. (HKA II, S. 729)

Auf der Fahrt dahin soll er einen Fluchtversuch unternommen haben und in einem nach Rzeszów fahrenden Zug wieder eingeholt worden sein.[13] Auch diesmal lässt sich eine Panikreaktion vermuten, oder aber der Wunsch nach einem baldigen Ende. Rzeszòw lag zu dieser Zeit nahe der Frontlinie, vielleicht wollte er tatsächlich als Infanterist an die Front, denn er hat diesen Wunsch auch mehrmals in dem Garnisonsspital geäußert. (HKA II, S. 730)

Mitte Oktober schrieb Trakl eine Feldpostkarte an Ficker in der er seine Lage schildert, seinen angegriffenen Gesundheitszustand und „unsägliche Traurigkeit … Bitte telegraphieren Sie mir einige Worte. Ich wäre so froh, von Ihnen Nachricht zu bekommen". (HKA I, S. 543 f) Auch Schwester Gretl informierte er über seine Lage und bat um einen Besuch. Aber die Antwortbriefe waren in den Kriegswirren verloren gegangen oder nicht zugestellt worden. Als Trakl am 21. Oktober immer noch keine Nachricht hatte, schrieb er an Ficker, dass er in Kürze das Spital verlassen werde, gab diese Karte aber nicht auf. Ebenso telegrafierte er Grete, dass ihr Besuch wegen baldiger Entlassung nicht mehr nötig sei. Sie war in großer Sorge, bereits Anfang September, nach der Abreise Georgs schreibt sie an Ficker von der „entsetzlich unruhige(n), angstvolle(n) Zeit". Am 15. September berichtet sie noch einmal Ficker, dass Georgs Buch „Sebastian im Traum" jetzt „fix und fertig da liegt" und dass sie hofft, wenigstens ein Exemplar zu erhalten. (Es handelte sich dabei um ein vorläufiges Probeexemplar. Die tatsächliche Auslieferung erfolgte erst nach Trakls Tod.) Weiters bittet sie Ficker neuerlich, ihr Nachricht zu geben, wenn er näheres über Georg erfahren habe.[14] Nach der Benachrichtigung des Bruders, dass er sich im Spital aufhalte war sie dann völlig außer sich, wollte sich in ihrer finanziellen Notlage das Reisegeld von einem Freund leihen und mit nur 20 Mark nach Krakau fahren. Nachdem sie dann sein Telegramm mit der Mitteilung bekam, dass er sie „nicht mehr braucht", hoffte sie inständig, dass Ficker hinfahren wird. „… Die letztvergangenen Tage haben mich recht sehr heruntergebracht … Wüßt ich nur sicher, ob Sie bei Georg sind! Es wär mir um vieles leichter. Wann werd ich Nachricht erhalten!! Die Zeit als immer ein Gleiches, macht mich armen Menschen verrückt … Hoffentlich geht's dem Bruder gut. Wenn Sie nur bald Nachricht geben können!…"[15]

Auch Else Lasker-Schüler, die bereits nach Trakls Mobilmachung im September beteuerte, dass sie gerne mit ihm in den Krieg gezogen wäre,[16] versicherte nach der Benachrichtigung seines Todes mehrmals, dass sie sofort nach Krakau gereist wäre, hätte sie seine Karte vom 25. Oktober, auf der er sie um einen Besuch bat, rechtzeitig bekommen. „Ich wäre sofort gekommen, so wahr ich Jussuf bin".[17] Das ist insofern glaubhaft, als sie bereits im November

1913 den anarchistischen Schriftsteller und Publizisten Johannes Holzmann (Pseudonym Senna Hoy) in der Irrenanstalt von Meschtscherkoje bei Moskau besucht hatte. Er war dort eingewiesen worden, weil er infolge der schlechten Zustände in den russischen Gefängnissen, wo er wegen Beteiligung an revolutionären Unruhen zu 15 Jahren Zwangsarbeit verurteilt worden war, den Verstand verloren hatte.

Ficker machte sich sofort, nachdem er Trakls Nachricht erhalten hatte auf den Weg, und traf am 24. Oktober in Krakau ein, wo sich Trakl immer noch im Garnisonsspital befand, weil sich seine Entlassung wegen einer Angina verzögert hatte. Ficker quartierte sich im Hotel Royal ein und blieb dort bis zum Abend des nächsten Tages. Die Stadt befand sich in einer bedrohlichen Lage, es herrschte Angst vor den heranrückenden russischen Truppen, die Przemysl bereits von drei Seiten eingeschlossen hatten. In einem ausführlichen und bis ins Detail gehenden Bericht beschreibt er die Situation, in der er Georg Trakl angetroffen hat.

Auf dem Gang des Spitals herrschte Unruhe, gelegentliches Gepolter und das Geschrei der „Irren". Die Ärzte schienen nervös, die „Roheit der Wärter" wirkte abstoßend. Der gleich zu Beginn vorgebrachte Wunsch Fickers, den Freund in häusliche Pflege mitzunehmen, stieß auf Ablehnung. Georg Trakl wirkte gefasst, er saß rauchend auf dem Bettrand in einer schmalen Zelle mit vergitterten Fenstern und unterhielt sich ruhig mit seinem Zimmernachbar. Als er Ficker erblickte, ging er auf ihn zu und umarmte ihn wortlos. Dann erzählte er von den Ereignissen der letzten Wochen, der Betreuung der neunzig Schwerverletzten ohne ärztlichen Beistand, dem Selbstmord eines Soldaten mit Blasenschuss der sich eine Kugel in den Kopf gejagt hatte, worauf die blutigen Gehirnpartikeln an der Wand klebten. Auch von den erhängten Ruthenen berichtete er, von denen sich einer die Schlinge selbst um den Hals gelegt hatte, und von seinem, Trakls Selbstmordversuch. „Nie könne er das vergessen, und auch den Rückzug nicht; nichts nämlich sei so schrecklich als ein Rückzug in Verwirrung". Ficker berichtet von „rührender Geduld und Nachsicht", die Trakl seinem Zimmernachbar gegenüber bewiesen habe, einem Leutnant von den Windischgrätz-Dragonern der an delirium tremens litt und dessen Wutausbrüche und unflätige Beschimpfungen, die mit übertriebener Aufgeräumtheit wechselten, Trakls Diener derart in Rage brachten, dass er „am ganzen Leib bebend gepeinigt aufschrie und auf Trakl weisend die Worte hervorstieß: ,Der da ist mein Herr, nicht Sie'".[18] Dieser dem Georg Trakl zugeteilter Diener, ein Bergarbeiter namens Mathias Roth aus Hallstatt, der, den damaligen Gepflogenheiten entsprechend auf einem Häufchen Holzwolle zu Häupten seines Herrn schlief, hat in einem ungelenken, von Rechtschreibfehlern durchsetzten Brief das Ableben Trakls geschildert, und war auch als einziger bei dessen Begräbnis anwesend. Er hat ganz offensichtlich Georg Trakl sehr verehrt, der sich „brüderlich" ihm gegenüber verhalten und jede Mahlzeit mit ihm geteilt hätte.

Trakl gab Ficker die Gedichte „Klage" und „Grodek" mit (er hatte sie kurz vor seinem Tod noch abgeändert) und las ihm das Gedicht des von ihm bewunderten Johann Christian Günther „An sein Vaterland" vor. Möglicherweise wollte er mit dem letzten Vers dieses Gedichtes des ebenfalls jung gestorbenen Günther „oft ist ein guter Tod der beste Lebenslauf" sein baldiges Ende andeuten, was Ficker allerdings zu diesem Zeitpunkt nicht bewusst gewesen ist. Auf jeden Fall hatte Trakl damals bereits einen Vorrat an Kokain angelegt, denn als Ficker ihn danach fragte antwortete er „fast aufgeräumt und gutmütig lächelnd ... : No freilich, als Apotheker, ich bitt' Sie ... Wär' ich denn sonst noch am Leben?" Erfahren dürfe das allerdings niemand.

Vor seinem Abschied erhielt Ficker bei der Abendvisite die Zusage des Dienst habenden Arztes, dass eine baldige Entlassung Trakls möglich sei, auf die dieser allerdings skeptisch reagierte. Ficker beendet seinen Bericht mit den Sätzen:

„,Leben Sie wohl, lieber Freund! Auf baldiges Wiedersehen!' sagte ich wie im Traum. Trakl lag regungslos, entgegnete kein Wort. Sah mich nur an. Sah mir noch nach ... Nie werde ich diesen Blick vergessen"[19]

Zehn Tage später, am 4. November, lebte Trakl nicht mehr.

Ficker hatte Grete auf seiner Rückreise über Wien, wo er sich noch eine Woche aufgehalten hatte, in einem Brief über die Erkrankung ihres Bruders unterrichtet, was bei ihr zu einem regelrechten Zusammenbruch führte. Ehemann Arthur Langen bat daher in einem Brief an Ficker vom 6. November in Unkenntnis des bereits eingetretenen Todes Trakls „auf Veranlassung des behandelnden Arztes, ihr künftig keine oder nur beruhigende Nachrichten über Georg zugehen zu lassen".[20]

Vielleicht hätte Georg Trakls Tod verhindert werden können, wenn nicht eine Kette unglücklicher, durch die Kriegswirren bedingter Umstände die Besuche weiterer Freunde vereitelt hätten. Trakls Schulfreund Schwab, der mit ihm in Przemysl einige Abende zusammen war, kam als Leichtverwundeter in jenen Tagen nach Krakau, wollte ihn auch im Spital aufsuchen, wurde jedoch im

letzten Augenblick daran gehindert.[21] Auch Kokoschka berichtet von einer
Karte Trakls, die er kurz vor dessen Tod erhalten habe.[22] Ebenso schickte Trakl
zwei Tage nach Fickers Abreise an Wittgenstein eine Feldpostkarte: „Sie
würden mich zu großem Dank verpflichten, wenn Sie mir die Ehre Ihres
Besuches geben würden".[23] Auch Ficker hatte in einem Brief vom 26. Oktober
Wittgenstein gebeten, Trakl in Krakau zu besuchen, wo sich dieser „sehr
vereinsamt" fühle: „Georg Trakl liegt hier krank im Garnisonsspital 15 ... er
leidet an schweren psychischen Erschütterungen. Er hätte Sie auch so gerne
kennen gelernt und hofft, daß Sie vielleicht doch diese oder nächste Woche
nach Krakau zurückkommen; besuchen Sie ihn dann bitte ..."[24] Wittgenstein,
der ebenfalls als Freiwilliger in den Krieg gezogen war, hielt sich in der Nähe
auf einem Weichselschiff auf. Aber als er am 6. November im Krakauer
Garnisonspital vorsprach, war es zu spät, Trakl bereits tot. Aus den zwei letzten
Briefen, die Georg Trakl an Ficker schrieb und denen er die beiden abge-
änderten Gedichte „Grodek" und „Klage" beigab, spricht Niedergeschlagenheit und Resignation: „Seit Ihrem Besuch im Spital ist mir doppelt traurig zu
Mute. Ich fühle mich fast schon jenseits der Welt". Gleichzeitig setzt er seine
Schwester Grete zur Universalerbin seines nicht ganz unbeträchtlichen, von
Wittgenstein vermachten Vermögens ein. „... im Falle meines Ablebens, (ist)
es mein Wunsch und Wille, daß meine liebe Schwester Grete, alles was ich an
Geld und sonstigen Gegenständen besitze, zu eigen haben soll". In dem
zweiten Brief schickt er das überarbeitete Gedicht „Menschliches Elend",
dessen Titel er in „Menschliche Trauer" abänderte, und dem er neue, auf Tod
und Sterben Bezug nehmende Verse hinzufügt:

> „*Es scheint, man hört der Fledermäuse Schrei,*
> *Im Garten einen Sarg zusammenzimmern.*
> *Gebeine durch verfallne Mauern schimmern*
> *Und schwärzlich schwankt ein Irrer dort vorbei ...*"

Auch in dem ebenfalls beigelegten korrigierten Gedicht „Traum des Bösen"
veränderte er den ersten Vers der ersten Strophe *„verhallend eines Gongs*
braungoldne Klänge" in *„Verhallend eines Sterbeglöckchens Klänge"* (HKA I,
S. 546 f)

Das Merkblatt mit Trakls Krankengeschichte, das während seines vierwöchigen Aufenthaltes im Garnisonspital angefertigt wurde, spiegelt in den von drei
verschiedenen Ärzten angefertigten Eintragungen das zunehmende Interesse
an Geistes- und Seelenzuständen einer Epoche wieder, in der die Psychoanalyse

des Sigmund Freud auch die Ärzteschaft zu beschäftigen begann und sich Literatur und Kunst ebenfalls intensiv dem Innenleben, der Seelenforschung widmeten. Dass Trakl das Interesse der Ärzte erregte, weil sich sein auffälliges Verhalten und die Tatsache, dass er Gedichte schrieb unter dem Aspekt „Genie und Wahnsinn" einordnen ließ, hat auch Ficker festgestellt. Er vermutet, dass Trakl aus diesem Grund zur Beobachtung länger als ursprünglich beabsichtigt im Spital festgehalten wurde. Die Anmerkungen der Ärzte widmen sich ziemlich ausführlich Trakls Familiengeschichte, die Mutter sei „nervenkrank" und „Opiumesserin" gewesen, „die jüngste Schwester leidet an Hysterie". Auch dass Trakl bereits als Kind versucht habe, sich selbst zu töten und als Fünfjähriger ins Wasser gesprungen sei, wurde vermerkt. Ebenso seine Alkoholabhängigkeit, sein Drogenkonsum, Angstzustände und Halluzinationen. „Es kommt ihm vor wie wenn hinter seinem Rücken ein Mann mit gezogenem Messer steht." Dass er „dichtet" wird, offenbar als seltsam betrachtet, denn es steht unter Anführungszeichen. Angeführt wird auch seine körperliche Gesundheit und die Beendigung des Studiums „ohne Schwierigkeiten". Sonderbar erscheint die Aussage Trakls, dass er von einem Kardinal abstammt und „in Zukunft ein großer Herr wird".[25] Möglicherweise war es die Angst vor einem Kriegsgericht, vor dem ihn eine erfundene hohe Herkunft schützen sollte.

Gunther Kleefeld hingegen sieht darin ein „idealisiertes Vaterbild", das sich Trakl aufgrund der Enttäuschung über den realen Vater „als Wahnvorstellung" selbst geschaffen hat. Auch dass er sich selbst als „große(n) Herr(n)" sah, bedeutet für Kleefeld die Reaktivierung „infantiler Repräsentanzen ... die im defizienten Austausch mit den Eltern nicht reifen konnten, das Größenselbst und die idealisierte Elternimago."[26]

Mit der Anfertigung von Trakls Familien- und Krankengeschichte schien sich das Interesse der Ärzte allerdings erschöpft zu haben, die weitere Behandlung beschränkte sich auf Diät, die damals als wirkungsvollstes Mittel gegen Geisteskrankheit galt. (Virginia Woolf, die an schweren Nervenkrisen litt und mehrere Selbstmordversuche unternommen hatte, wurde mit einer „Milchdiät" behandelt, die aus täglich zwei bis zweieinhalb Litern Milch bestand.)[27] Georg Trakls „Diät" war etwas abwechslungsreicher, sie bestand aus: zwei Milchkaffee, vier Semmeln, einem Braten, Salzkartoffeln, zwei Mehlspeisen und einem Stück Obst. (HKA II, S. 729 ff)

Am Abend des 2. November, also am Tag vor seinem Tod, soll Trakl nach dem Bericht seines Burschen Mathias Roth noch in aufgeräumter Stimmung

gewesen sein, und ihm aufgetragen haben, am nächsten Morgen um halb acht
einen „Schwarzen", also Kaffee zu bringen. Jetzt hingegen solle er sich schlafen
legen. Denn übermorgen, so meinte Trakl weiter, würden beide entlassen und
nach Innsbruck beurlaubt werden. (HKA II, S. 740) Aber am nächsten
Morgen war er bereits bewusstlos, und am Abend des 3. November ist er
„trotz allermöglichen ärztlichen Hilfe" gestorben. (HKA II, S. 737) Todes-
ursache war laut „Vormerkblatt mit der Krankengeschichte" eine Kokain-
vergiftung (HKA II, S. 728), der Totenschein spricht von „Herzlähmung".
Trakl muss von der Feldapotheke, wo er zuvor beschäftigt war, genügend
Kokain mitgebracht und so versteckt haben, dass es nicht gefunden werden
konnte. Gelegentliche Zweifel an seinem Selbstmord, die immer wieder
auftauchten (vor allem Ficker hat sich als gläubiger Christ, dem Selbstmord
als Sünde erscheinen musste, gegen diese Vorstellung ausgesprochen), wurden
ebenso oft zerstreut. Alle Indizien, seine Todessehnsucht und Selbstmordversuche deuten allerdings auf einen Freitod hin, auch dass er unabsichtlich
eine tödliche Dosis Kokain genommen haben könnte, erscheint bei einem
Menschen mit jahrelanger Drogenerfahrung unwahrscheinlich. Andererseits
ist die Tatsache, dass er noch am Abend zuvor in guter Stimmung von seiner
baldigen Entlassung sprach, ebenfalls nicht recht zu erklären. Wie so vieles im
Leben des Georg Trakl bleibt auch sein Sterben von unerklärbaren, rätselhaften
Umständen umschattet.

Roth, der nicht mehr zu seinem bewusstlosen Herrn gelassen wurde und
lediglich durch ein Guckloch in der Zellentür den Sterbenden beobachten
durfte, war über diese Weigerung dermaßen erbost, dass er nach seinem Tod zu
toben begann und auf der Öffnung des bereits geschlossenen Sarges bestand,
um sich von seinem Herrn zu verabschieden. Dabei bemerkte er einen
halbmondförmigen Schnitt an der linken Schläfe und an der Kehle des
Verstorbenen, die offenbar von einer Obduktion herrührten.[28]
     Am 6. November wurde Trakl zusammen mit sechs weiteren Verstorbenen
auf dem Rakoviczer Friedhof ohne jede Zeremonie bestattet. Einzig sein
Bursche Mathias Roth hat ihn dabei begleitet. Dieser war so verstört über den
plötzlichen Tod seines Herrn, dass der offenbar kränkelnde Mann kurz danach
um Heimaturlaub angesucht hat und sich in Hall in Tirol in Spitalspflege
begeben musste. Auf dem Weg dorthin hat er wahrscheinlich am 12. November Ficker in Innsbruck aufgesucht, um ihm mündlich Näheres über
Trakls Tod zu erzählen. In dem Brief, den Roth dann am 16. November aus
dem Reserve Spital aus Hall in Tirol an Ficker schickte, spricht er noch einmal

von seiner tiefen Verehrung Trakls: „Ich denke immer und immer an meinen Werthen lieben guten Herrn, daß er so elendig und auf Solche Weise zugrunde gehen mußte."[29]

Ficker war der erste, der vom Tod Georg Trakls benachrichtigt wurde, und zwar von Wittgenstein, der am 5. November spät abends in Krakau angekommen war. Er hatte sich auf das Zusammentreffen mit Trakl gefreut, vermisste einen Menschen, mit dem er sich aussprechen konnte, und fühlte sich depressiv. Aber als er am kommenden Tag das Garnisonspital aufsuchte, war Trakl bereits einige Tage tot. „Dies traf mich sehr stark. Wie traurig, wie traurig!!! ... Der arme Trakl".[30] Er schrieb sofort an Ficker eine Karte, die bei diesem am 9. November eintraf: „Erhielt heute früh im Garnisons Spital die Nachricht vom Tode Trakls. Ich bin erschüttert, obwohl ich ihn nicht kannte".[31] Ficker äußerte sich noch am gleichen Tag in einem Antwortschreiben „fassungslos über Ihre Nachricht"[32] und bat um Mitteilung der näheren Umstände von Trakls Tod, die Wittgenstein allerdings nicht geben konnte.

Zwei Tage später schickte ein Zimmernachbar Trakls (es wird sich dabei allerdings nicht um jenen an delirium tremens leidenden Leutnant gehandelt haben) die Karte, die Georg geschrieben und Ficker bei seinem Besuch gezeigt hatte, ohne sie abzuschicken. Darauf der Vermerk: "Herr Trakl ist im Garnisonspital in Krakow eines plötzlichen Todes (Lähmung?) gestorben." (HKA I, S. 544)

„Furchtbar ist der Tod meines Bruders."

In der Folge benachrichtigte Ficker telegraphisch die Freunde und die Familie, die vom Spital in Krakau gar nicht verständigt worden war. Um die Mutter Maria Trakl zu schonen, erkundigte er sich bei ihr vorerst nach der Adresse von Wilhelm, der im August 1914 von Salzburg nach München gezogen war und der ihm eher geeignet schien, ihr die Todesnachricht zu überbringen. Karl Kraus reagierte „tief schmerzlich betroffen", Carl Dallago „sehr betroffen von Nachricht", Kokoschka machte sich Vorwürfe, dass er nicht öfter an Trakl geschrieben hatte,[33] und Else Lasker-Schüler reagierte „erschrocken, unbeschreiblich ... bekam sofort einen Herzkrampf." Sie ging möglicherweise noch am selben Tag zu Grete und brachte ihr Blumen, war aber außerstande, ihr die Todesnachricht zu überbringen. „Ich fand sie sofort so rührend und das tat mir so leid ..."[34] Die Nachricht überbrachte ihr schließlich Georg Meyer, Prokurist des Kurt Wolff Verlags, der mit dem Langen-Ehepaar befreundet war. Ficker hatte es wegen der Bitte Arthurs, Grete mit beunruhigenden Nachrichten zu verschonen, vorerst unterlassen, sie davon zu informieren. Worauf Langen, der inzwischen bei der Deutschen Verlagsanstalt in Wilmersdorf beschäftigt war, am 10. November ein Telegramm an Ficker schickte: "dratet mir was mit trakl ist".[35] Wilhelm Trakl fragte in einem Telegramm ebenfalls vom 10. November: „woran war Georg erkrankt". Auch Maria Trakl erkundigte sich in einem Telegramm vom 12. November: "woran und wann mein lieber georg gestorben?" (HKA II, S. 734 f). Am 15. November erhielt Wilhelm auf sein Ansuchen endlich einen Brief vom Garnisonsspital in Krakau, dass Georg Trakl, der „wegen Geistesstörung (Dement.praec.) in Behandlung stand, am 2. November nachts einen Selbstmordversuch durch Coccainvergiftung ... unternommen hat und trotz allermöglichen ärztlichen Hilfe nicht mehr gerettet werden konnte. Derselbe starb am 3. November abends und wurde am hiesigen Rakoviczer Friedhof beerdigt." (HKA II, S. 736 f) Am 20. November informierte Ficker dann Trakls Mutter persönlich bei einem Besuch in Salzburg in einem ausführlichen Gespräch über den Tod ihres Sohnes.

In der Todesanzeige, die Maria Trakl in Salzburger Zeitungen veröffentlichen ließ, wird betont, dass Georg Trakl „im k. u. k. Garnisonspital in Krakau für das Vaterland gestorben ist" und der Bürgermeister der Stadt Salzburg Hofrat Ott schickte ein persönliches Beileidsschreiben, in dem Trauer darüber ausgedrückt wird, dass Georg Trakl „wenn auch nicht im wilden Kampftoben gefallen" sei, so doch „gefallen für die große Sache des Vaterlandes", und sein „kostbares Leben ... für den Kaiser und das hartbedrängte Vaterland ... dahingegeben" habe.[36] Der patriotische Ton musste gewahrt bleiben, ein Tod in einem Spital für Geisteskranke wäre dem Ruf Georg Trakls und der gesamten Familie sicherlich abträglich gewesen.

Else Lasker-Schüler versuchte die völlig zusammengebrochene Grete zu trösten. „Ich war die halbe Nacht bei Georg Trakls Schwester, die so untröstlich ist, daß ich sie nicht verlassen wollte. Herr Lange und ich versuchten fortwährend sie einigermaßen zu trösten ... Die arme Schwester, ich kann nicht sagen, wie sie leidet."[37] Grete wollte unbedingt Georgs Leichnam nach Salzburg überführen lassen, zu diesem Zweck in ihre Heimatstadt fahren und für die Überführung die 160 Mark, die sie vom Wolff Verlag als restliches Honorar für den Gedichtband „Sebastian im Traum" ausbezahlt bekam, an

Ficker überweisen. (Wahrscheinlich hatte Georg noch vor seinem Tod auf dieses Geld zugunsten Gretes verzichtet.) Außerdem wollte sie in Innsbruck den Burschen Mathias Roth treffen, um Näheres über den Tod ihres Bruders zu erfahren. Auch Lasker-Schüler wollte sich mit einem Teil des Geldgeschenkes von Wittgenstein an der Überführung beteiligen. Aber sowohl Wilhelm Trakl als auch Ficker rieten, damit zu warten, „da" – so meint Ficker – „unter den gegenwärtigen Verhältnissen an eine Überführung ... nicht zu denken sei"[38]. Außerdem, so Wilhelm in einem Brief vom 16. November 1914 an Ficker, könne Grete dieses Geld „besser zu anderen Zwecken verwerten".[39] Denn die finanzielle Notlage, in der sich die Langens damals befanden, war natürlich bekannt. In einem Brief an Wittgenstein vom 29. Dezember 1914 spricht Ficker von Trakls „in großer Armut lebende(r) Schwester",[40] was möglicherweise als Rechtfertigung dafür dienen sollte, dass Georg sie als Erbin für das ihm von Wittgenstein gespendete Vermögen eingesetzt hat.

Tatsächlich bat Arthur Langen kurz nachdem er Fickers Nachricht über die Einsetzung Margarethes als Georgs Erbin erhalten hatte wegen der „augenblickliche(n) Notlage" um eine sofortige Überweisung der Summe, davon 500 Mark telegraphisch. In einem Nachsatz schreibt Grete:

„Furchtbar ist der Tod meines Bruders.
Gott gebe mir bald die Erlösung auf die ich harre
Gott grüße Sie
Ihre ergebene
G L"[41]

Mit dem Tod Georgs verlor Margarethe endgültig jeden Halt. Sie hat sich kurz danach auch von Arthur Langen getrennt und versank immer tiefer in Drogen, Schulden und Depressionen, aus denen sie sich trotz etlicher Versuche nicht mehr befreien konnte. Die Briefe aus den letzten drei Jahren ihres Lebens sind Hilferufe einer jungen, verzweifelten Frau, die in einer fremden Stadt, ohne wirkliche Freunde, mit einem Ehemann, der ihr Geld in kürzester Zeit für eigene Schulden aufbrauchte, völlig den Boden unter den Füßen verloren hatte.

„Ich bin ganz und gar gebrochen und gehetzt wie ein Tier"

Zu dieser Zeit und in den folgenden Jahrzehnten fand es die Trakl-Gemeinde zunehmend schwierig, die reale, drogensüchtige Schwester mit der fiktiven, verherrlichten oder auch dämonisierten Schwestergestalt in Georgs Dichtung in Einklang zu bringen. Die reale Grete wurde zunehmend ein Problem für das verehrte Andenken des großen Dichters. Also wurde versucht, mit der Abwertung der Schwester das Bild des Bruders „rein" zu halten. Georgs Drogen- und Alkoholsucht, seine Unfähigkeit, im bürgerlichen Leben Fuß zu fassen und mit Geld umzugehen wurden seinem Genie zugeschrieben und damit auch gerechtfertigt, bei Margarethe galten diese Eigenschaften hingegen als Zeichen einer schwachen, willenlosen, „unschöpferischen"[42] Weiblichkeit. Während Georgs Alkoholkonsum von Karl Borromäus Heinrich „in seiner Art" zu etwas „Geheiligte(m)" erhoben wird[43], und Karl Röck Trakls Kündigung seines Postens im Arbeitsministerium bereits einen Tag nach Amtsantritt im Zusammenhang mit seiner Dichtung „Helian" „ergreifend, ja erschütternd" findet,[44] wird Grete zu einer Hysikern, zu einer „Labile(n) und flatterhaft Unsichere(n)"[45] mit trotzdem dämonischen Zügen, der Georg verfallen war, die ihn durch ihre „versteckte Aufforderung" verführt hat.[46]

Sie wird zu seinem verzerrten Abbild, zur „Trägerin ... einer schon an den Wurzeln zerstörten Genialität"[47] und zur „schlechten Copie", der jede Subjektivität abgesprochen wird. Die amerikanische Professorin für deutsche und österreichische Literatur an der Universität von Portland Laura McLary hat in einer ausführlichen Studie für diese Verzerrungen und Verfälschungen den Einfluss Weiningers verantwortlich gemacht, was nahe liegend ist, aber trotzdem zu kurz greift.[48] Denn Weininger war lediglich ein – sicherlich auffälliges – Produkt einer Jahrtausende alten patriarchalen christlichen Kultur, die in ihren Wurzeln wesentlich tiefer reicht und auch weit über ihn hinaus. Die zeitgenössische Interpretation von Margarethes realem Leben spiegelt uralte Ansichten über die Minderwertigkeit des weiblichen Menschen. Wobei die Sozialisation des Mädchens und der jungen Frau keinerlei Berücksichtigung findet. Es wäre nachzufragen, wie sich Margarethe Jeanne Trakl entwickelt hätte, wenn ihr eine ebensolche Erziehung und Unterstützung wie ihrem Bruder Georg, ähnliche berufliche und private Möglichkeiten zuteil geworden wären (siehe dazu den Essay von Virginia Woolf oben). Die wenigen Frauen, die damals diese Weiblichkeitsklischees, die ihnen übergestülpt wurden, durchbrochen haben, hatten meist entweder Vermögen oder sie bewegten sich in einem gleich gesinnten Umfeld, wie es etwa die Frauenbewegung bot. Margarethe hingegen mit ihrer großen musikalischen Begabung hatte weder Vermögen noch eine verständnisvolle Umgebung, sie hatte lediglich einen hochbegabten, aber auch psychotischen älteren Bruder, der ihr zwar Vorbild war, sie aber gleichzeitig in seiner Dichtung vereinnahmt und im realen Leben missbraucht hat, selbst wenn nicht unbedingt sexuell so doch mental und als Gefährtin seiner Drogensucht. Sie selbst hat es wohl nicht so gesehen. Auch sie hatte quälende Schuldgefühle wegen des tatsächlichen oder in der Phantasie vollzogenen Geschwisterinzests, wie Fickers Bericht über ihr „verzweifelte(s) Selbstverwerfungsbedürfnis" in dem sie sich nach dem Tod Georgs des Inzests angeklagt hat, nahe legt.[49]

Bereits etwa eine Woche nach dem Brief Arthur Langens an Ficker reiste das Ehepaar Langen nach Innsbruck, wohl um die Verlassenschaft zu regeln und die Überführung Georgs in die Wege zu leiten. Grete wohnte bei Ficker, der sich nach dem Tod des Freundes für die Schwester verantwortlich fühlte. Wahrscheinlich wird er schon damals den Wunsch geäußert haben, Trakls Überreste nach dem Krieg nicht in Salzburg, wie von Grete – und wohl auch ihrer Familie – gewünscht, sondern in Innsbruck beerdigen zu lassen. Er hat sich damit auch durchgesetzt, denn bereits im Dezember 1914 spricht er in einem Brief an Wittgenstein davon, dass ihm sowie „der Schwester des Dichters ... alles daran (läge), seine Gebeine nach Friedensschluss nach Tirol überführen ... zu lassen".[50] Ficker stützte sich dabei auf die Widmung Trakls, dass ihm das Land Tirol, und damit der „Brenner-Kreis", „mehr als Heimat" sei (HKA I, S. 464). Innsbruck war sicher die wichtigste Stätte seines dichterischen Schaffens, und Ficker wollte das Grab des verehrten Freundes der „Brenner"-Leserschaft zugänglich machen. Das Geld dazu wollte er durch eine Sammlung aufbringen.

Nach einem kurzen Aufenthalt in Innsbruck reiste Grete einige Tage nach Salzburg, von wo sie wahrscheinlich Mitte Dezember Ficker um 200 Kronen aus ihrer Erbschaft bat, um ihre Rechnungen bezahlen zu können.[51] Bald darauf wieder in Innsbruck, muss sie dort einen völligen Zusammenbruch erlitten haben. In einem Brief an ihre Schwester „Mici" vom 22. Dezember 1914 schreibt sie von einem „inkurablen" Zustand: „Ich hab wahre Tobsuchtsanfälle und falle bisweilen hin, beinah ohne Bewusstsein, so daß Fickers mich tragen müssen. Gott weiß was werden soll, u. wie bald mich der Tod erlöst." Gleichzeitig lässt sie durch Ficker 300 Kronen an „Bill", also Wilhelm schicken und 200 Kronen für ein „Geschenk an Mama ... Ich würde mehr zu diesem Zweck schicken aber mein Mann fordert so viel von mir, daß ich auf diese Weise in einem halben Jahr nichts mehr hab. Das ist nicht in Georg's Sinn. Dies Geld brennt mir in den Fingern". Eine Befürchtung, die eingetreten ist: In Kürze war das gesamte Geld aufgebraucht. In einem Nachsatz bittet sie noch die Schwester, nicht Georgs Schreibtisch zu öffnen, „da möglicherweise Curare da ist, ein Gift das bei der geringsten Hautverletzung den Tod herbeiführt. Bitte – mir nichts anzutasten. Ich selbst weiß genau wie alles dies zu tun (zu vernichten! ist)." Hat Georg tatsächlich dieses hochwirksame Pfeilgift südamerikanischer Naturvölker in seinem Schreibtisch aufbewahrt – oder wollte Grete ihre dort möglicherweise aufbewahrten Briefe vernichten? Curare ist kein Rauschgift, sondern ein indianisches Pfeilgift, das auch in der Medizin Verwendung findet. Es ist auch für einen Selbstmord wenig geeignet, da es einen qualvollen Tod herbeiführt. Dass Georg Trakl es in seinem Schreibtisch aufbewahrt haben soll, erscheint zumindest sonderbar.

Dieser sehr emotionale Brief Gretes spricht von Schuld, Scham und Angst. Sie hat ihrer Mutter Kummer bereitet, sie möchte etwas gut machen, jetzt hat sie Geld für ein Weihnachtsgeschenk. „... was wünscht sich Mama? ... Euch alles alles Liebe und Gute.."[52]

Schwester Mizzi gab den Brief der Mutter, die postwendend an Ficker schrieb, Gretls Brief beilegte, sich für das Verhalten ihrer Tochter entschuldigte, und ihm und seiner Frau für die Gastfreundschaft dankte. Maria Trakl lebte nach dem Umbau des Hauses, das zu einem großen Teil vermietet worden war, zusammen mit der Tochter Mizzi und ihrer Schwester Agnes in sehr beengten Wohnverhältnissen und in finanzieller Not. Trotzdem wollte sie das Geldgeschenk ihrer Tochter auf keinen Fall annehmen, Gretl solle damit lieber einen Sanatoriumaufenthalt finanzieren, „um von den bösen Folgen ihrer unvernünftigen Lebensweise befreit zu werden". Sie ist wütend auf Arthur Langen, der dabei ist, Gretes gesamtes Erbe zu verschleudern und hofft inständig, dass sie den „Geldforderungen ihres Mannes ein entschiedenes ‚Nein'" entgegensetzt. Aber Grete, krank, schwach und durch den Tod Georgs völlig zerstört, war offenbar dazu nicht in der Lage. Maria Trakl bittet auch Ficker auf ihre Tochter einzuwirken „daß sie baldigst nachhause kommt und nicht etwa dem unheilvollen Einflusse ihres Mannes erliegt und mit ihm nach Berlin reist". Wenn sie sich zu krank fühle, würde sie auch abgeholt werden. Auf keinen Fall jedoch soll sie ihren Mann nach Salzburg mitbringen.[53]

Der Brief der Mutter ist besorgt und anklagend, er enthält eine klare Verurteilung von Gretes „unvernünftiger Lebensweise", schließlich hatten Mutter und Geschwister vor diesem Mann gewarnt. Allerdings existiert kein Schreiben, in dem sich die Mutter in ähnlicher Weise über Georgs ebenfalls zutreffende „unvernünftige Lebensweise" beklagt. Angesichts der großen

Verehrung, die er im „Brenner-Kreis" besaß, wäre das auch als äußerst unpassend erschienen.

Wie schlecht es Grete tatsächlich ging, zeigt ein Brief an Erhard Buschbeck, den sie in dieser Zeit wahrscheinlich aus Salzburg schrieb: „Ich bin ganz und gar gebrochen u. gehetzt wie ein Tier".[54] Möglicherweise ist Grete aber trotzdem kurzfristig mit Langen nach Berlin zurückgefahren (wie Briefe von Else Lasker-Schüler vermuten lassen), aber Anfang Jänner 1915 kam sie alleine nach Salzburg, um Georgs Nachlass zu ordnen und hat sich auch kurz danach von ihrem Mann getrennt. Von dort schreibt sie einen Brief an den „Hochgeehrte(n) Herr (n) v. Ficker", in dem sie ihre Schreibpause mit ihrer „üblen Verfassung" entschuldigt und ihm und seiner Frau den „wärmsten Dank für alles Gute, das Sie mir getan haben" ausspricht für das sie sich mit einer „sehr gute(n) Photogr. Georgs" bedanken möchte.[55]

Ficker hatte allerdings schon zuvor Maria Trakls Brief beantwortet, sie beruhigt und Gretls Verhalten nicht so dramatisch dargestellt „Ihr Zustand (ist) gewiß bisweilen etwas desparat, aber von Tobsuchtsanfällen ist mir nichts bekannt. Der Tod Georgs scheint ihr die letzte Widerstandskraft dem Leben gegenüber genommen zu haben." Gleichzeitig bedankt er sich für ein Kinderbild von Georg im Silberrahmen, das ihm Maria Trakl zu Weihnachten geschenkt hatte.[56]

Das Problem Margarethe

Geradezu Abscheu über Gretes verzweifeltem Zustand äußert allerdings Carl Dallago. Obwohl den von Nietzsches Weltanschauung geprägten Kulturphilosophen und Schriftsteller Carl Dallago mit Georg Trakl ebenfalls eine konfliktreiche Beziehung verband, entschuldigte er dessen „Verfallserscheinung" mit seinem Status als Dichter und Künstler, hingegen das Verhalten Gretes auf ihn richtig „abstoßend" wirke. Zu der Zeit, als sich Grete in Innsbruck befand, schreibt er an Ficker: „ ... Aus allem, was ich in letzter Zeit von Dir hörte ... geht das nun hervor: Trackl (sic) ist eine t o t a l e V e r f a l l s e r s c h e i n u n g : als solche aber ein seltenster Mensch und Dichter; in seinem Schaffen durchaus Künstler. Als solcher dem Äußeren gegenüber - der Umgebung, Mitwelt - voll Selbstbeherrschung, was der Schwester total abgeht, wodurch der ganze Verfall zutage tritt u. geradezu abstoßend wirken muß. Ich frage mich: warum das gerade D i c h treffen musste - warum gerade Du, der w e i t a u s größte Verehrer Trackls, ... daß gerade dem jetzt von der Schwester des Verehrten in einer Weise zugesetzt wird, die in das Kundtunwollen der Verehrende Gefühle ein Störendes hineinlegt?..."[57]

Hier wird deutlich ausgesprochen, womit die Nachwelt ein Problem hatte: Die Tatsache, dass die drogensüchtige, seelisch zerrüttete Margarethe für Georg im realen Leben der wichtigste Mensch und in seiner Dichtung die bedeutendste Gestalt gewesen ist, drohte das verehrte Bild des Dichters zu beschädigen und sorgte daher für erhebliche Irritationen. Nicht nur bei Carl Dallago, sondern ebenfalls bei Else Lasker-Schüler und bei Karl Röck.

In zwei Briefen der Lasker-Schüler, die sie zwischen dem 9. und 27. Dezember 1914 über einen Besuch bei Grete Langen an Ficker schrieb (entweder Grete war zu dieser Zeit in Berlin, oder aber Lasker-Schüler bezog sich auf ein zuvor stattgefundenes Treffen), vollzieht die impulsive Dichterin, die sich in augenblickliche Stimmungslagen völlig hineinfallen ließ, eine totale Kehrtwendung in ihrer ursprünglich so mitfühlenden Beurteilung Gretes. Eine wesentliche Rolle werden dabei antisemitische Äußerungen Gretes gespielt haben, die Lasker-Schüler zutiefst verletzten. Zusätzlich umfasst ihre Anklage auch eine Verurteilung Gretes als verlogenes Abbild des verehrten Trakl: „... Ich habe gut mit der Schwester gesprochen, zu gut trotzdem sie mir widerlich ist. Ich mag keine Copie meiner Freunde. Ich empfinde kein wahr Wort an Frau Langen. Sie schimpft bei mir über ihren Mann etc. ... schimpfte schauerlich über Juden, bei einem Bekannten von mir bei dem Schwager Louis Corinths. Diese Frau bei der ich die Nacht saß hat nicht das Recht mich zu beschimpfen. Sie sagte mir nichts wie Bosheiten, mit Eifersucht verfolgte sie mich. Ich habe nie so eine Antipathie erlitten und ging hin und lud sie ein wegen Georg Trakl. Diese Sauferei ist n u r Nachahmen und ihr Schmerz war mir e c k e l h a f t. Ich bin zu feierlich für solche Mätzchen, zuviel Schellen hängen an mir um diesen Ton zu hören und nicht Ekel zu kriegen..." Gleichzeitig bittet sie Ficker, der Schwester Georg Trakls beizustehen, „Ihnen will ich sie nicht verekeln". Und in einem Nachsatz meint sie: „Sie kam vielleicht nur immer ins falsche Milieu. Ich weiß nicht. I c h kann mich nicht beherrschen; das was mir nicht gefällt, ertrag ich nicht lang. Darum."[58]

Margarethe scheint auf die erfolgreiche Dichterin angesichts der eigenen verpfuschten Karriere neidisch gewesen zu sein. Lasker-Schüler berichtet von einem „Neidanfall" in einem Café, weil ein Komponist sie um ihre Gedichte zur Vertonung bat.[59]

Arthur Langen hat dann tatsächlich kurz nach Georg Trakls Tod einen Brief
an Else Lasker-Schüler geschickt, in dem er ihr jeden weiteren Kontakt mit
ihm und Grete untersagte.[60]

Auch in einem zweiten Brief an Ficker vom 27. Dezember äußert sich
Lasker-Schüler ähnlich: „Ich konnte nicht anders nachdem ich die Schwester
meines verehrten Georg Trakl w i e d e r kennen lernte. Sie hat schuld, dass ich
nicht über ihn schreiben kann. Ich sah seine schlechte Copie und bekam Ekel
… Das ist eben das Geschick bedeutender Brüder". Sie wirft ihr „Familien-
kleinbürgerei übertüncht mit wertloser Eitelkeit und Überklugheit" vor und
meint weiter „Sie scheint wenig Freunde zu haben".

Auch Gretes Antisemitismus hat sie noch einmal empört, wobei sie einen
Unterschied zwischen Fickers und Gretes Judenfeindlichkeit macht: „Wenn
S i e von Antisemitismus reden ist es politisch (wenn auch nicht weit politisch
nach meiner Empfindung) - aber wenn ein Gänschen, das schlau ist - sagt: die
ganzen Juden müßten nach Asien geschafft werden etc. etc. so ist das vorwitzig
und grausam…"[61]

Gleichzeitig scheinen ihr auch Zweifel über die diesbezügliche Einstellung
Georgs zu kommen: „Hat Trakl auch so Ansichten über J. gehabt? Das trifft
m i c h. Ich bin Jude. Gott sei Dank."[62]

Verletzung und Empörung über diese judenfeindlichen Aussagen mischen
sich mit der Empörung und der Angst, das Andenken des verehrten Trakl
beschmutzt zu sehen. Sie fühlte sich geistesverwandt mit ihm, in einer
androgynen Union, vielleicht als seine - geistige - Schwester. In den drei
Gedichten, die sie trotz ihrer Angst, wegen der Schwester nicht mehr schreiben
zu können nach seinem Tod verfasst hat, zeigt sich Liebe und Verehrung:

> „Georg Trakl erlag im Krieg von eigener Hand gefällt.
> So einsam war es in der Welt. Ich hatt ihn lieb."

Und in einem weiteren Gedicht vergleicht sie ihn mit Martin Luther:

> „Seine Augen standen ganz fern.
> Er war als Knabe einmal schon im Himmel…
>
> Des Dichters Herz, eine feste Burg,
> Seine Gedichte: Singende Thesen.
>
> Er war wohl Martin Luther…

Überlebensversuche

In Salzburg hat die jetzt 23-jährige Grete im Jänner 1915 auch den Entschluss gefasst, sich einer Entziehungskur zu unterziehen. Sie bittet Fickers Frau Cissi, sie im Sanatorium der Kreuzschwestern in Innsbruck bei einem Dr. Hlavazeck für den 1. oder 2. Februar anzumelden.[63] Schwester Mitzi würde mit ihr einige Tage in der Klinik bleiben. Gleichzeitig hofft sie, „daß Sie vergessen haben, wieviel unerquickliche Stunden ich Ihnen bereitet hab".[64] Die sich steigernde Ungeduld ihrer Familie über ihren Zustand geht aus einem Brief von Halbbruder Wilhelm vom 3. 2. 1915 an Ficker hervor, in dem er die Hoffnung ausspricht, dass sie sich den Anordnungen der Ärzte fügen und ihre Renitenz aufgeben werde.[65] Immerhin bestand zu dieser Zeit noch einige Aussicht auf Erfolg, wie auch Fritz Neumann vom Zentralverband österreichischer Alkoholgegner meinte. Grete müsse sich allerdings der Anstaltspflege unterwerfen,[66] was offenbar nicht oder zu wenig der Fall war.

Über den Verlauf der Behandlung wissen wir nichts. Sie scheint nicht sehr erfolgreich gewesen zu sein, wobei sicherlich die damaligen Behandlungsmethoden eine Rolle gespielt haben. Die „Rohheit der Wärter", von der Ficker in seiner Beschreibung von Georg Trakls Aufenthalt im Krakauer Garnisonsspital spricht, wird in einer Entzugsanstalt wohl ebenso an der Tagesordnung gewesen sein. Auch ist das autoritäre Gebaren der Ärzteschaft um die Jahrhundertwende insbesondere gegenüber Frauen in den medizinischen Zeitschriften klar belegt. Virginia Woolf etwa berichtet über ihren Aufenthalt in einer der angesehendsten psychiatrischen Kliniken ihrer Zeit: „In meinem ganzen Leben habe ich noch keine so elenden 8 Monate erlebt ... ein Arzt ist wirklich schlimmer als ein Ehemann! ... Eine so jämmerliche Zeit hat es noch nie gegeben ... Ich erwarte ja nicht, daß irgendein Arzt auf die Stimme der Vernunft hört ... Ich glaube wirklich, daß ich es hier nicht mehr lange aushalte."[67] Es ist anzunehmen, dass die Methoden an einer Innsbrucker Entzugsklinik ähnlich verstörend gewesen sind.

Offenbar hat Grete bereits im Frühjahr 1915 die Behandlung abgebrochen, denn etwa um diese Zeit bittet sie aus Salzburg Erhard Buschbeck, ihr bei einer Stellensuche behilflich zu sein: „... zu verwerten habe ich meine musikalischen u. Kenntnisse der französischen Sprache. Ich habe keine Möglichkeit, jetzt von S. wegzugehen, so daß das Suchen nach einer passenden Stellung mir sehr erschwert ist.

Bitte lieber Freund schreibe mit recht bald, ob ich auf Deine Hilfe rechnen kann. Viele herzliche Grüße G. L. Trakl".[68]

Grete wollte ganz offensichtlich ihrer Familie, die wahrscheinlich wegen Rückzahlung von Schulden trotz der Vermietung des halben Hauses in prekären finanziellen Verhältnissen lebte, nicht länger zur Last fallen. Buschbecks Bemühungen scheinen allerdings umsonst gewesen zu sein, denn im Dezember 1915 meint sie resigniert, dass es wohl schwer sei „unterzukommen, um so mehr als sicherlich viele Leute daran Anstoß nehmen werden daß ich eine geschiedene Frau bin".[69] Das war mit Sicherheit der Fall. Geschiedene Frauen waren noch in den fünfziger Jahren des vergangenen Jahrhunderts geächtet.[70] Auch Buschbecks Versuche, in Georgs Bekanntenkreisen eine Stelle für Grete zu finden – er hielt sich zu dieser Zeit gerade in Wien auf – waren erfolglos geblieben. Sie hatte dort bereits einen zu schlechten Ruf, der durch Aussagen Cissi von Fickers zusätzlich geschürt wurde. „Es scheint" schreibt Grete bitter an Buschbeck „ihr ein besonderes Vergnügen gemacht zu haben, mich möglichst närrisch darzustellen".[71] Wer wollte schließlich eine kranke, süchtige Musik- oder Französischlehrerin für seine Kinder haben? Vor allem, nachdem auch ein zweiter Versuch Gretes, in einem Münchner Sanatorium namens Neufriedheim ihre Sucht zu bekämpfen, weitgehend erfolglos geblieben war. Sie hatte wohl keine Kraft mehr und auch keine Zukunftsperspektive.

Kurzfristig scheint Grete Halt bei Georg Trakls Freund Karl Röck, den sie bereits 1914 bei ihrem ersten Besuch in Innsbruck kennen gelernt hatte, gesucht aber nicht gefunden zu haben. In einem (wie fast stets undatierten) Brief, den sie an den „Sehr geehrte(n) Herr(n) Röck" aus dieser Zeit schreibt, bedauert sie, dass ein Treffen nicht geklappt hat und spricht die Hoffnung aus, ihn vor ihrer Abreise noch einmal zu sehen.[72] Auch aus dem Sanatorium in München bittet sie den jetzt bereits als „Lieber Röck" Angesprochenen sich bei Ficker die letzten Gedichte und die letzte Prosaschrift Georgs zu verschaffen, da sie davon keine Abschrift erhalten habe. Gleichzeitig kündigt sie ihre Ankunft in Innsbruck an.[73] Nach ihrem Eintreffen Mitte Juli 1915 kam es dann zu einer engeren, wenn auch konfliktreich verlaufenden Beziehung.

Karl Röck, ebenfalls Mitarbeiter des „Brenner" und zu diesem Zeitpunkt 32 Jahre alt, scheint ein etwas kauziger Eigenbrötler gewesen zu sein. Er hatte ein abgebrochenes Studium in Medizin, Zoologie und Psychologie hinter sich, war von 1910 bis 1913 arbeitslos, und von 1913 bis 1926 Magistratsbeamter in Innsbruck. Er schrieb unter dem Pseudonym Guido Höld Gedichte, die Trakl als „außerordentlich schön und eigenartig" bezeichnete,[74] interessierte sich aber auch für okkulte Mathematik und den Antisemitismus des Rassentheoretikers Lanz von Liebenfels, der sich mit einem 1900 in Wien nach dem

Vorbild des historischen Templerordens gegründeten okkulten Männerbund
für eine Rückbesinnung auf das Germanentum und die Reinhaltung der
arischen Rasse einsetzte. In Röcks Nachlass befand sich die seit Dezember
1914 von Lanz herausgegebene Schriftenreihe „Ostara. Bücherei der Blonden
und Mannesrechtler",[75] die auch Hitler gelesen hat. Dieser Mann, der in Grete
ebenfalls ein Spiegelbild des verehrten Georg Trakl sehen wollte und sich
enttäuscht abwandte, als sie diesen Vorstellungen nicht entsprach, war am
allerwenigsten geeignet, ihr die Hilfe und den Trost zu bieten, die sie so
dringend nötig hatte. Zu Beginn ihrer Bekanntschaft fand er sie eher lästig,
ihren Besuch bei ihm im Magistrat kommentiert er etwas ungehalten: „Muß
mit ihr, wie auch tags darauf".[76] Aber im August scheinen sich beide
angenähert zu haben, Röck hatte Grete im Gasthaus Koreth in Mühlau
ein Zimmer mit Verpflegung besorgt, in der Nähe der Fickers, worüber Cissi
von Ficker nicht gerade glücklich war: „Ich kann nichts dagegen machen. Es ist
mir nicht besonders Angenehm." Sie trafen sich aber auch im Café Maximilian, wo der „Brenner-Kreis" seinen Stammtisch hatte, und in weiteren
verschiedenen Gaststätten und Ausflugslokalen. Es schien Grete jetzt doch
etwas besser zu gehen, wie Cissi von Ficker ihrem Mann berichtet, „nur wenn
sie aufgeregt ist, braucht sie sehr viel Alkohol".[77] Wegen seiner häufigen Treffen
mit „Frau Langen", wie er sie nach wie vor in seinem Tagebuch nennt, geriet
Röck sogar in Streit mit seiner langjährigen Gefährtin Luise Seifried. Schließlich fasste er den erstaunlichen Entschluss, der wahrscheinlich inzwischen
geschiedenen Grete einen Heiratsantrag zu machen (nach Orendi-Hinze
wurde sie im Juli 1915 geschieden, nach Basil wahrscheinlich im Frühherbst
1915. Rechtskräftig wurde das Scheidungsurteil allerdings erst am 3. 6. 1916).
Am 8. August, also Gretes 24. Geburtstag, fuhr er in das Gasthaus Koreth, um
sie nach Zirl einzuladen, wo er sein Anliegen vorbringen wollte. Doch sie war
unauffindbar. Auch am nächsten Tag traf er dort nicht Grete, dafür aber ihre
Mutter, die überraschenderweise nach Innsbruck gekommen war und dort
auch Cissi von Ficker getroffen hatte: „Sie gefällt mir so gut. Der Georg finde
ich ist ihr sehr ähnlich", schrieb Cissi an ihren Mann.[78] Diese Ähnlichkeit fiel
auch Röck auf, und nachdem ihm klar geworden war, „daß nur die Mutter, die
Grete gar nicht, den Schlag Georgs darstellt" fanden seine „Freiungsgedanken
aus Pietät (und zärtlichem Mitleid)" rasch ein Ende.[79] Offenbar wollte Röck,
selbst von Minderwertigkeitsgefühlen geplagt, sich durch eine – vor allem
geistig gedachte – Verbindung mit Grete auf mystische Art und Weise etwas
von Georg Trakls Genie einverleiben, hatte er sich doch immer gewünscht, in
dessen „dämonisch-magisch-heiligen Bann" gezogen zu werden.[80] Schon seit

längerem war er seiner zahlreichen, ausführlich geschilderten „Weiber-Erlebnisse" überdrüssig, die „Vielteiligkeit oder Vielseitigkeit meiner halben und daher nur belastenden Herzensverhältnisse" begannen ihm „mehr und mehr auf die Nerven" zu gehen.[81] (Meist waren diese Frauen blond, so begeistert er sich für eine „blonde Mäherin, prächtige Tochter oder Magd"[82], und eine „schöne, heroisch blonde Germanin"[83] aber auch eine „muntere und hübsche städtische Schöne in reizendem hellblauen Dirndlkostüm"[84] und eine „rothaarige Paula aus Kematen" hatten es ihm angetan.)[85] Nachdem er noch im Juni „in heißer Fleischeslust" geschwelgt hatte,[86] sehnte er sich jetzt offenbar nach einer vergeistigten Beziehung, die ihm Grete bieten sollte.

Trotz der Enttäuschung, die ihm Grete durch ihre fehlende Ebenbildlichkeit mit ihrem Bruder bereitet hatte, trafen sich die beiden weiter. Sie wohnte jetzt nicht mehr im Gasthof Koreth, sondern mitten in der Stadt im Gasthof „Alt Innsbruck". Im August und September waren sie häufig zusammen, unternahmen Ausflüge und kehrten in Gaststätten ein. Mitte August fuhren sie mit dem Einspänner nach Zirl, wo Grete im Gasthof „Post" vor den Gästen am Klavier spielte und anschließend weiter zu den Gasthäusern Korerth und Lehner. Im September besuchten sie gemeinsam im Hotel Kreid einen Vortrag von dem Dichter und Naturphilosophen Gustav Gräser, dem „Vorkämpfer des deutschen Heimgedankens" über „Deutschheit in Deutschland", der vom Alldeutschen Wählerverein veranstaltet worden war. Allerdings scheint Grete Karl Röck zunehmend lästig geworden zu sein. Als sie ihm am 23. August einen Brief schreibt, findet er den Inhalt „lächerlich". Ende September gab es Streit, sie kam zu ihm ins Amt, weinte und drohte angesichts ihrer ausweglosen Situation eine Stelle als Dienstmädchen anzunehmen. Dann, meint Röck erleichtert „hatte ich eine Zeit lang Ruhe." Und im Oktober 1915 war sie „verschwunden, sang- und klanglos."[87] Ein Bedauern darüber hat Röck in seinem Tagebuch nicht geäußert.

Etwa aus dieser Zeit existiert ein Foto von Margarethe. Ihr kurzes, seitlich gescheiteltes Haar ist in modische Wellen gelegt, das Gesicht wirkt etwas aufgedunsen, der Blick ist in die Ferne gerichtet, ein wenig trotzig vielleicht. Es scheint im Winter aufgenommen worden zu sein, denn sie trägt einen kleinen Pelzkragen vor einem Föhren-ähnlichem Baum, möglicherweise handelt es sich auch um eine Art Palme in einem Gewächshaus oder in einem Fotoatelier.

Versteinerte Verzweiflung

Nach Innsbruck ist sie nach der Episode mit Röck nicht mehr zurückgekehrt.
Wie sehr allerdings ihre von Tragik verdunkelte Gestalt „Brenner"-AutorInnen
weiter beschäftigt hat, zeigt eine Beschreibung der jungen Schriftstellerin Paula
Schlier, die zehn Jahre später, im Sommer 1925 zum „Brenner-Kreis" gestoßen
ist und weder Georg noch Grete Trakl persönlich kannte. In ihrer Prosa-
dichtung „Die Welt der Erscheinungen", die in der 11. Folge des „Brenner"
1927 gedruckt wurde und eine Aufzeichnung visionärer Träume der Autorin
enthält, beschreibt Schlier eine Szene in einem Münchner Straßencafé. In das
heitere Gespräch der Anwesenden fällt plötzlich ein dunkler Schatten: Trakls
Schwester Margarethe geht vorbei, „... ein Wesen, dessen Gesicht und
Haltung sofort unter allen Menschen auf der Straße auffallen musste. Sie
war klein, beinahe ein wenig verwachsen, ärmlich gekleidet; den Kopf trug sie
vorgeneigt; das Gesicht war groß, bleich, die Haare schwarz; die untere
Gesichtspartie war sehr ausgebildet und diese Partie war es, die dem Antlitz
etwas von einem wilden Tier gab. Unter der Stirn jedoch ... lagen ein Paar
große, vollständig schwarze Augen, die ohne Leuchten waren, jedoch brann-
ten, glühten, die Augen einer Meduse ... Die Augen waren nicht flammend,
doch schrecklich düster, keineswegs gut, doch weit über das hinaus, was man
als böse zu bezeichnen pflegt; es lag eine versteinerte Verzweiflung in ihnen und
gleichzeitig ein Wissen, ein Alles begriffen haben, ein Allem auf den Grund
gekommen sein, das den versteinerten Ausdruck nicht zu einem toten, sondern
lebendigen Ausdruck der Qual machte."[88] Schlier, die eine leidenschaftliche
Affäre mit dem um 20 Jahre älteren Ludwig von Ficker hatte, muss durch seine
Erzählungen zu dieser Beschreibung angeregt worden sein. Die ins Mythische
übertragene Gestalt der Schwester gleicht einer Meduse, einem Schrecken
erregendem, dämonischem Ungeheuer, einem „wilden Tier", jenseits von gut
und böse. Gleichzeitig jedoch wirkt sie „klein", „ärmlich" und „verwachsen".
In dieser Darstellung spiegelt sich die Vorstellung der Nachwelt von der
dämonischen, vernichtenden Schwester, die aber zugleich auch einen bedürftigen, abgewerteten Eindruck hinterlässt. Irritierend dabei der Ausdruck
„verwachsen". Denn das war Grete sicher nicht. Doch sollte ihre physische
Erscheinung in diesem Zusammenhang wohl das verkrüppelte, beschädigte
Selbst andeuten, mit dem sie in der Erinnerung des „Brenner-Kreises" lebendig
blieb.
      Grete hatte sich also von Röck gar nicht verabschiedet, als sie im Oktober
1915 zu ihrer Familie nach Salzburg gefahren ist. Ihrer Mutter und Schwester

Mizzi ging es allerdings finanziell so schlecht, dass sie Grete als Belastung empfinden mussten. Bruder Fritz kämpfte an der Front, Gustl war in russische Kriegsgefangenschaft geraten. Der Krieg hatte sich inzwischen auch in der Nahrungsmittelversorgung bemerkbar gemacht, es gab bereits Brot- und Mehlrationierungen und die allgemeine Kriegseuphorie war nach dem Eintritt Italiens in den Krieg im Mai 1915 und den verlustreichen Isonzoschlachten einer großen Ernüchterung und Mutlosigkeit gewichen. Als im November 1916 der 86-jährige Kaiser starb, herrschte Endzeitstimmung. Hatte doch nach allgemeiner Ansicht nur er das Vielvölkerreich so lange zusammenhalten können.

Wahrscheinlich schien Grete in dieser Situation die Möglichkeit, in den Berliner Intellektuellen- und Künstlerkreisen, wo sie auch einige Freunde und Bekannte hatte, eine Stelle zu finden etwas aussichtsreicher als in dem provinziellen Salzburg, wo jeder über ihre missliche Situation bestens unterrichtet war. Sie fuhr also wahrscheinlich Anfang des Jahres 1917 mit dem Rest des Geldes, das ihr nach den Klinikaufenthalten geblieben war, neuerlich in die deutsche Reichshauptstadt. In einem Brief aus Salzburg, vermutlich vom Februar oder März 1917, kündigt sie ihrem alten Freund Erhard Buschbeck, der sich seit Oktober 1916 in Berlin aufhielt, ihre Ankunft an und bittet ihn, sie vom Bahnhof abzuholen. „Der Zweck meiner Reise ist ein äußerst unangenehmer, dazu meine Nervosität und Unselbständigkeit. Ich würde sehr glücklich u. beruhigt sein, Dich zu sehen".[89] Wahrscheinlich wollte sie sich um ihren letzten Besitz, die eingelagerten wertvollen Möbel aus Familienbesitz, kümmern, die Arthur Langen gegen hohe Geldbeträge beliehen hatte.

Die Versorgungslage der Bevölkerung war in Berlin allerdings noch schlimmer. Durch die früh einsetzende Rationierung von Getreideprodukten und das völlig fehlende Angebot an Fleisch- und Wurstwaren war die Kartoffel zu einem Hauptnahrungsmittel geworden, das nach der Senkung der Kartoffelrationen von der Rübe, ursprünglich als Viehfutter verwendet, abgelöst wurde. Es kam zu Streiks und Hungerrevolten, im „Kohlrübenwinter" 1916/17 starben tausende Menschen an Hunger oder den Folgen von Unterernährung. Die Teuerung war enorm, die Arbeitsbedingungen verschlechterten sich ständig. Außerdem war Grete ihr schlechter Ruf auch nach Deutschlang vorausgeeilt. Als der österreichische Dichter Albert Ehrenstein, ebenfalls Mitarbeiter des „Brenner", versuchte beim Kurt Wolff-Verlag in Leipzig, wo er einige Zeit als Lektor arbeitete, etwas für Grete „durchzusetzen", sei man dort über ihren „Zustand informiert" gewesen und lasse „sich nur zu der leeren Vertröstung herbei, der Dame nach dem Krieg Übersetzungen aus dem Französischen anvertrauen zu wollen".[90] Ehrenstein, einer der wichtigsten Vertreter des Expressionismus, veröffentlichte in Herwarth Waldens Zeitschrift „Der Sturm" ebenso wie in der noch radikaleren „Die Aktion" und hatte auch engen Kontakt zu Else Lasker –Schüler. Grete scheint noch aus der Zeit ihrer Ehe in dem „Sturm"-Kreis Freunde gehabt zu haben wie etwa den böhmisch-tschechoslowakischen Journalist und Schriftsteller Camill Hoffmann, der Feuilletonredakteur der „Dresdner Neuesten Nachrichten" und später Pressechef der Botschaft der Tschechoslowakei in Berlin gewesen ist. Zudem hatte sie auch der österreichische Dichter und Schriftsteller Theodor Däubler, der sich zu dieser Zeit in Berlin aufhielt – sein unstetes Vagantenleben hatte ihn im Frühsommer 1914 nach Innsbruck geführt, wo er Georg Trakl kennenlernte – speziell an Herwarth Walden empfohlen. Walden war nicht nur Herausgeber des „Sturm", er hatte auch etliche Bücher veröffentlicht und die wichtigsten modernen Kunstausstellungen seiner Zeit veranstaltet. Dass er sich in der Folge auch Gretes angenommen hat, geht aus einem Brief hervor, in dem sie ihm ihren Dank ausspricht, ohne allerdings den Grund anzugeben. „Ich werde nie vergessen, was ich Ihnen danke."[91]

Grete hat offenbar nach ihrer Rückkehr vor allem in Hotels gewohnt, völlig verschuldet, vereinsamt und in einem trostlosen Zustand. Aus dieser Zeit stammen auch ihre verzweifeltsten Briefe, die das baldige Ende ankündigen. Vermutlich im Frühsommer 1917 schreibt sie an Buschbeck vom Hotel deutscher Kaiser in der Königgrätzer Str. 25: „Lieber Freund, ich sitze hier in der grässlichsten Verlegenheit … ich habe alles versucht, um mich aus meinem Dilemma zu (unleserlich) … hoffentlich kannst Du mir helfen denn alles was ich bis jetzt zu meiner Rettung versucht habe, war umsonst." Sie bittet ihn um 3000 Kronen, die Verzinsung würde ihre Mutter bezahlen. „Ich warte hier in: ‚Kindischer Sorglosigkeit'? u. andererseits mit dem Gefühl namenloser Lebensangst, was nun werden soll. Die ganzen letzten Zeiten waren solcher Tod, daß ich oft dachte dieses Sein zu erleben das Georg nannte ‚unseren Herrn Jesum Christum kennen lernen' … Die Einsamkeit hat aus mir ein sonderbares Tier gemacht; ich fürchte mich vor meiner Leere. Das Leben nimmt und nimmt u. verlangt dass man gibt".

An Herwarth Walden schreibt sie wahrscheinlich ebenso im Frühsommer 1917 in einem erschütternden Brief von ihrer „Einsamkeit", die ihr „das Letzte" nimmt, „was mir mein Bruder an Menschenglauben gelassen hat. Es greifen rohe Hände an einem herum – das Unglück verfolgt einen! – Das Gute darf nicht mehr sein! Die Wahrheit erstickt die Menschen. Ich darf nicht um

Hilfe bitten". Sie spricht davon, „daß nichts mich kläglicher stimmt wie Ihre merkwürdigen Augen, die gar zu viel von meinen armseligen Geheimnissen wissen wollen". Und schließt: „Warum muß ich ein so verlassener Mensch sein?? Eine sehr blöde Frage! Nicht wahr?"

Auch in einem Brief an eine unbekannte „Frau Doktor" ist von ihrer „Einsamkeit" die Rede, die ihr „jetzt oft zum Sarg" wird. „Ich habe wieder eine schlechte Nacht gehabt und fühle mich nun von allen Teufeln gehetzt ... Wenn es hier zumindest Kirchen gäbe! Wie bei uns, man weiß wo man hingehört".

Schließlich schickt sie noch zwei Telegramme an Erhard Buschbeck, aus denen letzte Verzweiflung und Hoffnungslosigkeit spricht: „bitte inständig tue dein letztes verlangtes zu ermoeglichen es gibt für mich nur diesen einen Ausweg. Gretl."

Und wahrscheinlich um den 20. September 1917, also kurz vor ihrem Selbstmord noch einmal an Buschbeck: „du verkennst vielleicht die lage es muss doch noch eine moeglichkeit geben, es kann doch nicht geschehen dass man um nichts willen die letzte consequenz ziehen muss".[92]

Schon zuvor hatte sie sich bei einem Antiquitätenhändler 2.000 Kronen ausgeliehen, der ihr wohl in der Hoffnung, auf diese Art und Weise billig an die in Berlin eingelagerten wertvollen Möbel zu kommen (die allerdings von ihrem Mann bereits hoch beliehen waren), das Geld bereitwillig gegeben hat. Weil sie den Betrag aber nicht zurückzahlen konnte, bat sie wahrscheinlich im Frühsommer 1917 Buschbeck in einem weiteren Brief, ihr 3.000 Kronen zu leihen und versprach, das Geld „unter Umständen" sehr bald zurückgeben zu können. Und dann wörtlich: „Nun lade ich Dir auch noch meine Verzweiflung auf lieber Freund u. ich weiß doch in tiefster Seele welchen Kampf die letzten Jahre für Dich bedeutet haben ... Sei von ganzem Herzen umarmt von Deiner G."[93]

Buschbeck war allerdings nicht in der Lage, diesen Betrag aufzutreiben, und es ist zu fragen, warum sie sich in dieser ausweglosen Lage an Freunde, und nicht an ihre Familie gewandt hat. (Zumindest existiert kein Brief, der darauf schließen lässt.) Auch wenn die Mutter mit ihrer Tochter und Schwester selbst in finanzieller Not lebte, wäre es doch nahe liegend gewesen, wenn Grete auch bei ihnen Hilfe gesucht hätte. Einen Anhaltspunkt liefert Ludwig von Ficker, der, von schweren Gewissensbissen geplagt (er hatte einen Brief, in dem sie mit den Worten „Sie sind meine letzte Rettung" ebenfalls einen Hilferuf an ihn richtete, unbeantwortet gelassen) zu Adolf Loos meint, er hätte, obwohl selbst nicht in der Lage, ihr finanziell auszuhelfen „doch den Versuch machen müssen, sie noch irgendwie aufzurichten ... gerade jetzt, wo weder Mann noch Mutter noch Schwester für sie etwas übrig hatten."[94] Wurde sie von ihrer Familie fallen gelassen? Hatte es tiefe Zerwürfnisse gegeben, war jeder weitere Kontakt als sinnlos erschienen, oder war es ihr – ebenso wie Georg – zutiefst unangenehm, noch einmal als Bittstellerin aufzutreten? Dass lediglich der Halbbruder Wilhelm zu ihrem Begräbnis fuhr, sich die Angehörigen kaum um ihren Nachlass kümmerten (Arthur Langen hatte behauptet, dass ihr gesamtes Eigentum von dem Dachboden, in dem es eingelagert war, gestohlen worden sei) und ihr Grab in Kürze in Vergessenheit geriet, lässt die Annahme zu, dass sich auch die Familie für diese Tochter geschämt hat und sie möglichst bald vergessen wollte. Allerdings war das letzte Jahr vor Beendigung des Krieges auch eine schwere Zeit, die Not war groß, es gab viele Gefallene und Verletzte. Der Tod war allgegenwärtig geworden.

Dass Margarethe wegen ihrer Schulden nicht im Gefängnis landete, ist Herwarth Walden zu verdanken, dem es schließlich gelungen war, sie aus ihrem Hotel in Wilmersdorf „loszukaufen". Er quartierte sie im Haus des „Sturm" im obersten Stock bei einer Witwe ein, die auch noch an andere Leute Zimmer vermietete. Wir können annehmen, dass das vor allem im Andenken an Georg Trakl geschah, man wollte wohl seine Schwester nicht völlig ihrem Elend überlassen. Aber für Grete kam diese Hilfeleistung zu spät. Nachdem der ärgste Druck von ihr gewichen war, wurde ihr wohl die ganze Hoffnungslosigkeit ihrer weiteren Zukunft mit voller Schärfe bewusst. Als sich in der Nacht vom 22. auf den 23. September 1917 eine kleine Gesellschaft von Künstlern und Intellektuellen bei ihr traf, um den Umstand ihrer „Rettung" zu feiern, schien sie erleichtert und heiter, beteiligte sich am zwanglosen Gespräch. Dabei ging sie mehrmals in das Nebenzimmer, um eine Zigarette zu holen. Gegen Mitternacht war sie wieder in den Nebenraum gegangen, und da krachte plötzlich ein Schuss. Als die anderen in das Zimmer stürzten, fanden sie Grete tot. Sie hatte sich mitten durchs Herz geschossen, fast genau drei Jahre nach dem Tod ihres Bruders, ebenfalls im Herbst.

Es war eine ungewöhnliche Todesart für eine Frau. Niemand wusste, wie sie zu dem Revolver gekommen war.

Anders als Georg, der mit dem Tod nicht nur spielte sondern mit ihm auch eine unmittelbare, schreckliche und elementare Beziehung eingegangen ist, hat Margarethe trotz Verzweiflung, Hoffnungslosigkeit und damit verbundener Todessehnsucht zahllose Hilfsappelle an Freunde gerichtet, um doch noch ihr Leben zu retten. Aber bei ihr war zu viel schief gelaufen: ein möglicher oder auch wahrscheinlicher Missbrauch in der Kindheit, eine kalte Mutter, die frühe Entfernung aus der Familie, eine schwache Gesundheit, die Vereinnahmung durch Georg und seine Verführung zu Drogen, ungünstige gesellschaftliche Bedingungen als Frau, eine gescheiterte Karriere und unglückliche Ehe, ein verlorenes oder abgetriebenes Kind, die harten Kriegsjahre und schließlich Schuldgefühle wegen eines tatsächlichen oder phantasierten Geschwisterinzests. Schließlich aber auch die Aberkennung einer eigenen Persönlichkeit, die Umformung zu Georgs zweitem „Du", das in diesem ganzen Chaos und in der Verzweiflung trotzdem die einzige Konstante war, der einzige Wert, der ihr geblieben war. Sie glich einer Ertrinkenden, deren zahlreiche Versuche, an Land zu kommen, von vornherein zum Scheitern verurteilt waren, und ihre Appelle blieben ungehört. Als ihre Lebenskraft verbraucht war, hat sie aufgegeben. Sie wurde 26 Jahre alt.

Als erster verständigte Theodor Däubler am 23. September Cissi von Ficker von Gretes Tod. Ludwig, der sich zu dieser Zeit auf Heimaturlaub befand (er war im Februar 1915 zum 2. Tiroler Kaiserregiment nach Brixen eingerückt, an der Dolomitenfront verwundet und Ende Juni nach Beneschau in Böhmen verlegt worden) schrieb, von Schuldgefühlen geplagt, in jenem bereits erwähnten Brief am 24. September an Adolf Loos: „ ... Es ist gewiss schändlich von mir, aber ich habe dieses „Sie sind meine letzte Rettung" von Anfang an wie ein Messer an der Kehle gespürt ... Und nun hat sie sich wirklich das Leben genommen. Ist das nicht furchtbar! Verstehen Sie, wie beklemmend das sein muß für mich, trotzdem dieses Ende – so oder so – fast mit Bestimmtheit vorauszusehen war..."[95] Gleichzeitig informierte Ficker Gretes Familie. Anfang Oktober, auf seinem Weg nach Beneschau hielt er sich einige Stunden in Salzburg auf, um die Angehörigen in einem persönlichen Gespräch über den Hergang der Tragödie zu informieren, soweit sie ihm bekannt war. Röck, der durch Loos davon erfuhr, zeigte sich weniger betroffen: „Gespräche über Frau Grete Langen-Trakl, die sich kürzlich in Berlin erschoß", notiert er lapidar im September 1917 in seinem Tagebuch, um gleich darauf von dem Auftrag Albert Ehrensteins zu berichten, der eine Gesamtausgabe von Trakls Gedichten plane und ihn aufgefordert habe, nach dem 1. Band von 1913 auch das 2. Buch zusammenzustellen.[96]

Es hat die Nachwelt nicht interessiert, wo Margarethe Trakl begraben lag. Von diesbezüglichen Nachforschungen ist nichts bekannt. Und da keines ihrer Geschwister Nachkommen hatte, war auch von dieser Seite keine weitere Grabpflege zu erwarten.

Die „Schmerzverschwisterte"

Große Anstrengungen hingegen wurden nach Kriegsende von Freunden und
Verehrern unternommen, um Georg Trakls Grab ausfindig zu machen, was
nicht so einfach war, denn es fehlte nicht nur ein Grabstein oder irgendeine
Kennzeichnung, sondern es wurde auch in der Kanzlei ein falscher Name,
nämlich „Frankel" eingetragen. Zunächst versuchte Ludwig von Ficker im
August 1922 durch einen Ernst Rosner, der in dem jetzt zu Polen gehörenden
Dzieditz lebte und ihm als Abonnent des „Brenner" bekannt war, das Grab
Trakls auf dem Rakowiczer Friedhof in Krakau zu suchen. Mit Hilfe eines dort
tätigen Maurers hat Rosner es dann auch mit viel Mühe gefunden. Zuerst war
daran gedacht, mittels Spenden, die durch einen Aufruf „Für Trakls Grab" im
„Brenner" eingegangen waren, für die Instandhaltung des Grabes und
Anbringung einer Bronzeplakette zu sorgen. Nachdem sich jedoch nach
dreijährigem Bemühen um weitere Spenden (u. a. vom Kurt Wolff Verlag) und
einer zugesagten Frachtbegünstigung durch die österreichischen Bundes-
bahnen das Schwarze Kreuz Ende April 1925 bereit erklärt hatte, im Rahmen
einer „Gruppenheimführung von in Polen gefallene(n) österreichische(n)
Soldaten in die Heimat ... die Rückführung des gefallenen Dichters Georg
Trackl (!) vorzunehmen ...," konnte endlich am 7. Oktober 1925 die Beisetzung auf dem Mühlauer Friedhof in Innsbruck stattfinden.[97] Es waren auch
jetzt Wenige, die ihm das letzte Geleit gaben. Seine schwerkranke Mutter war
in diesem Monat gestorben, aber seine Brüder und Schwestern nahmen daran
teil. (Gustl, der in Salzburg ein „Realitäten- und Hypotheken-Verkehrs-Büro"
eröffnet hatte, bestritt mit seinen Einnahmen auch den Unterhalt der völlig
mittellosen Schwester Mizzi und seiner Tante Agnes.) In seiner Grabrede
begrüßte Ludwig von Ficker den „Heimgekehrten ... im Namen der Freunde,
aus deren Mitte du vor mehr als elf Jahren fortgezogen bist". Gleichzeitig ruft
er die Erinnerung an Margarethe wach und beschwört noch einmal die
mystische Vereinigung der Geschwister, das Aufgehen der Schwester in dem
Bruder, „der ‚Jünglingin', die selbst ein Abglanz Deines Wesens Dir wie ein
Schatten in den Tod gefolgt ist". Indem der gläubige Christ Ficker die
Geschwisterbeziehung gleichzeitig in die „reine", entsexualisierte, vergeistigte
Ebene der Dichtung hebt, befreit er sie vom Makel der Sünde und der Schuld:
„So stehe ich an Deinem Grab, noch wie entrückt in die Legende Deiner
Heimsuchung, ein still Erschütterter gedenkend Deines Hingangs ... auch für
das Andenken der Schwester, der schmerzverschwisterten, die wie ein Stern der
Schwermut den Grund Deiner umnachteten Gesichte erhellte..."[98] Von

einem „Opferbild der Schwester, diesem Kreuzigungsschatten seiner selbst im Wanderraum seiner erlösungsbedürftigen Gesichte" spricht er an anderer Stelle.[99] Der geopferten Schwester, zur poetischen Gestalt verklärt und damit ihrer irritierenden und verstörenden physischen Existenz enthoben, wird die Rolle der Erlöserin des von quälenden Bildern heimgesuchten Dichters zugedacht. Ihre Individualität, ihre Eigenständigkeit als Mensch und Frau wurde ausgelöscht. Überlebt hat sie als Fiktion in der betörenden Lyrik des Georg Trakl, der als Orpheus den *„Schatten der Schwester"* besingt und die *„Dunkle Liebe / Eines wilden Geschlechts".*

ANMERKUNGEN

I. Kindheit

1) Robert Musil: Der Mann ohne Eigenschaften, zitiert bei: Vielhauer 1979, S. 118
2) Basil 1965 S. 19
3) Bondy 1952 S. 9
4) Ebenda
5) Ebenda
6) Ebenda
7) Basil S. 23
8) Bondy ebenda
9) Ebenda
10) Kleefeld 1985 S. 63
11) Bondy ebenda
12) Kleefeld 1985 S. 111
13) Ebenda S. 114
14) Basil ebenda S. 24
15) Kleefeld 1985 S. 56
16) Bondy ebenda
17) Weichselbaum 1994 S. 38
18) Neumann 1995 S. 251
19) Szklenar 1966 S. 227
20) Spoerri 1954 S. 31
21) Spoerri ebenda S. 106, Kleefeld 1985 S. 46
22) Basil ebenda S. 70
23) Ebenda S. 78
24) Spoerri ebenda S. 39
25) Basil ebenda S. 70
26) Marholdt in: Erinnerung an Georg Trakl 1966 S. 36
27) Spoerri ebenda S. 39
28) Basil ebenda S. 16
29) Lasker-Schüler zitiert in McLary, 2000 S. 45
30) Dallago in: Ficker Briefwechsel 1914–1925 S. 79
31) Ficker in: Erinnerung an Georg Trakl 1966 S. 254
32) Weichselbaum 1994 S. 38
33) Mazohl 1995 S. 114

II. Jugend

1) Spoerri ebenda S. 23
2) Gespräch mit der Archivarin der „Englischen Fräulein" Sr Ingeborg Kapaun vom Mai 2010 und Februar 2011
3) Spoerri ebenda S. 90
4) Ebenda S. 36
5) Ebenda S. 36
6) Weichselbaum 2005 S. 49
7) Schneditz 1951 S. 113
8) Spoerri ebenda S. 41
9) Weichselbaum 2005 S. 56/57
10) Ludwig v. Ficker in: Denkzettel und Danksagungen 1967 S. 116 f
11) Brief Erhard Buschbecks an Karl Röck 1938, zitiert bei Weichselbaum 2005 S. 49
12) Siehe dazu u. a. McLary „The Incestuous Sister or The Trouble with Grete" 2000
13) Decker 2009 S. 27
14) Statuten und Verhaltensvorschriften, Archiv der "Englischen Fräulein" St. Pölten,
15) Mazohl 1995 S. 261
16) Statuten und Verhaltensvorschriften, Archiv der „Englischen Fräulein", St. Pölten
17) Archiv Englische Fräulein St. Pölten
18) Basil ebenda S. 76

19) Gespräch mit Sr. Pia Maria Muthsam
     vom 30. Juni 2010
20) Weichselbaum 1994 S. 41
21) Weichselbaum ebenda S. 169 f
22) Basil ebenda S. 59
23) Spoerri ebenda S. 35
24) Basil ebenda, S. 49
25) Weichselbaum 1994, S. 52
26) Ebenda S. 57
27) Salzburger Chronik, JG 12, Nr. 75 v.
     2. April 1906, zitiert in: HKA II,
     S. 51
28) Kleefeld 1985 S. 138
29) Ebenda S. 61
30) Schmölzer 2002 S. 34
31) Siehe dazu u. a. auch Gertrud Spat
     2003
32) Mazohl 1995 S. 71
33) Ebenda S. 74
34) Hanisch 1986 S. 59
35) Weichselbaum 1994 S. 190
36) Sauermann, 1984 b) S. 58 f
37) Zitiert bei Hurnikowa 1997 S. 198/99
38) Fellner/Unterreiner 2010 S. 29
39) Bruns 1997 S. 223
40) Auskunft Erich Denk, Wiener Stadt-
     und Landesarchiv
41) Hanisch 1986 S. 10
42) Weichselbaum 2005 S. 212
43) Archiv der Universität für Musik und
     darstellende Kunst, Wien
44) Auszug aus dem Schul-Statut des
     Konservatoriums für Musik und dar-
     stellende Kunst, Wien 1908, Archiv
     der Universität für Musik und dar-
     stellende Kunst Wien
45) Kataloge von Prof. Stöhr und Prof.
     Grädener im Archiv der Universität
     für Musik und darstellende Kunst,
     Wien
46) Jahresbericht der k. k. Akademie für
     Musik und darstellende Kunst für das
     Schuljahr 1908/09, Archiv der Uni-
     versität für Musik und darstellende
     Kunst Wien

47) Eintrag von Paul de Conne im Kata-
     log des Prof. de Conne, Schuljahr
     1908–1909, Archiv der Universität
     für Musik und darstellende Kunst
     Wien
48) Statuten der k. k. Akademie für Musik
     und darstellende Kunst in Wien,
     Wien 1909, S. 40, Archiv der Uni-
     versität für Musik und darstellende
     Kunst Wien
49) 373 Pr/1914 v. 25. 9. 1914, Archiv
     der Universität für Musik und dar-
     stellende Kunst Wien
50) Archiv der Universität für Musik und
     darstellende Kunst Wien

III. Reifezeit

1)   Weichselbaum 1994 S. 71
2)   Schneditz 1951 S. 29
3)   Weichselbaum 2005 S. 219
4)   Buschbeck 1917 S. 13
5)   Karl Borromäus Heinrich in: Erinne-
     rung an Georg Trakl 1966 S. 99 ff
6)   Erinnerung an Georg Trakl 1966
     S. 118 ff
7)   Buschbeck 1917 S. 16
8)   Basil ebenda S. 111 f
9)   Zitiert in Gumtau 1975 S. 5
10) Basil ebenda S. 102
11) Siehe dazu Nike Wagner 1982
12) Zitiert in Kleefeld 2009 S. 79
13) Gero von Wilpert, zitiert von Gerlind
     Frick 1991 S. 95
14) Gerlind Frick S. 109
15) Basil ebenda S. 101
16) Kleefeld 1985 S. 138 ff
17) Weininger 1925 S. 108
18) Weininger, zitiert bei Waltraud
     Heindl 1997 S. 27
19) Weininger 1925 S. 398
20) Weininger zitiert in Laura A. McLary
     2000 S. 35

21) Weininger, zitiert bei Ursula Heckmann 1992 S. 206

22) Hans Limbach in: Erinnerungen an
Georg Trakl 1966 S. 125

23) Zitiert in Heckmann 1992 S. 63

24) Zitiert in Heckmann ebenda S. 123

25) Wagner 1982 S. 159

26) Siehe dazu Schmölzer 2002 S. 162

27) Ebenda S. 80

28) Buschbeck ebenda S. 17

29) Basil ebenda S. 76

30) Ebenda S. 78

31) Ebenda S. 71

32) Kleefeld 1985 S. 63

33) Röck, Tagebuch 27. 1. 1913, Manu-
skript ungedruckt, Privatbesitz Salzburg, zitiert in: Weichselbaum 1994
S. 200

34) Weichselbaum 2005 212 ff

35) Ebenda S. 55

36) Zitiert in Weichselbaum 1994 S. 85

37) Weichselbaum 2005 S. 216 f

38) Wolter 1994 S. 163

39) Mazohl 1995 S. 257

40) Weichselbaum 1994 S. 87

41) Hanisch 1986 S. 34

42) Grundbuch der Stadt Salzburg, Innere
Stadt, Weichselbaum 1994 S. 90

43) Protokoll, aufgenommen am
23. 8. 1910 über die Nachlaßabhand-
lung nach Tobias Trakl, Weichselbaum S. 90

44) Schneditz ebenda S. 40 ff

45) Lange 1967 S. 373/74

46) Ebenda S. 335 f

47) Kgl. Akad. Hochschule für Musik zu
Berlin, Jahresbericht für den Zeitraum
vom 1. 10. 1910 bis zum 30. 9. 1911,
sowie Akte „Schülerlisten"
1899 – 1923, Hoch-Schularchiv der
Künste Berlin, zitiert in Weichselbaum 1994 S. 102/S. 196

48) Siehe dazu Brief von Dr. Dietmar
Schenk, Hochschularchiv der Hochschule der Künste Berlin vom
13. 4. 1994, sowie Brief von Sabine

Preuß, Landesarchiv Berlin vom
13. 5. 1994 an Dr. Hans Weichselbaum, Trakl-Forschungsstätte Salzburg.

49) W. Methlagl: Brenner- Gespräche.
Aufgezeichnet in den Jahren 1961 bis
1967. Zitiert In: Weichselbaum 1994
S. 196

50) Ludwig von Ficker, Briefwechsel
1914 – 1925, 1988 S. 137

51) Brief A.Langen an das k. k. Vor-
mundschafts-Gericht in Salzburg vom
6. 3. 1912

52) Aussage von Maria Trakl vor dem
Bezirksgericht Salzburg am
23. 3. 1912. Protokoll in den Akten
über die Verlassenschaftsabhandlung
nach Tobias Trakl SLA

53) Antrag an das k. k. Bezirksgericht in
Salzburg vom 20. 2. 1912. Akten über
die Verlassenschaftsabhandlung nach
Tobias Trakl SLA

54) Brief an das k. k. Vormundschafts-
Gericht Salzburg v. 6. 3. 1912

55) Protokoll des k. k. Bezirksgerichtes
Salzburg vom 25. 3. 1912, unter-
schrieben von Maria Trakl und Mr.
Georg Trakl, Akten über die Verlas-
senschaftsabhandlung nach Tobias
Trakl SLA

56) Protokoll des k. k. Bezirksgerichts
Salzburg vom 22. 3. 1912, unterschrieben von Grete Trakl. Akten über
die Verlassenschaftsabhandlung nach
Tobias Trakl SLA

57) Protokoll des k. k. Bezirksgerichts in
Salzburg vom 29. 5. 1912. Akten über
die Verlassenschaftsabhandlung nach
Tobias Trakl SLA

58) Protokoll des k. k. Bezirksgerichtes
Innsbruck, Abteilung VII, vom
10. 6. 1912, unterschrieben von Mr.
Georg Trakl. Akten über die Verlas-
senschaftsabhandlung nach Tobias
Trakl SLA

59) Protokoll des k. k. Bezirksgerichtes
Salzburg, Abteilung I, vom
18. 6. 1912, unterschrieben von Grete
Trakl. Akten über die Verlassen-
schaftsabhandlung nach Tobias Trakl
SLA

60) Siehe dazu: A. Bramberger 1994

61) Bramberger 1995 S. 56

62) Tagebuch Röck, Mappe II, Bl. 10.
zitiert bei Weichselbaum 1994 S. 200

63) Weichselbaum 1994 S. 96

64) Buschbeck 1917 S. 20

65) Weichselbaum 1994 S. 99

66) Ebenda S. 97

67) Kofler 1976: Röck, Tagebuch
1891–1946, Bd. I. S. 239/40

68) Hanisch 1986 S. 140

69) Basil ebenda S. 109

70) Weichselbaum 1994 S. 99

71) Hanisch 1986 S. 145

72) zitiert in: Basil ebenda S. 115

73) Plattner 1999 S. 187

74) Ebenda S. 183 f

75) Wimmer 2010 S. 94

76) Kofler ebenda: Röck, Tagebuch I. Bd.
S. 186

77) Klettenhammer 2010 S. 130

78) Ebenda S. 130/31

79) Ebenda S. 135

80) Der Brenner 1913/14, zitiert in
Kleefeld 2009 S. 253

81) Hans Limbach in: Erinnerung an
Georg Trakl 1966 S. 123

82) Klettenhammer, zitiert bei Methlagl
1985 S. 7

83) Röck, Tagebuch, Mappe I, Bl. 9,
zitiert bei Weichselbaum 1994 S. 118

84) Kofler ebenda: Röck, Tagebuch, Bd. I,
S. 240

85) Weichselbaum 2005 S. 221

86) Kofler ebenda: Röck, Tagebuch Bd.
III. S. 71, 17. 12. 1912

87) Kofler ebenda: Röck, Tagebuch Bd. I,
S. 238, Juni 1913

88) Kofler ebenda: Röck, Tagebuch Bd.
III, S. 84, 3. 10. 1913

89) Ebenda S. 76,

90) Ebenda S. 47, 14. 7. 1912

91) Ebenda S. 46, 27. 6. 1912

92) Ebenda S. 99, Eintragung vom
11. 8. 1914

93) Karl Röcks autobiographischer
Bericht über die Tage der Kraus-Vor-
lesung in: Mitteilungen aus dem
Brenner Archiv 1988 S. 70

94) Ficker 1967 S. 117

95) Zitiert in Stieg 1976 S. 270

96) Zitiert in Basil ebenda S. 119

97) Siehe dazu Geschichtslandschaft Ber-
lin, Tiergarten. Teil 1: Vom Branden-
Burger Tor zum Zoo Berlin, 1989,
S. 366–367

98) Kleefeld 2009, S. 37

99) Brief des Dr. Jacques Abraham,
Rechtsanwalt Berlin, an das k. k.
Vormundschaftsgericht Salzburg v.
18. 6. 1914. Trakl- Forschungsstätte
Salzburg

100) Kleefeld 2009 S. 37/38

101) Weichselbaum 2005, S. 216/17

102) Braun 1989 S. 104

103) Siehe Bronfen 1987

104) Brief vom 13. 4. 1797, zitiert in Braun
1992, S. 225

105) Brief vom 5. 5. 1797, zitiert ebenda
S. 225

106) Basil ebenda S. 117

107) Kofler ebenda: Röck, Tagebuch, Bd. I
S. 169

108) Rusch 1983 S. 161

109) Spoerri ebenda S. 42

110) Weichselbaum 1994, S. 134

111) Klettenhammer 2010 S. 135

112) Kofler: Röck, Tagebuch Bd. I. Juni
1913 S. 238

113) Ebenda S. 238 ff

114) Ebenda S. 243

115) Zitiert in: Schneditz 1951 S. 17

116) Siehe u. a. Martin Beyer: Alle Wasser
laufen ins Meer. Roman Stuttgart
2009

117) Weichselbaum 2005 S. 117

118) Ebenda S. 216 f

119) Weichselbaum 1994 S. 150

120) Siehe dazu Kleefeld Gunther: Mysterien der Verwandlung, Salzburg 2009

121) Rudolf Steiner, die Apokalypse des Johannes, zitiert in Kleefeld 2009 S. 23

122) Weichselbaum 2005 S. 226

123) Eintragung Röcks vom 23. oder 24. 10. 1913, bei Weichselbaum 1994 S. 148

124) Kofler ebenda: Röck, Tagebuch Bd. 3, Eintragung vom 19. 5. 1914, S. 93

125) Zitiert in: Schneditz 1951 S. 107

126) Weichselbaum 1994 S. 151

127) Hans Limbach in: Erinnerung an Georg Trakl 1966 S. 124

128) Siehe dazu Sauermann 1984 a

129) Ebenda S. 7

130) Siehe dazu Gertrud M. Sakrawa 1981 S. 436

131) Kofler ebenda: Röck, Tagebuch Bd. I S. 181

132) Ficker 1967 S. 99

133) Weichselbaum 2005 S. 230

134) Basil ebenda S. 81

135) Theodor Däubler in: Erinnerung an Georg Trakl 1966 S. 10

136) Röck, Tagebuch, Eintragung vom 26. 10. 1913, Mappe II, Bl. 32, zitiert in Weichselbaum 1994 S. 162

137) Zitiert in: Weichselbaum 1994 S. 162

138) Ficker Briefwechsel 1914–1925, Else Lasker-Schüler an Ficker v. 21. 10. 1914

139) Weichselbaum 1994 S. 166

IV. Tod

1) Zitiert in: Schmölzer 2002 S. 194

2) Ficker 1967 S. 31

3) Ebenda S. 80

4) Ficker 1954 S. 251

5) Weiniger 1925 S. 251

6) Lipinski 1981 S. 390

7) Ficker in: Erinnerung an Georg Trakl S. 201

8) Hautmann Hans: Habsburg – Totenrummel und vergessene Vergangenheit, in: Alfred Klar Gesellschaft, Mitteilungen, 18. Jg./Nr. 3. September 2011, S. 1 ff.

9) Lipinski ebenda S. 392

10) Ficker, Briefwechsel 1914–1925, 1988, S. 16/17

11) Zitiert in: Erinnerungen an Georg Trakl 1966 S. 193 f

12) Zitiert in Kleefeld 2009 S. 267

13) Lipinski ebenda S. 394

14) Ficker, Briefwechsel 1914–1925, 1988, S. 16

15) Weichselbaum 2005 S. 225 f

16) Ficker, Briefwechsel, 1914–1925, 1988 S. 22

17) Ficker, ebenda S. 40

18) Ficker in: Erinnerung an Georg Trakl 1966 S. 197 ff

19) Ebenda

20) Rusch ebenda S. 161

21) Ficker, Briefwechsel, 1914–1925, 1988, S. 80

22) Sauermann 1986 b) S. 53

23) Ficker, Briefwechsel, 1914–1925, 1988, S. 463

24) Ebenda S. 29

25) Vormerkblatt mit der Krankengeschichte HKA II, S. 728 ff

26) Kleefeld 1985 S. 57

27) Lee 1999 S. 247

28) Ficker, Briefwechsel, 1914–1925, 1988 S. 47

29) Brief Mathias Roth vom 16. 11. 1914, in: Erinnerung an Georg Trakl 1966 S. 222 f

30) Ficker, Briefwechsel,1914–1925, 1988 S. 463

31) Ebenda S. 35

32) Ebenda S. 36

33) Sauermann 1986 b) S. 50 ff

34) Ficker, Briefwechsel 1914–1925, 1988 S. 37
35) Ebenda S. 38
36) Schneditz 1951 S. 123
37) Ficker Briefwechsel 1914–1925, 1988 S. 39/40
38) Ficker an Wilhelm Trakl vom 18. 11. 1914, ebenda 45
39) Ebenda S. 41
40) Ebenda S. 73
41) Brief vom 19. 11. 1914, ebenda S. 48/ 49
42) Basil ebenda S. 70
43) Karl Borromäus Heinrich: Erinnerung an Georg Trakl 1966 S. 114
44) Kofler ebenda: Röck, Tagebuch Bd. I S. 169
45) Spoerri ebenda S. 40
46) Ebenda S. 90
47) Basil ebenda S. 70
48) McLary 2000 S. 29–65
49) Ficker 1967 S. 117
50) Ficker, Brifwechsel 1914–1925, 1988 S. 73
51) Ebenda S. 66
52) Weichselbaum 2005 S. 229
53) Ficker Briefwechsel 1914–1925, 1988 S. 70
54) Weichselbaum 2005 S. 218
55) Ebenda S. 227
56) Ficker, Briefwechsel 1914–1925, 1988 S. 71
57) Brief vom 10. Jänner 1915 ebenda S. 79
58) Brief Else Lasker-Schüler ebenda S. 61/62
59) Kupper 1969 S. 112
60) McLeary ebenda S. 45
61) Ficker Briefwechsel, 1914–1925, 1988 S. 72
62) Ebenda S. 62
63) Spoerri ebenda S. 40
64) Ficker, Briefwechsel 1914–1925, 1988 S. 81
65) Sauermann 1984 a) S. 47
66) Ebenda S. 48
67) Lee ebenda S. 246 ff
68) Weichselbaum 2005 S. 218
69) Ebenda S. 219
70) Siehe dazu Schmölzer 2007
71) Weichselbaum 2005 S. 219
72) Ebenda S. 224
73) Ebenda S. 224/25
74) Kofler ebenda: Röck, Tagebuch Bd. III, S. 51
75) Kleefeld 2009 S. 35
76) Kofler ebenda: Röck, Tagebuch Bd. I, S. 255
77) Brief vom 8. 8. 1915, Ficker Briefwechsel 1914–1925, 1988 S. 100
78) Ebenda
79) Kofler ebenda: Röck, Tagebuch Bd. I S. 256
80) Ebenda S. 191
81) Ebenda S. 243
82) Ebenda S. 187
83) Ebenda S. 184
84) Ebenda S. 218
85) Ebenda S. 251
86) Ebenda S. 243
87) Ebenda S. 256
88) Paula Schlier in: Der Brenner, Hg. von Ludwig v. Ficker, XI.1927 S. 50 f
89) Weichselbaum 2005 S. 220
90) Brief A. Ehrensteins vom 6. 12. 1915 in: Ficker, Briefwechsel 1914–1925, 1988 S. 107
91) Weichselbaum 2005 S. 222
92) Ebenda S. 220 ff
93) Weichselbaum 1994 S. 205
94) Brief an A. Loos vom 24. 9. 1917, Ficker Briefwechsel 1914–1925, 1988 S. 135
95) Ebenda
96) Kofler ebenda: Röck, Tagebuch Bd. I S. 281
97) Szklenar 1981 S. 398–409
98) Erinnerung an Georg Trakl 1966 S. 254
99) Ficker 1967 S. 231

LITERATUR

Aufbruch in das Jahrhundert der Frau? Rosa Mayreder und der Feminismus in Wien um 1900. 125. Sonderausstellung des Historischen Museums der Stadt Wien, 21. September 1989 bis 21. Jänner 1990. Eigenverlag der Museen der Stadt Wien

Aurnhammer Achim: Die eins waren, eins sind und eins sein möchten. In: Meesmann Hartmut, Sill Bernhard (Hg) Androgyn. Weinheim 1994, S. 172–183

Basil Otto: Georg Trakl, mit Selbstzeugnissen und Bilddokumenten, Rowohlt, Reinbek b. Hamburg 1965

Beyer Martin: Alle Wasser laufen ins Meer. Roman. Stuttgart 2009

Bondy Barbara: „Ein Kind wie wir anderen auch" Unterhaltung mit dem Bruder Georg Trakls in: Die Neue Zeitung Nr. 28, 2/3. Februar 1952, S. 9

Bramberger Andrea: Verboten Lieben. Bruder-Schwester Inzest, Diss. Innsbruck 1994

Dies.: Die verfehlte Begegnung der Liebenden. In: Trakl Studien, Bd. XIX, Deutungsmuster. Salzburger Treffen der Trakl-Forscher 1995. Hg. Hans Weichselbaum und Walter Methlagl, 1996 Salzburg

Dies.: O ihr Kinder eines dunklen Geschlechts. Georg und Margarethe Trakls verbotene Liebe. In: Metis, Zeitschrift für historische Frauenforschung und feministische Praxis, 2. Dortmund 1995, S. 45–59

Braun Christina von: Das Kloster im Kopf. Weibliches Fasten von mittelalterlicher Askese zu moderner Anorexie. In: Karin Flaake, Vera Kind (Hg): Weibliche Adoleszenz. Zur Sozialisation junger Frauen, Frankfurt/M 1992 S. 213–240

Dies.: Die schamlose Schönheit des Vergangenen. Zum Verhältnis von Geschlecht und Geschichte. Frankfurt/M 1989

Dies.: Antisemitismus und Mysogynie. Vom Zusammenhang zweier Erscheinungen. In: Jutta Dick, Barbara Hahn (Hg) Von einer Welt in die andere, Wien 1993

Bronfen Elisabeth: Die schöne Leiche. Weiblicher Tod als motivische Konstante von der Mitte des 18. Jahrhunderts bis in die Moderne. In: Renate Berger, Inge Stephan (Hg) Weiblichkeit und Tod in der Literatur, Köln/Wien 1987, S. 87–115

Bruns Brigitte: Hermaphrodit oder das Geschlecht der Moderne. In: Die Frauen der Wiener Moderne. Lisa Fischer, Emil Brix (Hg), München 1997, S. 218-233

Buschbeck Erhard: Georg Trakl, Verlag Neue Jugend Berlin 1917

Ders.: Mimus Austriacus. Aus dem nachgelassenen Werk. Hg. Lotte Tobisch, Salzburg/Stuttgart, 1962.

Ciu Charles: Frauen im Schatten. Margarethe Jeanne Trakl. „Mönchin, schließ mich in dein Dunkel". Wien 1994, S. 41–63

Decker Kerstin: Mein Herz – Niemandem. Das Leben der Else Lasker-Schüler, Berlin 2009

Denneler Iris: Konstruktion und Expression, Zur Strategie und Wirkung der Lyrik Georg Trakls, Salzburg 1984

Doppler Alfred: Georg Trakl und Otto Weininger. In: Peripherie und Zentrum. Studien zur österreichischen Literatur. Hg. Gerlinde Weiss und Klaus Zelewitz, Salzburg 1971, S. 43–51

Eltz-Hoffmann Liselotte von: Salzburger Frauen. Leben und Wirken aus 13 Jahrhunderten. Salzburg 1997

Erinnerung an Georg Trakl. Zeugnisse und Briefe, Otto Müller, Salzburg, 3. Aufl. 1966

Fellner Sabine und Unterreiner Kathrin: Frühere Verhältnisse. Geheime Liebschaften in der k. u. k. Monarchie. Wien 2010

Ficker Ludwig von: Briefwechsel 1909–1914, 1986. 1914–1925, 1988. Hg. von Ignaz Zangerle, Walther Methlagl u. a. Innsbruck 1986, 1988

Ders.: Denkzettel und Danksagungen. Aufsätze und Reden. Hg. von Franz Seyr, München 1967

Ders.: Das Vermächtnis Georg Trakls. In: Der Brenner, 18. Folge 1954, Innsbruck, S. 248–269

Fiebach Joachim, Wolfgang Mühl-Benninghaus(Hg): Theater und Medien an der Jahrhundertwende. Bd. 3. Berlin 1997

Fischer Lisa: Über die erschreckende Modernität der Antimoderne der Wiener Moderne oder über den Kult der Toten Dinge. In: Die Frauen der Wiener Moderne, Hg. Lisa Fischer und Emil Brix, München 1997, S. 208–217

Flich Renate: Wider die Natur der Frauen? Entstehungsgeschichte der höheren Mädchenschulen in Österreich. Wien 1992

Focke Alfred: Georg Trakl. Liebe und Tod. Wien 1955

Frick Gerlind: Zur Geschlechterbeziehung in Kokoschkas Einakter „Mörder, Hoffnung der Frauen", in: Kohn Wächter Gudrun (Hg) „Schrift in Flammen. Opfermythen und Weiblichkeitsentwürfe", Berlin 1991

Geschichtslandschaft Berlin. Tiergarten. Teil I: Vom Brandenburger Tor zum Zoo. Berlin 1989, S. 366–367

Grieser Dietmar: Eine Liebe in Wien. Eine amouröse Porträtgalerie. St. Pölten 1989

Gumtau Helmut: Georg Trakl. Berlin 1975

Habecker Sonja: Frauenbild und Liebe in Georg Trakls Werk, Diss., München 1957

Hanisch Ernst: Salzburg und Georg Trakl. In: Trakl-Forum 1987, Hg. H. Weichselbaum. Salzburg 1988 (= Trakl- Studien XV) S. 37–47

Hanisch Ernst, Fleischer Ulrike: Im Schatten berühmter Zeiten. Salzburg in den Jahren Georg Trakls (1887–1914) Salzburg 1986

Hautmann Hans: Habsburg-Totenrummel und vergessene Vergangenheit. In: Alfred Klar Gesellschaft. Mitteilungen. 18. Jg/Nr. 3, September 2011. S. 1–7

Heckmann Ursula: Das verfluchte Geschlecht. Motive der Philosophie Otto Weiningers im Werk Georg Trakls. Literaturhistorische Untersuchungen, Hg. Theo Buck, Bd. 21, Frankf/M 1992

Heindl Waltraud: Frauenbild und Frauenbildung in der Wiener Moderne. In: Die Frauen der Wiener Moderne, Hg. Lisa Fischer und Emil Brix, München 1997, S. 21–33

Hirsch Mathias: Realer Inzest. Psychosomatik des sexuellen Missbrauchs in der Familie. Gießen 1999

Hurnikowa Elzbieta: Die Frauen in der österreichischen und polnischen Literatur. In: Die Frauen der Wiener Moderne. Hg. von Lisa Fischer, Emil Brix, München 1997, S. 198/99

Kast Verena: Fasziniert vom seelischen Bild des Paares. In: Hartmut Meesmann und Bernhard Sill (Hg): Androgyn. Weinheim 1994

Kemper Georg, Max Frank Rainer (Hg): Georg Trakl: Werke – Entwürfe –Briefe. Stuttgart 1984

Ders: Georg Trakls Schwester. Überlegungen zum Verhältnis von Person und Werk. In: Zur Ästhetik der Moderne. Für Richard Brinkmann zum 70. Geburtstag. Tübingen 1992, S. 77–105

Kleefeld Gunther: Das Gedicht als Sühne. Georg Trakls Dichtung und Krankheit. Eine psychoanalytische Studie, Tübingen 1985

Ders.: Mysterien der Verwandlung. Das okkulte Erbe in Georg Trakls Dichtung, Salzburg 2009

Ders.: Mutterbilder. Symbolische Beziehungsfiguren in den Gedichten Georg Trakls. Trakl Forum. Hg. Hans Weichselbaum Salzburg 1988, S. 71–99

Klettenhammer Sieglinde: Figurationen des Weiblichen in der Lyrik Georg Trakls. In: Károly Czúri (Hg): Zyklische Kompositionsformen in Georg Trakls Dichtung, Tübingen 1996

Dies.: Das Geschlecht des „Brenner" 1910–1914 In: Zeitmesser 100 Jahre „Brenner", Hg. Forschungsinstitut Brenner Archiv Innsbruck 2010, S. 111–142

Kofler Christine: Karl Röck: Tagebuch 1891–1946, 1.-3. Bd., Salzburg 1976

Kupper Margarethe: Lieber gestreifter Tiger. Briefe von Else Lasker-Schüler, München 1969, 1. Bd.

Lange Annemarie: Das Wilhelminische Berlin. Zwischen Jahrhundertwende und Novemberrevolution. Berlin 1967

Lee Hermione: Virginia Woolf. Ein Leben. Frankfurt 1999

Lipinski Krzysztof: Mutmaßungen über Trakls Aufenthalt in Galizien, In: Untersuchungen zum „Brenner". Festschrift für Ignaz Zangerle zum 75. Geburtstag. Hg. von Methlagl Walter, Sauermann Eberhard, Scheichl Paul Sigurd, Salzburg 1981, S. 389–397

Mazohl-Wallnig Brigitte u. a. (Hg): Die andere Geschichte. Eine Salzburger Frauen-geschichte von der ersten Mädchenschule (1695) bis zum Frauenwahlrecht (1918) Salzburg-München 1995

McLary Laura A.: The Incestuous Sister or The Trouble with Grete. In: Modern Austrian Literature, Volume 33. Number 1, Houston, Texas, 2000

Metis, Zeitschrift für Literatur, Frauenforschung und feministische Praxis, 2. 1995, Dortmund

Mehlmann Sabine: Das doppelte Geschlecht. Die konstitutionelle Bisexualität und die Konstruktion der Geschlechtergrenze. In: Feministische Studien, Nr. 1 Geschlechterstreit um 1900, Mai 2000, Stuttgart, S. 36–48

Methlagl Walter: Georg Trakls Gedichte-Ausdruck eines Zeitgeistes. In: Deutungs-muster, Salzburger Treffen der Trakl- Forscher 1995. Hg. Hans Weichselbaum, Walther Methlagl, Salzburg 1996

Ders.: Hans Limbach: „Begegnung mit Georg Trakl". Zur Quellenkritik. Mittei-lungen aus dem Brenner Archiv, Nr. 4, 1985, Innsbruck

Neumann Erich: Der schöpferische Mensch, Frankfurt/Main 1995

Neumayr Anton: Dichter und ihre Leiden, Wien 2000

Orendi-Hinze Diana: Frauen um Trakl. In: Untersuchuchungen zum „Brenner": Festschrift für Ignaz Zangerle zum 75. Geburtstag. Hg. von Walter Methlagl, Eberhard Sauermann, Sigurd Paul Scheichl, Salzburg 1981, S. 381-387

Planert Ute: Mannweiber, Urniden und sterile Jungfern. Die Frauenbewegung und ihre Gegner im Kaiserreich. In: Feministische Studien. Weinheim Mai 2000, Nr. 1. Geschlechterstreit um 1900, S. 22–33.

Plattner Irmgard: Fin de Siècle in Tirol, Innsbruck 1994

Riemerschmid Werner: Trakl, Wien 1947

Rusch Gebhard, J. Schmidt Siegfried: Das Voraussetzungssystem Georg Trakls. Braunschweig-Wiesbaden 1983

Röck Karls autobiographischer Bericht über die Tage der Kraus-Vorlesung in Inns-bruck am 14. Jänner 1914, in: Mitteilungen aus dem Brenner –Archiv, Nr. 7/1988, Innsbruck, S. 68–71

Saas Christa: Georg Trakl. Stuttgart 1974

Sakrawa Gertrud M:. Georg Trakls „An die Verstummten". In: Untersuchungen zum Brenner, Festschrift für Ignaz Zangerle zum 75. Geburtstag, Hg. von Walter Methlagl, Eberhard Sauermann, Sigurd Scheichl, Salzburg 1981, S. 430-438

Sauermann Eberhard: Zur Datierung und Interpretation von Texten Georg Trakls. Die Fehlgeburt von Trakls Schwester als Hintergrund eines Verzweiflungsbriefs und des Gedichts „Abendland". Innsbruck 1984 a)

Ders.: Trakls Widmung an Gretl oder Das Märchen von Bruder und Schwester. In: Mitteilungen aus dem Brenner- Archiv, Nr. 3, Innsbruck 1984 b), S. 58–60

Ders.: Zur Authenzität in der Trakl-Rezeption. Zugleich eine Antwort auf Methlagls Untersuchung des Limbach-Gesprächs. In „Erinnerung an Georg Trakl": Mit-teilungen aus dem Brenner Archiv, Nr. 5, Innsbruck 1986 a), S. 3–37

Ders.: Trakls Tod in den Augen Ludwig von Fickers. Mitteilungen aus dem Brenner-Archiv, Nr. 5, Innsbruck 1986 b) S. 50–62

Ders.: Zur Datierung von Dichtungen Trakls. In: Mitteilungen aus dem Brenner-Archiv, Nr. 6, Innsbruck 1987, S. 29 f.

Schlier Paula: Die Welt der Erscheinungen. In „Der Brenner" Hg. Ludwig v. Ficker, 11. Folge Innsbruck 1927

Schmölzer Hilde: Rosa Mayreder. Ein Leben zwischen Utopie und Wirklichkeit. Wien 2002

Dies.: Das Vaterhaus. Eine autobiographische Erzählung. Klagenfurt 2007, 2. Aufl.

Schneditz Wolfgang: Georg Trakl in Zeugnissen der Freunde. Salzburg 1951

Schoene Elisabeth: „Ach wäre fern, was ich liebe" Studien zur Inzestthematik in der Literatur der Jahrhundertwende (von Ibsen bis Musil). Würzburg 1997

Schorske Carl E: Wien-Geist und Gesellschaft im Fin de siècle, Frankfurt/M 1982

Spat Gertrud: Maria T. Eine Mutter. Frankfurt/M und Basel 2003

Spoerri Theodor: Georg Trakl. Strukturen in Persönlichkeit und Werk, Bern 1954

Sprengel Peter, Streim Georg: Berliner und Wiener Moderne. Wien 1998

Schröder Iris: „Was die Frau von Berlin wissen muss" Ambivalenzen weiblicher Geselligkeit im Berlin der Jahrhundertwende. In: Meike Sophia Baader, Helga Kelle und Elke Kleinau: Bildungsgeschichten. Geschlecht Religion und Pädagogik der Moderne. Köln-Weimar-Wien 2006

Stieg Gerald: „Ein Geschlecht"? – Trakl und Weininger, In: Frühling der Seele. Pariser Trakl-Symposion, Hg. von Rémy Colombat und Gerald Stieg, Innsbruck 1995, S. 125–133

Ders.: Der Brenner und die Fackel. Ein Beitrag zur Wirkungsgeschichte von Karl Kraus. In: Brenner Studien, Bd. III., Salzburg 1976

Stipa Ingrid: „Die Androgynie als Abweichung von gesellschaftlichen Normen: Kleists „Marquise von O…", Stifters „Brigitta" und Georg Sands „La petite Fadette". In: Meesmann Hartmut, Sill Bernhard: Androgyn, Weinheim 1994 S. 159–189

Strohmeyr Armin: Traum und Trauma. Der androgyne Geschwisterkomplex im Werk Klaus Manns. Augsburg 1997

Schünemann Peter: Georg Trakl, München 1998

Szklenar Hans: Ein vorläufiger Bericht über den Nachlaß Georg Trakls, in: Euphorion 54, Heidelberg, 1960, S. 295–311

Ders.: Die Überführung Georg Trakls von Krakau nach Mühlau. In: Untersuchungen zum Brenner, Salzburg 1981, S. 389–408

Ders.: Beiträge zur Chronologie und Anordnung von Georg Trakls Gedichten auf Grund des Nachlasses von Karl Röck. In: Euphorion 60, Heidelberg 1966, S. 227

Trakl Georg, Dichtungen und Briefe, Historisch-Kritische Ausgabe, Hg. von Walter Killy und Hans Szklenar, 2. Aufl, 1987, Bd. 1 und 2, Salzburg (HKA I und II)

Trakl Georg 1887–1914. Ausstellung des Forschungsinstituts Brenner Archiv der Universität Innsbruck, gestaltet von Walter Methlagl und Eberhard Sauermann, Innsbruck 1995

Thürmer- Rohr Christina: „Opfer auf dem Altar der Männeranbetung". In: Gudrun Kohn-Wächter (Hg): Schriften in Flammen. Opfermythen und Weiblichkeitsentwürfe, Berlin 1991, S. 23–37

Vielhauer Inge: Bruder und Schwester. Untersuchungen und Betrachtungen zu einem Urmotiv zwischenmenschlicher Beziehung, Bonn 1979

Wagner Nike: Geist und Geschlecht. Karl Kraus und die Erotik der Wiener Moderne, Frankf/M 1982

Weichselbaum Hans: Georg Trakl. Eine Biographie, Salzburg 1994

Ders.: (Hg): Androgynie und Inzest in der Literatur um 1900. Salzburg 2005

Ders.: (Hg): Trakl Forum 1987, Salzburg 1988

Weininger Otto: Geschlecht und Charakter, Wien Leipzig 1925

Wiltschnigg Elfriede: „Das Rätsel Weib". Das Bild der Frau in Wien um 1900. Berlin 2001

Wimmer Erika: Künstlerseele, Dichtergeist! Vitalität, Brechung und Sakralisierung als Konzepte wider die bürgerliche Enge. In: Zeitmesser. 100 Jahre „Brenner", Hg. Forschungsinstitut Brenner Archiv, Innsbruck 2010, S. 93–110

Wollschläger Paul: Wilmersdorf in alter und neuer Zeit. Berlin 1968

Wolter Gundula: Hosen weiblich. Eine Kulturgeschichte der Frauenhose, Marburg 1994

Woolf Virginia: „Ein eigenes Zimmer", Frankfurt/M 2007

CHRONOLOGIE

1878
Heirat des verwitweten 41-jährigen Eisenhändlers Tobias Trakl (zehnjähriger Sohn Wilhelm aus erster Ehe) und der 26-jährigen, geschiedenen Maria Halik, beide wohnhaft in Wiener Neustadt, in Ödenburg (Sopron). Kurz zuvor war Maria Halik von der katholischen zur protestantischen Kirche übergetreten, der auch Tobias Trakl angehörte. Der gemeinsame, drei Monate alte Sohn Gustav stirbt nicht ganz eineinhalb Jahre später.

1879
Übersiedlung der Familie Trakl nach Salzburg in ein Haus in der Schwarz-straße. Tobias Trakl schließt mit der Eisenhandlung Carl Steiner in der Judengasse einen Vertrag ab, der die Übernahme der Firma mit 1. Jänner 1880 für zehn Jahre vorsieht.

1885
Die Familie zieht in das Haus Waagplatz 2 (heute Waagplatz 1 a), das sogenannte „Schaffnerhaus".

1887
Dort wird Georg Trakl am 3. Februar als viertes von sechs Kindern geboren.

1890
Die Elsässerin Marie Boring kommt als zweisprachige Gouvernante zur Familie Trakl und bleibt dort 14 Jahre mit einer kurzen Unterbrechung.

1891
8. August Geburt von Margarethe Jeanne, genannt Gretl, als jüngstes der Geschwister.

1892
Im September Eintritt Georgs in die fünfjährige katholische Übungsschule der k.k. Lehrerbildungsanstalt. Evangelische Religionslehre.

1893
Tobias Trakl kauft das gegenüberliegende Haus Waagplatz Nr. 3, das seine Hauptfront am Mozartplatz hat, macht im Erdgeschoss eine Eisenhandlung auf, während die Familie den ganzen ersten Stock mit mehr als zehn Zimmern bewohnt.

1897
Georg Trakl tritt im September in das humanistische Staatsgymnasium am Salzburger Universitätsplatz ein, Margarethe in die fünfjährige Mädchen-volksschule in der Griesgasse. Beide Kinder erhalten so wie die übrigen Geschwister (außer Halbbruder Wilhelm) Klavierunterricht durch den Komponisten August Brunetti-Pisano. Auffallende musikalische Begabung Margarethes. Georg und Margarethe, beide künstlerisch begabt und somit Außenseiter in der Kaufmannsfamilie Trakl, schließen sich eng aneinander.

1901
Georg wiederholt die vierte Klasse wegen ungenügender Leistungen in Latein und Mathematik
Margarethe wird nach der vierten Klasse vorzeitig aus der Schule genommen und nach St. Pölten in das Internat der „Englischen Fräulein" geschickt, wo sie die vierte Klasse wiederholt, dann in die fünfte Klasse und schließlich in die erste Klasse Bürgerschule aufsteigt. Als Grund darf eine sexuelle Annäherung Georgs vermutet werden.

1904
Beginn der dichterischen Tätigkeit Georgs unter dem Einfluss von Baudelaire, Rimbaud, Verlaine, Tolstoi, Ibsen, Strindberg. Zusammenschluss mit Gleich-gesinnten im Dichterverein „Apollo", später „Minerva". Beginn der Nietzsche- und Dostojevski-Verehrung. Stilisierung zum Bohèmien und Bürgerschreck mit demonstrativen Bordellbesuchen. Erste Erfahrungen mit Rauschgiften (Chloroform, Morphium, Opium, Veronal, Kokain)
   Margarethe verlässt das Internat „Englische Fräulein" und tritt in die dreiklassige Bürgerschule Notre Dame de Sion in Wien ein. (Nähere Angaben

wegen Vernichtung der Akten während des Zweiten Weltkrieges nicht vorhanden.)

1905
Georg bricht in der siebten Klasse sein Gymnasialstudium wegen nicht genügender Leistungen in Latein, Griechisch und Mathematik ab. Im September Eintritt als Lehrling in die Apotheke „Zum weißen Engel" des Carl Hinterhuber.

1906
Aufführung der Einakter „Totentag" und „Fata Morgana" Georg Trakls im Salzburger Stadttheater. Erste Veröffentlichungen in Salzburger Zeitungen.

1908
Georg Trakl besteht im Februar die Tirocinalprüfung (Abschluss seiner Praktikantenzeit in der Apotheke) „mit Erfolg". Im September ziehen der 21-jährige Georg und die knapp 17-jährige Margarethe Trakl nach Wien. Georg beginnt das viersemestrige Universitätsstudium der Pharmazie an der Universität Wien, Margarethe besteht die Aufnahmeprüfung in die Wiener Musikakademie, um sich als Pianistin ausbilden zu lassen.

1909
Georg schließt die Vorexamina im März und Juli mit genügendem Erfolg ab. Verführung der jüngeren Schwester Margarethe zu Drogen. (Möglicherweise auch schon früher.) Margarethe kann „wegen Erkrankung oder sonstiger Ursachen" die Prüfungen nicht ablegen und wird im März aus der Akademie ausgeschlossen. Georg übergibt seinem Freund Erhard Buschbeck, der in Wien ein Jurastudium begonnen hatte, eine erste Zusammenstellung von Gedichten zur Verlegersuche. Veröffentlichung von Gedichten im „Neuen Wiener Journal" durch Vermittlung Hermann Bahrs. Im Herbst fährt Margarethe neuerlich nach Wien, um ihr Musikstudium privat fortzusetzen. 1909/10 entsteht das Puppenspiel „Blaubart", wahrscheinlich angeregt durch Oskar Kokoschkas sadomasochistisches Drama „Mörder, Hoffnung der Frauen", uraufgeführt während der Internationalen Kunstschau 1909 in Wien.

1910
Die Beziehung Margarethes zu Erhard Buschbeck, der ebenfalls in Wien ist, wird enger. Margarethe bricht neuerlich ihr Musikstudium ab und verbringt

den Sommer in Salzburg, wo sich ihre Beziehung zu Buschbeck vertieft, der sich dort bei Vorbereitungen des Doppelheftes der Zeitschrift „Der Merker" zum Thema „Salzburg" aufhält. „Der Merker" druckt Georg Trakls Gedicht „Frauensegen". Am 18. Juni Tod von Tobias Trakl. Die Witwe Maria Trakl übernimmt den Nachlass samt Schulden, überträgt die Geschäftsführung an ihren Stiefsohn Wilhelm Trakl und übernimmt gemeinsam mit Wilhelm die Vormundschaft für Margarethe. Am 25. Juli wird Georg nach Abschluss der theoretischen Prüfung mit der Gesamtbeurteilung „genügend" Magister der Pharmazie. Am 1. Oktober Antritt des Präsenzdienstes als Einjährig-Freiwilliger bei der k. u. k. Sanitätsabteilung Nr. 2 in Wien. Zur gleichen Zeit fährt Margarethe nach Berlin, um dort an der Hochschule für Musik und Kunst bei Ernst von Dohnanyi ihr Musikstudium fortzusetzen.

1911

Margarethe bricht zu Ostern neuerlich ihr Studium an der Berliner Musikhochschule ab und verlobt sich mit dem Neffen ihrer Zimmerwirtin, Arthur Langen. Die Familie spricht sich aus verschiedenen Gründen (Langen ist verheiratet und 34 Jahre älter als Margarethe) gegen eine Heirat der Minderjährigen aus. Georg versieht bis 30. September seinen Sanitätsdienst in Wien und bewirbt sich im Oktober beim Ministerium für öffentliche Arbeiten als Praktikant in der Sanitäts-Fachrechnungsabteilung. Vom 15. Oktober bis 20. Dezember „Rezeptarius" in der Apotheke „Zum weißen Engel". 20. Dezember Bewerbung an das Kriegsministerium als Medikamentenbeamter. Kontakt mit Mitgliedern der „Salzburger Literatur- und Kunstgesellschaft Pan". In dem Gedicht „Die junge Magd" wird, wie auch in früheren und späteren Gedichten, der Einfluss Otto Weiningers deutlich.

1912.

Am 1. April Antritt eines sechsmonatigen Probedienstes in Innsbruck als Landwehrmedikamentenakzessist in der Apotheke des Garnisonsspitals Nr. 10. 17. Juli Heirat von Margarethe Trakl und Arthur Langen in Berlin mit jetzt doch erwirkter Zustimmung der Vormünder. Mit der räumlichen Trennung gewinnt die fiktive Schwester in Georg Trakls Dichtung mehr und mehr an Bedeutung, wobei ihr Bild, als Ausdruck eines androgynen Ideals vorerst trostreich und hoffnungsfroh, zunehmend jedoch angstbesetzt und zerstörerisch erscheint. Freundschaft mit Ludwig von Ficker, Herausgeber der Innsbrucker Halbmonatsschrift „Der Brenner", wo in der Folge zahlreiche Gedichte Georg Trakls erscheinen. Freundschaft mit Mitarbeitern des „Brenner" wie Carl Dallago, Karl Borromäus Heinrich und Karl Röck. Wichtige Gedichte wie „Traum des Bösen", „De profundis", „Drei Blicke in einen Opal", „Helian" usw. entstehen. In Wien Kontakt mit Karl Kraus, Adolf Loos und Oskar Kokoschka. Nach Ablauf des Probehalbjahrs tritt Georg am 31. Dezember die nun bewilligte Stelle als Rechnungspraktikant im Arbeitsministerium an, wo er allerdings nur zwei Stunden bleibt.

1913

Am 1. Jänner Entlassungsgesuch und fluchtartige Rückkehr Georgs nach Innsbruck zu Ludwig von Ficker in die Rauchvilla, wo er in Zukunft – ebenso wie in der Hohenburg von Ludwigs Bruder Rudolf – häufig wohnt. Im Februar Auflösung der Eisenhandlung Trakl wegen Schulden und Umbau des Hauses zwecks Vermietung. Vom 15. Juli bis 12. August Tätigkeit Georgs als Beamter im Wiener Kriegsministerium. Angstzustände, Halluzinationen, Depressionen und erhöhter Alkohol- und Drogenkonsum. Kontakt mit dem Kurt Wolff Verlag, wo Ende Juli seine „Gedichte" erscheinen. Unglückliche Ehe Margarethes. Zwischen ihr und Buschbeck, die sich beide in diesem Sommer in Salzburg aufhalten, wird eine „Affäre" vermutet. Auch bei Margarethe Drogen- und Alkoholprobleme und eine schlechte physische und psychische Verfassung. Georg reist zusammen mit Altenberg, Loos, dessen Freundin Elisabeth Bruce und Kraus zehn Tage nach Venedig. Entstehung des Gedichtes „Sebastian im Traum".

1914

„Traum und Umnachtung" wird vollendet und erscheint im „Brenner". Dort werden im Jänner auch weitere Gedichte wie „An einen Frühverstorbenen", „Anif", „Abendländisches Lied" und „An die Verstummten" gedruckt. Mitte März Fehlgeburt Margarethes in Berlin, wo sich Georg bis Anfang April aufhält. Mögliche Vaterschaft Georgs. Begegnung Georgs mit Else Lasker-Schüler, die zum Bekanntenkreis Margarethes zählt. Im Mai mit Ficker einige Tage in Torbole am Gardasee. Auswanderungspläne Georgs. „Offenbarung und Untergang" entsteht. Im Juli erhält Georg 20.000 Kronen von Ludwig Ficker aus einer Spende Ludwig von Wittgensteins. 28. Juli: Österreich-Ungarn erklärt Serbien den Krieg. Am 5. August meldet sich Georg Trakl im Zuge der allgemeinen Mobilmachung freiwillig zur aktiven Dienstleistung. Am 24. August rückt er als Medikamentenakzessist mit einer Sanitätskolonne ins Feld. Weite Märsche der Truppe im Raum von Lemberg. Verhinderung eines Selbstmordversuchs Georgs nach der Schlacht bei Grodek. Mitte

Oktober zur Beobachtung seines Geisteszustandes in der psychiatrischen Abteilung des Krakauer Garnisonsspitals Nr. 15. Am 25. und 26. Oktober Besuch Ludwig von Fickers. In seinen zwei letzten Gedichten „Grodek" und „Klage" ruft Georg Trakl noch einmal seine Schwester Margarethe an. In einem Brief an Ficker vom 27. Oktober setzt er sie als Universalerbin seines Vermögens ein. Am 3. November Tod Georg Trakls an einer Überdosis Kokain. Am 6. November Bestattung auf dem Rakoviczer Friedhof in Krakau. Völliger Zusammenbruch Margarethes. Noch im November Reise des Ehepaares Langen nach Innsbruck, um die Verlassenschaft zu regeln. Befürchtungen der Trakl Familie und Margarethes, dass der Ehemann Arthur Langen das Vermögen seiner Frau zur Tilgung eigener Schulden verwenden würde, die sich bewahrheiten.

1915

Georg Trakls Gedichtbuch „Sebastian im Traum" erscheint im Kurt Wolff Verlag, Leipzig. Im Jänner Entziehungskur Margarethes in Innsbruck ohne wesentlichen Erfolg. Trennung von Arthur Langen. Scheidung im Frühjahr oder Herbst (rechtskräftig am 3. 6. 1916), Freundschaft Margarethe Langen-Trakls mit Karl Röck, der seinen Heiratsantrag zurückzieht, als ihm klar wird, dass nicht sie, sondern die Mutter dem von ihm verehrten Georg gleicht. Zunehmende Entpersönlichung Margarethes zum „Abbild" und der „schlechten Copie" des Bruders. Fehlgeschlagene Versuche Margarethes, als französisch sprechende Erzieherin oder Übersetzerin in einem Verlag eine Stelle zu finden. Im Oktober Rückkehr Margarethes zu ihrer Familie in Salzburg, die in finanziell schwierigen Verhältnissen lebt.

1917

Margarethe zieht Anfang des Jahres wieder in das vom Krieg gezeichnete Berlin (Kohlrübenwinter) in der Hoffnung, im befreundeten Kreis um den Schriftsteller und Herausgeber der expressionistischen Zeitschrift „Der Sturm" Herwarth Walden, Arbeit zu finden. Lebt vor allem in verschiedenen Hotels. Verschuldung und völliger physischer und psychischer Absturz. Herwarth Walden „kauft" sie aus einem Hotel in Wilmersdorf frei und quartiert sie im Haus des „Sturm" ein. In der Nacht vom 22/23. September erschießt sich Margarethe Langen-Trakl während einer kleinen Gesellschaft von Freunden.

1919

„Die Dichtungen", erste Gesamtausgabe von Georg Trakls Gedichten in der Anordnung von Karl Röck erscheinen im Kurt Wolff Verlag.

1925

Überführung von Georg Trakls Gebeinen nach Tirol. 7. Oktober: Beisetzung auf dem Friedhof der Gemeinde Mühlau bei Innsbruck.

Margarethe Langen-Trakls Grab ist unbekannt.

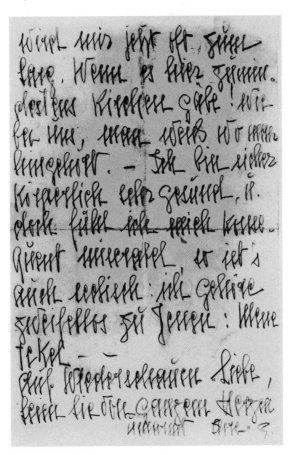

Aus einem Brief Margarethe Trakls an eine namentlich nicht bekannte ‚Frau Doktor' (1916 oder 1917)

Für die Unterstützung dieser Arbeit danken möchte ich:

Dr. Hans Weichselbaum von der Trakl-Forschungsstätte in Salzburg,
Sr. Ingeborg Kapaun, Archivarin der „Englischen Fräulein" in St. Pölten,
Sr. Pia Maria Muthsam für das Interview,
Herrn Erwin Strouhal vom Archiv der Universität für Musik und darstellende
Kunst in Wien.

Hilde Schmölzer